Barbara Sichtermann

Pubertät
Not und Versprechen

Barbara Sichtermann

Pubertät
Not und Versprechen

Für Simon, Juliana und Sascha

www.beltz.de

© 2007 Beltz Verlag, Weinheim und Basel
Überarbeitete und erweiterte Neuausgabe des 2002 im
Rowohlt Taschenbuchverlag erschienenen Buches »Frühlingserwachen«
Lektorat: Bernhard Schön, Idstein
Umschlaggestaltung: Glas AG, Seeheim
Umschlagabbildungen: Henri Rousseau, Femme se promenant
dans un forêt exotique (1905)
© akg-images, Berlin
und Mauritius, Mittenwald
Satz: WMTP GmbH, Birkenau
Druck und Bindung: Druck Partner Rübelmann, Hemsbach
Printed in Germany
ISBN 978-3-407-85762-0

Inhalt

Vorwort

Pubertät ist wieder ein Thema geworden, seit die Jugend, um es im Jargon zu sagen, »auffällt«. Die Verbrecher werden immer jünger, die Drogendealer und -opfer desgleichen; und jene Kids, die so freundlich sind, zur Schule zu gehen und einigermaßen ansprechbar unter ihren Kopfhörern zu bleiben, geben freche Antworten, tragen Tattoos auf der Schulter und den Hosenzwickel auf Kniehöhe. Sie sind mal wieder unmöglich, die Youngsters, so wie sie es immer waren.

Sie sind es aber heute unter Bedingungen, die das Heranwachsen nicht erleichtern. Die Kindheit wird immer kürzer, die schulische Konkurrenz härter, die Verführung zum Drogenkonsum drängender; die Eltern bleiben immer länger jung, die Konsumreize werden greller, die Zukunftsaussichten diffuser. Hinter diesen zeittypischen Begleiterscheinungen ragen aus Urzeiten archaische Muster der Geschlechtercharaktere und der Initiation hervor: Hinter dem Wandel zeigt die Konstanz, dass die Geschichte des Menschen, individuell und evolutionär, nicht nur in Sprüngen verläuft, sondern auch in langen Wellen. Es gibt eine Kontinuität im Wechsel. Und so erleben Kinder, deren Pubertät beginnt, nicht nur das bestürzend Neue, sondern auch das Immergleiche.

Es gibt neuartige Phänomene, die sich bei näherem Hinsehen als scheinhaft und ephemer erweisen. Dazu gehört, meine ich, die Verwischung der Generationengrenze. Dass die »Forever young«-Eltern und die frühreifen Teenager im selben Jugendmilieu zusammengeschmolzen seien, sieht nur so aus, und wo es wirklich so ist, hat es keine tiefere Bedeutung. Dennoch werden weitreichende Schlussfolgerungen gezogen: Es scheint, als hätten sich die Übergänge bei diesen Mischungen von Jung und Alt aufgelöst, als finge das Großwerden schon in der Grundschule an und als hörte das Jungsein erst kurz vorm Greisenalter auf. Und doch gibt es diesen einen wichtigen Übergang einst wie jetzt in seiner ganzen Dramatik: die *Pubertät*. Wenn aber die Schwelle zwischen Kindheit und Erwachsenenalter nicht nur vorhanden, sondern ziemlich hoch und befremdlich auffallend ist, dann sind auch diese beiden biographischen Phasen: die Grundschulzeit und die Zeit nach der Schule, etwas ganz Verschiedenes, und die Rede von der Angleichung der Generationen ist ein Missverständnis.

Eine Studie aus den USA (McClintock, Martha K./Herdt, Gilbert: »Rethinking Puberty«) könnte zu solchen Fehlschlüssen Anlass geben. Sie weist nach, dass die Sexualhormone im Blut von sechsjährigen Kindern vorhanden und in Vermehrung begriffen sind und dass sich erotische Wünsche und Phantasien schon in Erstklässlern regen. Da mag etwas dran sein, die Konsequenz aber, die Pubertät gleichsam wegzuinterpretieren, da sie sich irgendwie schleichend von der Geburt an ereigne, sollte man keinesfalls ziehen. Sexualität ist als Himmelsmacht und Teufelswerk in jedem Lebewesen ständig wirksam; die Ausdrucksformen aber und die Intensitätsgrade, mit denen das geschieht, ändern sich drastisch im Laufe eines Lebens. Sie werden während der Pubertät besonders heftig verdichtet und verschärft – das ist der ganze Grund dafür, warum diese Zeit so krisenträchtig ist. Je mehr die Geschlechtsreife theoretisch auf die Zeit vor dem Teenageralter und auf die Jahre danach ausgedehnt wird, desto unverantwortlicher verharmlost man die Pubertät und bestreitet ihre Problematik, desto unverständlicher wird, warum Heranwachsende es in einem gewissen Alter so schwer mit sich haben. Im Übrigen nimmt die Feinverteilung der Geschlechtsreife über ein ganzes Leben nicht nur der Pubertät ihre Spitze, sondern auch der Sexualität; wenn sie immer irgendwie mit von der Partie und doch nie ganz fertig ist, übernimmt sie auch nie eigenmächtig die Regie und ist nie wirklich sie selber. Und wieder werden die Turbulenzen der Pubertät unbegreiflich, beziehungsweise sie erscheinen wie reiner Mutwillen oder schlechtes Benehmen. Dieses Buch lässt sich auf die Verflüssigung der Pubertät im Sinne eines »lebenslangen Lernens«, was es denn wohl mit dem Sex auf sich habe, nicht ein. Es besteht darauf, dass die Geschlechtsreife ihre Zeit hat – die Jahre zwischen zwölf und siebzehn (oder zwischen zehn und fünfzehn, es gibt hier starke individuelle Unterschiede) –, eine Zeit voller unerhörter Schwierigkeiten, großer Ängste und noch größerer Erregungen und Erwartungen. Und dass die Kindheit vom Sex nicht allzu viel wissen will – es sei denn, man deutet auch die kindliche Sinnlichkeit als sexuelles Begehren, was aber ein kühnes Unterfangen ist und letztlich wenig weiterhilft.

Dass *nach* der Pubertät ein inneres Gleichgewicht möglich ist, an dem die Sexualität mitwirkt, ohne es zu bedrohen – auch das ist eine Voraussetzung der folgenden Kapitel. Die Phase dazwischen ist unser Thema: die Pubertät als eine Zeit, in der ein junger Mensch den Sexus körperlich-praktisch und sozial-moralisch in sein Leben einbauen muss, was ihm keineswegs »einfach so« gelingt und was meist auch kein allmählicher, glatter Reifungsvorgang ist, sondern ein diskontinuierlicher Prozess voller Komplikationen, Fallen, Fragen und Schrecken.

Es liegt eigentlich nicht an den Jugendlichen, wenn sie während der Pubertät aus der Spur springen, sondern an der Sexualität, die als Naturereignis längst nicht so bruchlos in das kulturelle Miteinander unserer Gesellschaften eingebunden ist, wie es Pädagogik, Medien und populäre Anthropologie gern darstellen. Die lange Kindheit der Spezies Mensch, die so viel Zeitraum lässt für Hirnreifung und Lernen, ist auch der Ursprung eines folgenreichen *Bruchs* in der Entwicklung: Mädchen und Knaben richten sich in einem Körper ein, dessen Geschlechtsidentität nur in Umrissen vorliegt, aber noch nicht von dem dazu gehörenden Triebinteresse durchgeformt ist. Sie sind Wesen, denen das Geschlecht noch nichts ausmacht – wenn es sich auch hier und da schon meldet, aber indirekt und spielerisch, wie im Traum. Sie fühlen sich schon als Individuen mit Eigensinn, wenn ihnen plötzlich die Sexualität wie ein Usurpator in Leib und Seele fährt und dort die kindliche Übereinstimmung mit der Welt zum bloßen Schein erklärt und sie vernichtet. Ohne Krisen kann diese Wandlung nicht abgehen. Dafür waren die Kinder ihrer selbst schon zu sicher und als Persönlichkeiten schon zu rund. Jetzt soll auf einmal alles anders werden: der Körper, die Prioritäten, die Eigenart, die Selbst- und Fremdwahrnehmung. Verwirrt und furchtsam, doch zugleich neugierig und abenteuerlustig macht sich das pubertierende Kind auf den Weg zum Erwachsenenstatus. Es fängt noch mal ganz unten an. Hätte die Kindheit nicht so lange gewährt und eine Reifung eigener Art herbeigeführt, wäre der pubertäre Neuanfang – der mit einem Auflösungsprozess beginnt: körperliche Integrität, Weltsicht und alte Loyalitäten, alles wird umgestülpt – auch nicht so konfliktträchtig. Aber es ist nun mal so: Wir alle mussten und müssen da durch.

Ratgeber helfen, elterliche Erfahrung tut das Ihre, und so werden die Kinder schließlich groß, ohne dass allzu viele menschliche Beziehungen und moralische Werte dabei untergegangen wären. In den allermeisten Fällen aber bleiben sowohl die Erinnerung als auch das Erleben selbst mit einem Gefühl der Überforderung verbunden.

Dieses Buch ist kein Ratgeber im herkömmlichen Sinn – es offeriert keine Tipps zum Umgang mit aufmüpfigen Teenagern und führt auch keine Fallbeispiele mit Lösungen vor, das geschieht höchstens mal am Rande. Ratgeber können sehr nützlich sein, es soll nichts gegen dieses Sachbuchgenre eingewendet werden. Gerade aber weil so viele typische Pubertätsprobleme eine allgemeine Seite haben, also nicht auf die ganz besondere Unverschämtheit einer ganz besonderen Teenagergeneration zurückzuführen sind, scheint es ratsam, ein Buch über die Zeit zwischen zwölf und siebzehn vorzulegen, in dem zunächst mal erklärt wird, *warum* alles so schwierig ist – bevor, in einem zweiten und pragmatischen Schritt, dann über Lösungen nachgedacht werden kann. Diesen zweiten Schritt beziehungsweise seine gedankliche Fassung vernachlässigt das Buch zugunsten des ersten, der vor allem *Verständnis* für die Lage Pubertierender wecken soll.

Dieses Buch hat keinen optimistischen Grundton. Es bleibt bei einer einzigen Perspektive und schildert die Sexualität mal nicht als »schönste Sache der Welt«, sondern als Zerstörungswerk, das die Harmonie des kindlichen Ichgefühls und Weltverständnisses bedroht und zersetzt, was ohne Verteidigungsbemühungen des Kindes und seiner Eltern, ohne Schmerzen und Angst kaum abgeht.

Der Dichter Frank Wedekind hat Anfang des letzten Jahrhunderts das Pubertätsdrama »Frühlings Erwachen« vorgelegt, das bei seiner Veröffentlichung im Kaiserreich einen Skandal auslöste. Zu Wedekinds Zeiten galt Sexualität als schmutzig, deshalb konnte über die Pubertät nicht angemessen geredet werden. Und deshalb war allein schon die Benennung jugendlicher Sexualnöte Anlass genug, gegen den Autor einen Prozess anzustrengen. Heute gilt Sex als supersauber, was wiederum ein Grund für offene Fragen ist. Einst war sie des Teufels, heute ist sie ein himmlisches Vergnügen. Ist sie nicht noch einiges mehr? Manchmal auch die Quelle von Unglück? Und spielt nicht diese Ambivalenz in der Pubertät von Anfang an ihre Rolle?

Unsere konsumorientierte Kultur, die auf ihre eigenen Werbeversprechen hereinfällt, tut gern so, als gäbe es ein Menschenrecht auf Schmerz- und Konfliktfreiheit. Dass dem nicht so ist, vor allem nicht im Kontext von Sexualität, dass wirkliches Am-Leben-Sein unweigerlich auch Leiden heißt, muss aufgeklärten Eltern und Kindern heute eigens mitgeteilt werden. Es gibt Herausforderungen in der Entwicklung eines Menschen, die ohne Risse, Brüche und Bitternis nicht zu bestehen sind. Die Pubertät gehört dazu.

Das Gute ist: Pubertierende sind jung. Ihre Vitalität, ihre Zu-
kunftshoffnung und ihre Courage helfen ihnen beim Erwachsenwerden, und wenn ein Sinn für das Komische gerade im Leid
dazukommt, versprechen die Jahre nach dem Ende der Kindheit
auch allerlei Freuden. Vielleicht kann, paradoxerweise, die Lektüre eines Buches, das eher von Lasten und Verlusten spricht,
eine solche Freude bereiten. Denn die Wahrheit ist zwar oft
nicht schön, aber immer eine Erfrischung für den Geist.

Kapitel 1
Von der Kindheit her

Gespräch zwischen einer Lehrerin und einer Mutter

Einige Kinder weinten: geräuschvoll und in Umarmungen versunken die Mädchen, diskret und mit Lachen vermischt die Jungen. Hübsch angezogen waren sie alle, denn es war ihre Schulabgangsfeier. In Berlin gibt es sechs Grundschuljahre. Wenn die Schülerinnen und Schüler auf die weiterführende Schule wechseln, sind sie in der Regel zwölf Jahre alt.

Natürlich rührte mich der Anblick der heulenden Schulwechsler. Die Lehrerin setzte sich neben mich. »Ich halte die Reform für einen Fehler«, sagte sie und schüttelte den Kopf über all die Tränen. Welche Reform? »Die sechs Grundschuljahre. Man ist hier immer noch stolz darauf. Die Kinder würden nicht vor der Zeit auf Hauptschule, Realschule und Gymnasium verteilt, sie könnten sich in Ruhe entwickeln. Alles gut und schön. Aber man hat übersehen, dass Zwölfjährige schon ganz andere Persönlichkeiten sind als Zehnjährige. Nach der vierten Klasse gehen die Kinder noch an der Hand ihrer Eltern. Sie lassen sich leiten. Nach der sechsten ist das anders geworden. Jetzt wollen sie längst nicht immer, was die Eltern wollen. Sie fühlen sich ihren Kumpels, ihren Freunden, ihren Klassenkameraden zugehörig. Die Peergroup ist das neue soziale Feld. Und da ist die Schule nun mal der wichtigste Kontaktstifter. Gerade in dieser Phase: wo die ersten festen Freundschaften entstehen und die ersten kleinen Liebschaften, gerade jetzt die Kinder auseinanderzureißen, das ist eigentlich richtig grausam.«

Ich guckte zweifelnd in die Runde. Mein eigener Sohn weinte nicht. Lachend bolzte er mit einem Kameraden. Ich hatte nie

das Gefühl gehabt, ihm mit dem Schulwechsel einen Tort anzu-
tun. Aber er war für sein Alter auch weit zurück in dem, was
man Entwicklung nennt. Er hatte noch seine helle Stimme,
spielte noch nach Kinderart und sorgte sich nicht um sein Aussehen. Die Lehrerin erriet meine Gedanken. »Bei Ihrem Jungen
hat die Pubertät noch nicht eingesetzt«, sagte sie bedeutungs-
voll, »ihn dürfen sie nicht zum Maßstab nehmen. Aber schauen
Sie sich mal um. Schon größenmäßig ...« Sie hatte Recht. Die
anderen Kids waren fast alle höher aufgeschossen als Sascha,
unter den Mädchen gab es schon kleine Damen, schick zurecht-
gemacht für die Feier mit Schmuck und ausgeschnittenem Top.

Die Lehrerin, schien mir, hatte gute Gründe für ihre Zweifel
an den sechs Grundschuljahren. Warum man diese Gesichts-
punkte nicht berücksichtigt habe, fragte ich, beim Entwurf der
Reform? »Ach wissen Sie«, sagte sie, »über die Pubertät denkt
keiner gern nach. Sie ist ja schon fast ein Tabu. Alle reden drü-
ber, aber wirklich befassen will sich niemand mit ihr. Da gibt's
im Grunde nur eine Devise: Möglichst früh rein und möglichst
früh raus.« Ich sah zu Sascha hinüber. Er saß unbeteiligt vorne
auf der Bühne, baumelte mit den Beinen und machte den Eindruck, als wolle er gern nach Hause gehen. Meine Hand würde
er nicht mehr nehmen. Aber er würde sich führen lassen.

»Wie denken Sie darüber, dass Sascha noch so kindlich ist?«,
fragte sie und sah mich prüfend an. »Macht es Ihnen was aus?«
»Nein«, antwortete ich, »mir nicht. Aber ihm vielleicht, fürchte
ich.« »Sehen Sie! Und damit macht es auch Ihnen was aus.
Schließlich möchten Sie, dass Ihr Kind zufrieden ist, dass es sich
wohl fühlt. Also hoffen Sie doch, dass es allmählich mal losgeht
mit den Hormonen.« Ich grinste und sagte ausweichend: »Man
kann ja sowieso nichts machen. Die biologische Uhr ist ein
ziemlich individuelles Ding. Da kann man nicht dran drehen.«
Die Lehrerin ließ ein zögerliches »Ach« vernehmen. Dann sagte
sie: »Wenn's man so wäre. Ich glaube, man kann doch. Im Prinzip haben Sie Recht: Wann der Körper sich auf die Geschlechts-

reife verlegt, das entscheidet er. Aber es gibt ja auch noch Geist und Seele, und die sind nicht ohne Einfluss auf den Körper. Sie können ihm zusetzen oder sie können ihn in Ruhe lassen. Sie können ihn antreiben, oder Sie können ihm Zeit geben. Heute, wo Unabhängigkeit ein so hoher Wert ist und die Familie nicht mehr zählt, glaubt man, den Kindern einen Gefallen zu tun, wenn man sie möglichst früh auf das Erwachsenenleben einstimmt. Alles arbeitet daran mit: die Medien, die Konsumgüterindustrie, die Technik, die Lehrer, die Eltern. Eben, als ich Sie fragte: ›Macht es Ihnen was aus, dass Sascha noch so kindlich ist?‹, hätte ich um ein Haar gesagt, ›dass er noch so *unreif* ist?‹ Aber ich habe mir auf die Zunge gebissen, weil ich Sie nicht kränken wollte. Unreife ist heutzutage ein übler Nachteil. Den will niemand für sein Kind. Aber ich sag Ihnen was: Seien Sie froh über Ihren Sohn. Drängen Sie ihn nicht! Die Zeit vor der Pubertät nämlich, die kann gar nicht lang genug sein. Sie ist wertvoll. Und sie geht immer irgendwann zu Ende, Ungeduld ist völlig überflüssig. Nie wieder sind Menschen so bildsam wie zwischen fünf und zwölf. Und so wissensdurstig.«

Die innere Uhr – Regel und Ausnahme

Auf diese Weise kam ich dazu, mir Gedanken über die Pubertät zu machen – gerade nicht, weil mein Kind in dieser Entwicklungsphase drinsteckte und außergewöhnliche Schwierigkeiten mit ihr hatte, sondern weil er sich im Gegenteil aus geheimnisvollen Gründen weigerte, in sie hineinzugehen. Die Lehrerin hatte den Punkt getroffen. Zwar machte ich mir nicht direkt Sorgen um Sascha, aber ich wunderte mich manchmal, dass er so spät dran war. Und er selbst? Ich hatte auf die Frage der Lehrerin hin eingeräumt, dass der Junge wohl gern ein wenig »weiter« wäre, aber genau genommen machte er seines Rückstandes wegen kein großes Theater. Er träumte und trödelte so vor sich hin, als Mensch, Junge und Individuum, und sowohl er als auch ich und alle anderen, die ihn kannten, empfanden das nicht als Problem.

Nun gut, man könnte sagen: Jedes Kind entwickelt sich gemäß seiner eigenen inneren Uhr. Die Lehrerin aber hatte in mir gerade ein Verständnis dafür geweckt, dass äußere Einflüsse diese Uhr in ihrem Lauf beschleunigen oder verlangsamen können. Die meisten äußeren Reize wirken heute als Beschleuniger. Selbständigkeit ist das oberste Ziel, Abhängigkeiten sollen überwunden und gemieden werden. Die Kinder vernehmen diese Message, sie atmen sie mit der Luft ein. Sie wollen groß sein, sie sehnen die ersten Anzeichen der Wachstumsphase und der Geschlechtsreife herbei – sogar Pickel werden begrüßt, als Beweis dafür, dass hormonell etwas in Gang kommt.

Warum war Sascha anders? Weil er zwei ältere Geschwister hatte, damals 16 und 21 Jahre alt, die inzwischen erwachsen sind und deshalb noch lange nicht im Paradies angelangt? Weil er fühlte, dass es an der Kindheit etwas zu verteidigen und festzuhalten gab, das er nicht opfern wollte? Aber wie sollte er so etwas spüren? Und warum war er dann eine Ausnahme, warum spürten die anderen nichts? Sascha war eben, wie er war, wahrscheinlich würde man die Gründe nie erfahren, und das war ja auch nicht weiter schlimm. Man kann ohnehin ein Phänomen wie die Pubertät nicht vom Einzelfall her verstehen, man braucht den Blick aufs Ganze, auf die gesamte Alterskohorte, auf die Zeitgeschichte, auf die Kultur. Aber das heißt nicht, dass man den Einzelfall vernachlässigen soll. Beispiele sind meistens interessant, und Ausnahmen werfen ein besonders helles Licht auf das Problemfeld.

Bei jedem Kind verläuft die Entwicklung auf besondere Weise; manche machen während der Pubertät überhaupt keine Schwierigkeiten, und sie haben auch keine. Andere wieder

springen total aus der Spur und scheinen sich selbst und ihren
Eltern als vollkommen veränderte, nicht wiederzuerkennende
Aliens. All diesen verschiedenen, manchmal geradezu gegensätzli-
chen Entwicklungsmustern liegt aber ein und dieselbe Ursache
zu Grunde: die *Geschlechtsreife*. Und um die soll es uns gehen.

Dauerkrise Pubertät

Man kann den Entwicklungsschub, den wir Pubertät nennen,
von zwei Seiten her betrachten: zum einen von der Kindheit
her, die jetzt zu Ende geht, zum anderen vom Erwachsenenstatus her, den der Körper verschärft anstrebt. Eltern, als Pragmati-
ker, denken an die Zukunft. Außerdem sind sie selbst erwachsen
und haben die eigene Kindheit meist vergessen. Kinder, als ge-
horsame Söhne und Töchter, möchten gern wie die Eltern denken und kommen mit sich selbst in Konflikt, wenn sie zu Beginn der Pubertät die Lust zum Widerspruch verspüren. Beim
Nachdenken über die eigene Entwicklung aber folgen sie meist
ihren Eltern und denken von deren Ziel her: dem Erwachsenenstatus. Pädagogen müssen die problembeladenen Klienten da
abholen, wo sie stehen, also bleibt ihnen meist auch nichts anderes übrig, als die Denkweise von Eltern und Kindern zu übernehmen und die Vergangenheit zugunsten der Zukunft zu vernachlässigen.

Und was tun »die Gesellschaft«, die öffentliche Meinung, der
große Chor der Medien, wenn sie mal wieder die Pubertät als
Thema entdecken? Kümmern sie sich um die Kinderzeit der Jugendlichen, versuchen sie die Umbrüche der Jahre zwischen
zwölf und sechzehn von der Kindheit her zu verstehen? Kaum.
Zwar vergisst keiner zu erwähnen, dass Pubertierende im Grun-

de noch Kinder sind, die Geborgenheit und vor allem Verständnis brauchen, aber sie reden von der Kindlichkeit der Heranwachsenden doch eher wie von einer abgestorbenen, schon fast leeren Puppe, aus der sich der schöne, reife Schmetterling mit zitternden Flügeln gerade herausarbeitet.

Der Blick der allermeisten Beteiligten, die von Pubertät betroffen sind, ob nun als Jugendliche, Eltern oder Erziehungsberater, ist nach vorne gerichtet. Die Reife wird als Endpunkt der Entwicklung in der Betrachtungsweise vorweggenommen. Um sie geht es ja schließlich auch. Irgendwann ist die Pubertät durchgestanden, der junge Mensch steht selbstverantwortlich und zukunftsmächtig da, und all die Krisen und Konflikte der Adoleszenz haben sich glücklich gelöst. Ende gut, alles gut.

Nur: So ist es ja in Wirklichkeit nicht. Die Pubertät und die üblichen Erschütterungen des Familienfriedens, die weitergehenden Trübungen des gesellschaftlichen Konsenses über gutes Benehmen, Sinn des Daseins, Rausch und Gewalt – all diese Fragen und Schieflagen bleiben bestehen und vertiefen sich. Die Betroffenen wursteln sich irgendwie durch, aber alles in allem hat man den Eindruck, dass Pubertät als Krise ein Thema ist, das einfach nicht zur Ruhe kommt, ja, das sogar immer neue Implikationen sprich Problemzonen in seinen Geltungsbereich hineinzieht. Könnte diese Hilflosigkeit damit zu tun haben, dass unsere Gesellschaft sich weigert, die Krisen der Jugend von der Kindheit her, also sozusagen historisch zu betrachten? Dass sie durch ihr Beharren auf dem Fernziel: 18 Jahre, mündig und groß, nur den Übergang an der Pubertät sieht, das Phasenhafte, das »Zwischen« an dieser Zeit, und sie deshalb auch gar nicht wirklich analysieren kann? Man versteht es ja, dass die meisten in einem Pubertierenden nur den jungen Mann, der er einmal sein wird, sehen und in der Jugendlichen die erwachsene Frau, die man schon ahnt, und deshalb das unreife Gehabe, das grüne Getue, das kindische Aus-der-Reihe-Tanzen nur als Abirrung auffasst, mit der es bald vorbei sein wird.

Die Pubertät *ist* ein Übergang, in dem man sich nicht einrichten kann und in dem die meisten Jugendlichen sich nicht wohl fühlen. Man kann und darf diese Zeit auch nicht schönreden und muss sich damit abfinden, dass sie immer problemträchtig bleiben wird. Aber man kann versuchen, alles, was in diesen krassen Jahren passiert, besser zu verstehen. Denn dann wird man auch besser damit fertig. Das schafft man nur, wenn man sich nicht scheut zurückzublicken. Ohne Überlegungen zur Kindheit und zur Bedeutung ihres *Verlusts* für die Heranwachsenden wird Pubertät immer nur halb begriffen, und es wird allen Beteiligten höchstens einfallen, sie als eine Art peinlichen Zwischenfall möglichst rasch zu entsorgen. Ich möchte deshalb in »Pubertät. Not und Versprechen« die Perspektive umkehren und von der Kindheit her auf das schauen, was man Geschlechtsreife nennt.

Die großen Chancen der Latenz

Die Kindheit, das sind die ersten zehn oder zwölf Jahre des menschlichen Lebens, und sie sind dadurch gekennzeichnet, dass die Sexualität *keine* entscheidende Rolle im körperlichen, seelischen und praktischen Leben spielt. Man könnte den Akzent auch anders setzen und die Abhängigkeit des Kindes von seinen Eltern oder sonstigen Erziehungspersonen in den Mittelpunkt stellen, aber für unseren Zusammenhang ist das Fehlen der Sexualität wichtiger.

Stimmt es denn, dass Kinder keine sexuellen Strebungen kennen? Seit Freud reden wir von frühkindlicher Sexualität, wir unterscheiden Entwicklungsstufen der Libido, die sich gleich nach der Geburt etablieren und ablösen, bis schließlich beim circa fünfjährigen Kind die genitale Stufe erreicht ist, auf der die Geschlechtsorgane entdeckt und auch ausprobiert werden wollen.

Der Junge kämpft aggressiv gegen den Vater um die Mutter, er verfällt dem Ödipuskomplex, und das Mädchen, das den Vater für sich beansprucht, einem für weibliche Kinder vorgesehenen Äquivalent. Inwiefern sich mit diesen freudschen Modellen heute noch arbeiten lässt, sei dahingestellt.

Wichtig für uns ist festzuhalten, dass kindliche Sexualität existiert und dass sich Vorschulkinder für den geheimnisvollen, lustträchtigen Unterleib brennend interessieren. Sie zeigen sich gegenseitig ihre Organe, schauen einander beim Pinkeln zu und werden von ersten Liebesgefühlen ergriffen. Aber dann setzt irgendwann eine Hemmung ein. Die Kinder verlieren das Interesse an Po, Penis und Vagina, sie lernen lesen, sie stellen Fragen nach Sternen und Blumen. Die ehedem so unablässig herausfordernden Lustzonen der Körpermitte werden (mehr oder weniger) gleichgültig und undeutlich. Es ist fast so, als hätten die Kinder enttäuscht und sogar ein wenig beschämt erkannt, dass sie hier nicht weiterkommen und sich deshalb, ganz nach Art eines abgewiesenen Bewerbers vom Hauseingang der Angebeteten, traurig und möglichst unauffällig verkrümelt. Wie um sich von dem Fehlschlag abzulenken, fahren sie darauf hin erst mal – geistig, virtuell, in der Phantasie und fragend, lesend, lernend – neugierig um die Welt, bevor sie es dann, sieben Jahre später, noch einmal versuchen. Und diesmal klappt es.

Freud hat einmal spekuliert, dass die Menschen von einer höheren Affenart abstammen könnten, die mit fünf Jahren geschlechtsreif wurde. Dann aber hat die Evolution, die für die Spezies Homo sapiens eine differenziertere Gehirnentwicklung vorgesehen hatte und dafür ontogenetisch Zeit brauchte, bei den Fünfjährigen sozusagen den Schalter noch mal umgelegt und sich sieben Jahre ausbedungen, um die geistigen Kapazitäten aufzubauen, die den Menschen zum Menschen machen sollten. Danach, also etwa in seinem zwölften Jahr, durfte sodann die Sexualität das Menschenwesen wiederhaben und mit ihm dort weitermachen, wo sie es in seinem fünften Jahr hatte ver-

lassen müssen. Diese freudsche Idee findet jede Menge Bestätigung in der Realität. Er hatte wahrscheinlich völlig Recht. Aber
es wird kaum möglich sein, seine These objektiv zu beweisen.
Das ist auch nicht nötig. Ich habe sie hier nur der Veranschaulichung halber aufgeführt: um deutlich zu machen, was ich mit
Kindheit meine beziehungsweise wie es zu verstehen ist, wenn
ich sage, dass die Kinderzeit eine Zeit *ohne* Sexualität ist – egal,
wie viele Hormone schon ausgeschüttet werden und wie viel
Vorbereitung auf sexuelle Aktivität der Körper schon durchspielt.

Freud nannte die Phase zwischen fünf und zwölf Jahren die
Latenzzeit. Sexualität wird unsichtbar, sie geht auf Tauchstation.
Das bedeutet nicht, dass ein Kind von zum Beispiel acht Jahren
sexuellen Fragen und Reizen keine Aufmerksamkeit mehr
schenkt, dass es überhaupt nicht mehr weiß, was Sex ist, und
quasi geschlechtslos durchs Leben läuft. Es gibt Kinder, bei denen die »Latenz« sehr schwach ausfällt und die Lockungen,
Drohungen und Verwirrungen durch sexuelle Assoziationen
stets akut bleiben. Die meisten aber sind durch die Welt der
Erotik in jenen Jahren nicht sonderlich und nicht langfristig irritierbar.

Nun hat man aber den Eindruck, dass sich für die Kindergeneration am Beginn des dritten Jahrtausends doch etwas ändert. Die Angebote an achtjährige Mädchen, Bikinis und Stöckelschuhe zu tragen, und an gleichaltrige Jungen, sich mit
Szene-Jeans und Hightech-Sportschuhen in die Pose des Mackers zu werfen, werden *angenommen,* und es sieht nicht so aus,
als gingen Kinder dieses Alters noch gerne an der Hand der
Mutter. Die Chatrooms im Internet verlocken schon Zehnjährige, sich auf laszives verbales Hin und Her einzulassen; die Geschichte einer Dreizehnjährigen, die offenbar freiwillig Fotos ihres nackten Körpers für einen Verehrer ins Netz gestellt hatte,
ging durch die Medien. Für die Erwachsenen ist es erschreckend, für die Kinder aufregend, dass ihnen so früh schon eine

Partizipation an der Welt der Großen zugetraut wird. Woher
diese »Angebote« kommen? Von den großen Konsumgüter-
industrien inklusive der Medien, von den Klamotten-Ketten
über die Sportgeräte- und Bekleidungsshops, das Kino und die
Internet-Chatrooms bis hin zu den Fanzines, TV-Magazinen
und Computerspielen. Diese häufig für den Weltmarkt kon-
zipierten Konsumangebote locken freimütig mit erotischen Anspielungen, sie wissen, dass sie damit Anklang finden, und scheren sich in ihrem Heißhunger nach dem Taschengeld der Kids
weder um Geschmacks- noch um Moralfragen. Musterbeispiel
für diese Strategie ist die Barbiepuppe mit ihrem unverhohlenen
Sexappeal, die erstmals in der Besitzerin nicht die Puppenmut-
ter, sondern das künftige Weibchen anspricht.

Es ist nun die Frage, wie wirksam diese frühe Auftakelung
der kindlichen Erscheinung und des kindlichen Lebensgefühls
mit erotischen Accessoires, von der ja auch die Lehrerin aus
dem ersten Abschnitt dieses Kapitels sprach, tatsächlich ist.
Zweifellos greifen die Gören gern nach Zubehör, das sie irgendwie größer, wichtiger und auf dem Markt der erotischen Begeg-
nungen als dazugehörig qualifizieren kann. Aber man darf vermuten, dass sich diese Identifikation der Kinder mit ihrem wie
auch immer entwickelten sexuellen Ich meistens auf bloße Äußerlichkeiten beschränkt, dass sie also gar nicht wissen, was sie
tun, und dass letztlich ihre Persönlichkeit *nicht tiefgreifend*
durch verfrühte sexuelle Reifung verändert oder gar verbogen
wird. Hier kann wieder die Barbiepuppe als Beispiel dienen. So
manches achtjährige Mädchen nimmt die tolle Figur dieser
Puppe zwar zur Kenntnis; sie ahnt, dass die Wünsche, die so ein
Körper weckt, später auch von ihr in der Erwachsenenwelt befriedigt werden sollen. Aber sie behandelt die Barbie dann doch
wie eine Babypuppe, gibt ihr aus einer Miniflasche zu trinken,
legt sie des Abends in das kleine Puppenbett und singt sie in
den Schlaf. Mit einem Wort: Das Erotische an Bikinis und Ma-
ckerposen wird häufig von den Kids weder erfühlt noch verstan-

den; es ist bloß ein vages Empfinden des Dazugehörenwollens, das sie dazu treibt, hier mitzumachen und sich die hippen Sachen zuzulegen.

Seriöse Untersuchungen zeigen eindeutig, dass sich anderslautenden Meldungen zum Trotz das Alter, in dem der erste Koitus stattfindet, in den letzten Jahrzehnten kaum verändert hat. Einen großen Einschnitt gab es zu Beginn der 70er-Jahre, also in den Ausläufern der so genannten sexuellen Revolution. Damals sprang die sexuelle Initiation drei bis vier Jahre zurück auf ein Alter von circa fünfzehn. Seither haben nur die Mädchen aufgeholt, die einstmals später begannen als die Jungen, heute aber früher dran sind. Beide Geschlechter suchen keineswegs schon *vor* der Pubertät nach Gelegenheit zu sexueller Praxis, und die Pubertät beginnt (von Ausnahmen abgesehen) immer noch mit zehn bis zwölf Jahren. Im letzten Jahrfünft hat sich außerdem der Druck, möglichst früh Sexerfahrungen zu sammeln, um in der Peergroup etwas zu gelten, zugunsten einer neuen Rücksicht auf die »Eigenzeit«, auf das Bedürfnis, erst dann mit Sex loszulegen, wenn man wirklich selber will, verschoben. Es fand eine Aufwertung der Innensteuerung zu *Un*gunsten der Außensteuerung statt, jedenfalls in den aufgeklärten Mittelschichten.

Kinderbikinis, Jungmacker-Klamotten und Barbiepuppen haben doch gewisse Grundrhythmen der menschlichen Entwicklung nicht außer Kraft setzen können. Vor wie nach dem Angriff der Welt-Konsumgüterindustrie und des Internets auf die kindliche Unschuld können wir daran festhalten, dass Säuglinge und Kleinkinder polymorph-perverse Triebbündel sind, größere Kinder ab sechs Jahren in die Latenz eintreten und Jugendliche ab circa zwölf es lernen müssen, sich von der Kindheit zu verabschieden. Dieser Abschied interessiert uns hier. Man sollte nicht versuchen, ihn durch Einschmuggeln dezidierter sexueller Interessen in die Latenz wegzuschwindeln.

Dass Kinder in der Zeit nach Abebben der frühkindlichen sexuellen Stürme in die Schule kommen, ist kein Zufall. Die Gehirnentwicklung, die kraftvoll und stetig verläuft, gestattet ihnen ein neues Entzücken am Leben des Geistes. Auf die »Warum-Phase« der Dreijährigen folgt die »Warum-Phase« der Siebenjährigen, die naturgemäß sehr viel differenzierter ausfällt. Alles will erforscht sein – nicht nur mit den Sinnen, auch mit dem Verstand. Die Kinder lernen es, Begriffe zu bilden, Schlüsse zu ziehen und Abstraktionen zu vollziehen. Später, mitten in der Pubertät, werden die Jugendlichen einem weiteren, nachhaltigen Entwicklungsschub ausgesetzt sein, der bei manchen mit einem diebischen Vergnügen an Gehirnakrobatik, insbesondere an logischen Operationen einhergeht. Planmäßig wird der gesunde Menschenverstand ausgehebelt, Kompromisse sind verboten, und waghalsige Extrapolationen, ergänzt um akribische Haarspaltereien, beschäftigen die Jugendlichen und ihre entnervten Lehrer.

Die geistigen Abenteuer der Latenzzeit sind weniger bizarr. Sie finden meistens in einer Atmosphäre heiterer Gelassenheit statt. Selbst außergewöhnlich eigenwillige Kinder öffnen sich in dieser Zeit den Einflüssen und Angeboten der Großen, sie entwickeln Geduld, hören gerne zu und tragen eigene Ideen mit Ernst und Feuer vor. Man kann mit einem neunjährigen Kind über alles reden, seine Aufnahmebereitschaft ist erstaunlich, sein Lerneifer – ist erst das Interesse geweckt – mit Ausdauer gepaart und sein Horizont unermesslich. Es ist, als hätte eine weltweise, uralte, zugleich sanftmütige und liebevolle Fee die Regie über das Kinderleben übernommen, entschlossen, dem Kind in diesen gesegneten sieben Jahren so viel von der Welt des Geistes und des Wissens zu vermitteln wie irgend möglich. Als wüsste sie: Jetzt und nur jetzt ist die Zeit dafür da, dem kleinen Menschen jene Potenzen in Kopf, Herz und Sinn zu pflanzen, die es später durchs Leben tragen sollen: Neugier, Kreativität, Selbstvertrauen, Forscherdrang. Und die Fee macht es richtig, wenn sie ihre knappe Zeit gut nutzt. Denn nachdem die sieben Jahre, in denen sie herrschen darf, verstrichen sind, richtet die Pubertät auf den Feldern, die die Fee einst zärtlich bestellt hatte, ein Trümmerfeld an. Trotzdem war die Arbeit der Fee keineswegs umsonst. Denn die Trümmer werden später neu geordnet und bilden dann das Fundament der erwachsenen Persönlichkeit. Je mehr also die Fee angesetzt und aufgebaut hat, desto besser. Sie weiß, dass ihr Werk, so, wie sie es normalerweise abschließt, nicht bestehen kann. Die Geistigkeit eines Zehnjährigen oder die forscherische Leidenschaft einer Elfjährigen ist in der Regel genauso dem Untergang geweiht wie ein Knabensopran oder die burschikose Keckheit einer Achtjährigen. Dennoch bleiben die Elemente dieser Ausdrucksformen kindlicher Selbstdarstellung bestehen und bilden sich in verwandelter Form beim Erwachsenen neu aus.

Ist die Latenzzeit wirklich so harmonisch? Nicht immer, es gibt Kinder, die sich über ihr erstes Lebensjahrzehnt hinwegquälen, die Pubertät irgendwie durchstehen und sozusagen aufatmen, wenn sie als junge Erwachsene endlich ihr Leben selbst in die Hand nehmen können. Viel hängt von den äußeren Bedingungen ab. Lieblose, herrschsüchtige Eltern oder enge, bedrohliche Lebensumstände können bei jedem Kind die Daseinsfreude trüben. Es gibt auch Kinder, deren Persönlichkeit so spannungsreich zusammengesetzt ist, dass sie sich selbst bei bester Betreuung immer unglücklich in ihrer eigenen Haut fühlen. Aber außerhalb von solchen sicher nicht seltenen Fällen ist doch die Latenz von ihren Bedingungen her zur Harmonie veranlagt. Wenn Erwachsene in späteren Jahren verschämt gestehen, sie hätten eigentlich eine glückliche Kindheit gehabt, denken sie an diese Zeit. Die Sinne sind so frisch. Nie wieder werden Sommertage, Blumendüfte, Herbstwinde, Schneedecken so genussvoll und so unmittelbar, so wenig überlagert und uminterpretiert von Erinnerungen und vergangenen Stimmungen wahrgenommen wie in dieser Zeit. Das Herz ist so leicht. Stürme und Ängste hat das Kind schon kennen gelernt – die Mutter ging fort, die Puppe ging verloren, der Bauch tat schrecklich weh – aber jetzt ist es schon stärker. Es weiß, wann es bangen, wann es aushalten, wann es kämpfen muss, und traut sich zu, in der Welt zu bestehen. Der Geist ist mit Wissen voll gesogen und von einer ersten dünnen Kruste beglückender Selbstsicherheit überzogen. Schließlich liefert er täglich neue Proben seiner Leistungsfähigkeit. Später wird diese Kruste brechen, aber einstweilen stellt sie eine vorzügliche Lernmotivation dar: Ich habe schon so viel begriffen – was soll mir verborgen bleiben? Und die Seele ist zufrieden. Die einst so verwirrende Vielfalt der Außenwelt fügt sich ersten Ordnungsvorstellungen; das Kind geht allein zur Schule, zur Oma und zu seinen Freunden, es kommt zurecht. Es kann schon auf sich aufpassen, darf sich aber noch selbst vergessen. Ach, das Spielen, das endlose vertiefte Spielen.

Ein achtjähriges Kind scheint zu ahnen, dass das Spielendürfen ein Privileg ist, welches ihm seiner jungen Jahre wegen zusteht. Es nutzt diesen Vorteil glücklich und selbstbewusst. So mischen sich Spielen und Erkennen, das Die-Dinge-auf-den-Kopf-Stellen und Sie-Durchschauen, und das Dasein gewinnt mit dem Herstellen von Zusammenhängen und der Teilnahme an praktischen Vollzügen eine beglückende Qualität. Ängste ebben ab, und es werden ihrer weniger. Die anderen Kinder sind nicht mehr nur Rivalen oder Sklaven, sondern Spiegel, Partner und interessante Fremdlinge. Die Kinder erkennen sich in anderen wieder oder lernen, erstaunt und ergriffen, wie verschieden die Menschen sind. Die Phantasie erwacht und erzeugt eine Gegenwelt. Alles ist möglich, vieles Seltsame wirklich. Es ist die Zeit des Höhlenbauens, Schatzsuchens, Spiele-Erfindens, der ersten Gedichte, Kompositionen und genialen Gemälde. Das ästhetische Vermögen ist außerordentlich. Aber auch das kognitive. Mit Leichtigkeit lernen Kinder in dieser Zeit Fremdsprachen.

Natürlich gibt es auch Leid. Den gewachsenen sozialen Kompetenzen entspricht vertiefte Trauer, wenn Freundschaften in die Brüche gehen und erste Erfahrungen mit Verraten- und Verlassenwerden über das Kind kommen. Aber die Empfänglichkeit für Trost und Ablenkung ist noch sehr groß. Es ist, als würde jede Leidenschaft einem dominanten Programm untergeordnet, das da heißt: Entwicklung des Verstandes, der Gefühle und des schöpferischen Vermögens. Alles andere kann warten. Und so gleiten die kleinen Jungen von ihrem ersten Schultag bis zum zwölften oder dreizehnten Geburtstag und die kleinen Mädchen vom Ende des Kindergartenalters bis zu ihrem elften oder zwölften Jahr wie auf Schlittschuhen durchs Leben: leicht, fröhlich, graziös, voller guter Einfälle und komplizierter Gedanken, beunruhigt manchmal dadurch, dass niemand ihnen genau sagen kann, wie die Welt entstand, und dann wieder heilfroh und tief zufrieden, dass sie im Sommer hitzefrei bekommen und gut in Sport sind … Die Latenz hat auch für schwierige oder im Unglück lebende Kinder Phasen reinen, selbstvergessenen Glücks – so als übte die Seele ihre Glücksfähigkeit, die sie nach der Symbiose mit der Mutter aufs Spiel setzen musste, neu ein.

Unbedingt hat dieses Glück damit zu tun, dass die Sexualität nicht über die kindlichen Individuen herrscht. Sie zeigt hin und wieder eines ihrer verführerischen oder frivolen Gesichter, aber sie macht sich die Kinder nicht untertan. Diese mit Freiheit von der Sexualität verbundene Chance zu einer besonderen Art kindlichen Friedens in der Latenz – als Bedingung für ein folgenreiches und fruchtbringendes Lernen – bedeutet im Umkehrschluss, dass der Beginn der Pubertät auch als Verlust erfahren wird. Plötzlich ist es vorbei mit lauter unschuldigen Freudenquellen, vom Murmelspiel bis zum Auf-Bäume-Klettern, vom Schiffchen- und Hütefalten bis zur Kindervorstellung im Kino, vom heimlichen Fingern mit Feuerwerk bis zu den Animationsserien im Fernsehen mit Zwergen und Tieren. Das Leben wird befremdlich ernst. Deshalb zögern Kinder immer oder besser: Etwas in ihnen zögert, wenn sie groß werden sollen. Oft wird dieses Zögern von niemandem bemerkt. Nicht einmal

von den Kindern selbst. Es nützt ihnen ja auch nichts. Denn sie
haben keine Wahl.

Ein »monokausales« Erklärungsmodell

Alles, was jetzt kommt, jede »Veränderung«, jede Verwandlung,
jeder Bruch, jede Wende – alles hat mit dem Geschlecht zu tun.
Es ergibt wenig Sinn, die Konfliktzonen, die in der Pubertät auf-
brechen, nach Aufmüpfigkeit, Peergroup-Zwängen, Modedikta-
ten, lauter Musik, Liebäugelei mit Drogen, Magersucht und
Ausreißerei zu sortieren und dann noch ein paar Kapitel über
Sexualität, erste Menstruation und ersten Samenerguss dran-
zuhängen. So verfahren die meisten Ratgeber, und so hinterlassen sie Leser, die vor der Lektüre genauso schlau waren wie hinterher. Man muss versuchen, die ganze Inszenierung der
Pubertät mit all ihren Bizarrerien und Exzessen von der erwa-
chenden Sexualität her zu verstehen, nur dann kommt man dahinter, wie alles zusammenhängt. Nur dann bringt das Nachdenken über diese Zeit mehr hervor als ein paar brüchige
Faustregeln und rasch entwertete Rezepte.
    Die Sexualität sollte als eine Macht angesehen werden, welche
die geistige Ordnung und die körperliche Integrität der kindlichen Persönlichkeit zerstört und die deshalb in dieser biographischen Epoche eine psychophysische »Baustelle« ausrichtet,
deren Anblick und Ausstrahlung einfach nicht friedlich und
harmonisch sein *kann*. Man darf sich im Gegenteil die Verwüs-
tungen, die von der Libido in die meist sorgfältig gepflegten
Gärten der kindlichen Seelenlandschaft hineingetragen werden,
gar nicht wild und abschreckend genug vorstellen. Natürlich
gibt es immer die Ausnahmen von erstaunlich glatt durch die
Turbulenzen der Pubertät hindurchgleitenden Kindern. Aber

die meisten werden von starken inneren Spannungen hin- und
hergeschleudert, und selten gehen diese Kämpfe ohne Wunden,
auch auf Seiten der Begleitpersonen, also der Eltern und Pädagogen, ab.

Vielleicht werden Sie als Leser jetzt fragen: Warum soll Widerspruchsgeist etwas mit Sexualität zu tun haben? Warum
Hang zur Einsamkeit, zur Melancholie, zum Selbstmord? Sie
wehren sich womöglich dagegen, ein Erklärungsmodell für die
Pubertät akzeptieren zu sollen, das sich vorsätzlich als monokausal ausgibt. Monokausal, das haben wir alle gelernt, ist meistens verkehrt. Aber Vorsicht. Es gibt Rätsel, für die nur eine einzige Lösung zutrifft. Für die Pubertät gilt, dass das ganze Chaos,
welches diese Zeit in Körper, Seele und Umgebung des jungen
Menschen anrichtet, restlos aus des »Frühlings Erwachen«, aus
der keimenden Sexualität erklärt werden kann – und muss.
Man darf natürlich zusätzliche Erklärungsmuster heranziehen
und zum Beispiel den Widerspruchsgeist aus dem intellektuellen Autonomiestreben dieser Phase erklären. Bloß hat man dadurch nichts erklärt, sondern lediglich denselben Sachverhalt
noch mal mit anderen Worten beschrieben. Und sich vom Kern
des Problems entfernt. Intellektuelle Autonomiebestrebungen
gibt es im Laufe eines Lebens immer wieder, keineswegs nur
während der Pubertät. Der Widerspruchsgeist in jener Zeit aber
ist mit der libidinösen Entwicklung legiert und nur insofern typisch pubertär.

Das Unbehagen, das monokausale Erklärungen auslösen,
wird vielleicht am besten dadurch vertrieben, dass der Assozia-
tionsraum »Frühlings Erwachen« als besonders groß und weit-
läufig vorgestellt wird. Sexualität ist mehr als nur der Trieb oder
der Akt – nicht nur wegen des mit ihr verbundenen Gefühlslebens, sondern vor allem wegen des Reichtums an symbolischen Bezügen, den Sexualität herstellt und der das gesellschaftliche Leben durchzieht. Es kennzeichnet die Jugendlichen in der
Pubertät, dass sie alle gesellschaftlichen Bezüge uminterpretie-

ren in Richtung auf eine sexuelle Semiotik und umgekehrt, dass
sie ihr Dasein und Sosein schlagartig von sexueller Symbolhaf-
tigkeit geradezu umstellt sehen. Jede Bedeutung ist sexuell konnotiert, und von jedem Sinnbild führt irgendeine Brücke zu sexuellen Phänomenen. Die Monokausalität der Schwierigkeiten
in und mit der Pubertät ist deshalb von der Sache gerechtfertigt.
Aber monoton wird es deshalb nicht, keine Sorge.

Der Erlkönig

Auf der Schulentlassungsfeier meines zwölfjährigen Sohnes Sascha gab es ein kleines Programm: Schülerinnen und Schüler
führten Tänze auf, spielten Lieder auf dem Xylophon und tru-
gen Gedichte vor. Zum Abschluss sagte ein schüchterner, aber
liebenswürdig um Ausdruck bemühter Junge Goethes »Erlkönig« auf. Umgeben von lauter aufgewühlten Kindern, die sich
ähnlich aus dem Klassenverband herausgerissen fühlten wie der
kranke Knabe in der Ballade von der Brust seines Vaters, offen-
barte mir Goethes an den Schulen – vielleicht wegen seiner rela-
tiven Kürze – so gern behandeltes Gedicht eine ganz neue Dimension der Deutung.
    Der Erlkönig ist eine Fieberphantasie. Der Junge fürchtet
sich, weil er fühlt, dass es mit ihm zu Ende geht. Seine Ängste
nehmen die Gestalt von Dämonen an, die nach ihm greifen und
ihn in ihr dunkles Reich zerren wollen. Das Kind wehrt sich, es
kämpft gegen die ungerufenen Mächte – und unterliegt. »Erlkönig hat mir ein Leids getan«, stöhnt der Knabe, und da ist es
auch schon aus mit ihm. Doch gibt es in seinen Phantasien neben der Not und dem Schrecken noch eine andere emotionale
Farbe: die Verlockung. Der Erlkönig selbst umwirbt sein Opfer.
Er macht dem Kind eine Liebeserklärung und sagt geradezu:

»Mich reizt deine schöne Gestalt.« Er spricht von seinen Töchtern, die vor dem Knaben tanzen werden, und zwar des Nachts. Das erotische Motiv wird kraftvoll angeschlagen. Schließlich droht er mit Notzucht. »Und bist du nicht willig, so brauch ich Gewalt.« Eine seltsame Sprache für den Tod. Ist er etwa verführerisch? Für unglücklich Liebende und Lebende manchmal schon – aber für ein Kind?

Plötzlich wurde mir bewusst, dass ich mich immer schon über die Verknüpfung von Verlockung und Drohung gewundert hatte, die im »Erlkönig« mittels der erotischen Tonart hergestellt wird – weil sie zur Sterbestunde eines Kindes einfach nicht passt. Zugleich aber scheint mir, dass just diese Tonart das Gedicht so überaus beliebt gemacht hat – und nicht nur seine Kürze. Wie, wenn ganz etwas anderes gemeint ist als die letzte Vision eines Kindes, das auf dem Wege zum Doktor sein Leben aushaucht? Wenn es nicht um das Ende eines jungen Menschen geht, sondern um das Ende der Kindheit? So kann man den »Erlkönig« ebenfalls interpretieren. Die Anspielung auf die Töchter, die dem Jüngling aufwarten werden, bekäme endlich einen Sinn. Und die Einladung: »Willst, schöner Knabe, du mit mir gehen?«, wäre ein echtes Versprechen. Das Entsetzen des Vaters, sein Versuch, den Erlkönig und seine Einflüsterungen zu leugnen, wäre zwar weniger plausibel, wenn es statt um den Tod des Kindes nur um den Tod der Kindheit ginge – aber ein Schrecken und ein Bedauern wären immerhin angebracht. Auch die Ängste, die das Kind durchleidet und die heute in der einschlägigen Literatur als eine Art Realitätsverlust abgewertet werden, sofern sie überhaupt vorkommen und nicht hinter den Abwehrzaubern Größenwahn, Gruppenzwang oder Einsamkeitskoller vollkommen verkannt werden, sind im »Erlkönig« als existenzbedrohende Urängste trefflich bebildert worden. Die Fieberphantasie im »Erlkönig« wäre dann die zutreffende Diagnose des (kranken, aus der Bahn geworfenen) Kindes, dass da jemand kommt, den es nicht gerufen hat, und es in ein Reich entführt, das ihm erst einmal nur unheimlich vorkommt.

Sexualität als Zumutung also. Soll man so weit gehen? Empfinden Kinder so? Fürchten sie sich wirklich vor der Macht der Erotik? Ist nicht alles, was von Seiten dieser Macht schon in ihr Leben hineinscheint, eher eine Verheißung? Freuen sie sich nicht auf ihr Liebesleben und üben sie dafür nicht mit Träumen, Texten und Verkleidungen, sobald ihr Geschlecht sie erste Zeichen seines Vorhandenseins und seiner künftigen Dominanz verspüren lässt?

Einer der gröbsten Irrtümer unserer Alltagskultur ist die Charakterisierung der Sexualität als bruchloses Glücksversprechen, ist die Verharmlosung der sie begleitenden Gefühle als »schön« oder romantisch. Nichts davon trifft die Wirklichkeit. Die Geschlechtlichkeit der Menschen ist für sie auch eine schwere Last und ein Alptraum, insofern sie *nicht* nach den Prinzipien der hellen Vernunft und aller von ihr eingegebenen Regularien für das soziale Leben funktioniert.

Zwar versuchen wir, durch Ehe und Familie und deren hohe Bewertung als Institute, durch Beschwörung lenkbarer und soziabler Gefühlsströme wie Zärtlichkeit, Zusammenhalt und Verantwortung die Sexualität sozusagen zu zivilisieren und ihre aufbauenden Potenziale für das soziale Gefüge zu nutzen. Solche Versuche sind an sich auch keineswegs kritikwürdig, sie sind sogar notwendig. Aber wir gehen dabei zu weit und vergessen, dass eine domestizierte, eine brave, eine familienbezogene Sexualität immer eine halbierte Sexualität ist.

Die andere, die zerstörerische, gewaltbereite und irrationale Potenz der Geschlechtlichkeit, ihre anarchische Blindheit gegenüber der wunderbar übersichtlichen Welt der Konventionen und Sicherheiten, der (Ehe-)Verträge und Höflichkeiten, die wird geleugnet, versteckt, vergessen – insbesondere im Zusammenhang mit Pubertät. Die Folge ist, dass sich gerade die Pubertierenden, die ja – leicht übertreibend ausgedrückt – von der

Gewalt ihrer sexuellen Bestimmung sozusagen heimgesucht werden, fast als Einzige mit der anderen, der dunklen, der wilden Seite der Sexualität auseinandersetzen müssen (wenn man jetzt mal von Malern, Musikern, Literaten usw. absieht, die aber auch nicht alle so mutig sind wie Frank Wedekind in seinem die Pubertät dämonisierenden Stück »Frühlings Erwachen«). Sie stehen jedenfalls ziemlich allein mit dem ganzen animalischen Unterbau ihres sich entwickelnden Trieblebens. In den für ihre Altersgruppe gemachten Magazinen, sei's Print oder TV, ist davon kaum die Rede. Eltern und Lehrer drängen ja auch die bedrohlichen Anteile der Sexualität lieber weg. Mit Kindern wollen sie jedenfalls nicht darüber reden. So bleibt nur die Peergroup.

Als Sex noch zu den verbotenen Früchten gehörte, verstand sich seine wilde Seite von selbst. Man braucht nicht zu verbieten, was nicht zumindest der Möglichkeit nach böse oder gefährlich ist. Seit (fast) alles erlaubt ist, musste die Alltagskultur die verlogene These in den Raum stellen, dass Sexualität auf eine harmlose und saubere Freudenquelle hinausläuft wie Windsurfen oder Rosenzüchten. Die anarchische Seite wurde weggehext. Aber die Wirklichkeit kümmert sich nicht um Definitionen oder Zuschreibungen. Die Wirklichkeit der Sexualität ist schwer zu verstehen und zu verkraften: Das Glücksversprechen, das sie unbedingt ist und manchmal auch hält, lebt letztlich von ihrer anarchischen, animalischen, wilden Seite – obwohl gerade diese Seite auch für das Unglück verantwortlich ist, in das Sexualität stürzen kann. Die These lässt sich allerdings umkehren: Ohne die soziable, verbindende, harmonisierende Seite der Sexualität gewinnt das Glück, das sie verspricht, keine Dauer und damit keine Festigkeit. So sind wir also gezwungen, Sex als Medaille mit zwei Seiten anzunehmen – und wenn das schon für Erwachsene schwer ist, ist es für Kinder in der Pubertät immer eine Überforderung.

Kapitel 2

Scham, Sinn und Sinnlichkeit

Die »dunkle« Natur

»Sie fühlte sich, als wäre ihr Körper durch irgendein Versehen oder Unglück ihrer Obhut entglitten. Besonders lange hatte ich ihn nicht, dachte sie.« Die zwölfjährige Mamie in Susanne Moores Roman »The Whiteness of Bones« hat gerade die unsittliche Berührung eines alten Gärtners überstanden. Der Mann hat keinen Zwang angewandt. Er hat einfach nur seine knotige, runzelige Hand in ihre Shorts geschoben und auf ihre Schamlippen gelegt. Ein gewaltloser Erlkönig. Sie hat sich sofort von ihm befreit. Sie läuft zu ihrem Vater. Der alte Gärtner wird entlassen. Für Mamie ist jetzt nichts mehr, wie es war.

Andere Mädchen kommen ohne einen solchen Schock davon. Aber auch sie erleben Blicke, Bemerkungen, Beleidigungen, Berührungen, die alles für sie verändern. Auch für Jungs gibt es diese Erfahrung des Sich-selbst-fremd-Werdens, sei es durch Erscheinungen am Körper und im Körper, sei es durch die Rohheit anderer, die Anspielungen machen, Taktgrenzen überschreiten, Gemeinheiten loslassen. Der Körper ist dann nicht mehr »in der Obhut« der (mehr oder weniger) intakten kindlichen Persönlichkeit, er ist »entglitten«, ausgesetzt, bloßgestellt.

Wahrscheinlich kann keine Umwelt je sensibel genug sein, um ein pubertierendes Kind nicht irgendwann einmal zu verletzen. Denn die Empfindlichkeit der Zwölfjährigen ist, wenn es um ihre Person geht, extrem. Doch selbst wenn niemand einem Jugendlichen je weh tut, wird dieser Anlässe finden, sich mit sich selbst zu quälen. Auch wenn es keinerlei äußeren Ärger gibt, ist da ja jener innere Unruheherd: die Natur. Sie legt ein-

fach los, produziert Hormone, Mitesser, Schweißgeruch, Scham-
haare, prickelnde Brustwarzen, sprießendes Barthaar, Bluts-
tropfen zwischen den Schamlippen, eine umkippende Stimme,
einen Adamsapfel. Und selbst, wenn die Jugendlichen irgendwann stolz auf ihre Figur sind, reagieren sie, während alles an-
fängt, fast immer bestürzt. Einschneidende Veränderungen machen jedem Angst, selbst wenn sie erwünscht sind.
Die Natur ist als Instanz nicht mehr rundum vertrauenswür-
dig. Im Grunde war sie es nie. Seit es Menschen gibt, haben sie
versucht, sich den wortlosen Naturprozessen zu widersetzen, sie
zu korrigieren und sie zu überlisten. Gleichzeitig beobachten sie
mit sich steigernder Faszination, was die Natur so bewerkstel-
ligt, um sich ihren Formenreichtum und ihre Vorgehensweisen
abzugucken und sie nachzustellen – jede künstliche Machinati-
on hat ihr Urbild in der Natur. Heute, wo die Menschheit an
der Schwelle zu jenem Labor steht, in dem der künstliche
Mensch erzeugt wird, ist die Natur in ihrer Würde so beschä-
digt wie wohl kaum zuvor. Warum soll man eine Instanz hoch
schätzen, die ihr kompliziertestes Werk, den Menschen, abkup-
fern, nachmachen, in der Retorte reproduzieren lässt? Was
bringt die Natur denn noch allein zustande? Überall muss sie
geschützt werden; sie kann sich ja selbst nicht mehr wehren. Sie
lässt ihre Arten verkommen und das empfindliche meteorologi-
sche Gleichgewicht, das wir Klima nennen, entgleisen …
Der hochmütige, von seinem eigenen Erfindergeist hingeris-
sene Mensch verliert den Respekt vor der Natur. Sie ist für ihn
nur noch Material in einem Herrschaftsbereich, den er nicht
mehr mit ihr zu teilen bereit ist. Aber dann gibt es Lebenssitua-
tionen, in denen die Natur plötzlich wieder die Befehlsgewalt
innehat. Und der Mensch verlegen dasteht und einräumen
muss, dass er sich keineswegs völlig von ihr emanzipiert hat.
Dass ihm das wahrscheinlich nie gelingen wird. Der Tod ist so
eine Situation. Und die Geburt. Auch die Sexualität. Mithin die
Pubertät.

Wenn die Natur mit Beginn der Pubertät auf ihre Existenz aufmerksam macht, kann sich das Kind in dieser Phase seines Lebens umso besser zurechtfinden und sich umso leichter in ihr bewegen, je mehr Vertrauen in die Natur als Fundament seines Lebens es mitbringt. Tiere leiden wahrscheinlich nicht unter der Veränderung ihrer Körper, wenn die Geschlechtsreife einsetzt. Wir wissen es nicht genau, aber durch das enge Zusammenleben mit Haustieren haben wir genug Beobachtungsmaterial gesammelt – hat man je von Pubertätskrisen bei Hunden oder Rindern gehört? Wo die Natur auf keine Widerstände trifft, erzeugt ihr Walten auch keine Identitätskrisen – wenngleich durchaus körperliche Schmerzen.

Die Empfindlichkeiten, Ängste und Komplexe von Menschen in der Pubertät sind einerseits Folge künstlicher, kulturell hervorgebrachter Lebensbedingungen, andererseits ein Zeichen für deren Macht. Je mehr Natur unsere Lebensumstände zulassen und einbeziehen, desto unproblematischer kann sich wahrscheinlich die menschliche Pubertät vollziehen.

Was soll das heißen: Natur zulassen und einbeziehen? Zurück in die Wälder? Abschied von den Städten? Von der Zivilisation? Vom geistigen Leben? Vom Komfort? Natürlich nicht. Im Kontext unseres Themas ist etwas ganz anderes einschlägig. Gemeint ist die innere Natur: die körperliche genauso wie die gefühlsmäßige. Diese Natur ist schon deshalb noch ziemlich »wild« geblieben, weil sie relativ unerforscht ist. Man weiß zwar, wie die Organe funktionieren und wie das Genom strukturiert ist, aber nicht, wie Gefühle, körperlich oder geistig induzierte, entstehen. Die Hirnforschung ist dran an diesem aufregenden Forschungsprogramm, aber die Zwischenergebnisse sind dürftig. Es wird noch dauern, bis wir etwas Reelles in der Hand haben. Einstweilen müssen wir uns damit abfinden, dass die Natur unserer Gefühle und der gesamte Komplex Sex zum dunklen Kontinent auf der Landkarte des Humanum gehören.

Die Tugend der Passivität

»Macht« die Natur das Ihre – sei es während einer Entbindung, einer Sterbestunde, einer Pubertät –, ist es besser, wenn die betroffenen Individuen nichts machen, es sei denn, irgendetwas läuft offenkundig schief. Aber bei einem normalen Verlauf überlässt sich der kluge Erdling den natürlichen Rhythmen – und erfährt sich selbst sodann als ausgeliefert, als passiv. Gerade an bestimmten Wendepunkten des Lebens, aber auch bei weniger singulären und nicht so dramatischen Ereignissen wie etwa dem Schlaf, der Verdauung, der Atmung, der Schwangerschaft und der Geschlechtsreife in der Pubertät tun wir gut daran, wenn wir uns den Naturprozessen überantworten und uns Passivität zutrauen. Optimierungsversuche können nach hinten losgehen. Unwillkürliche Verläufe wie zum Beispiel die Atmung werden durch das Bewusstmachen gestört; man soll Selbstbeobachtung mit dem Ziel einer Verbesserung der automatischen Körperfunktionen nur dann anstreben, wenn man außergewöhnliche Leistungen erbringen muss oder krank ist. Mit einem Wort: Die Fähigkeit, passiv sein zu können, loszulassen, ist wichtig für jeden Menschen. Aber finden Sie dafür mal Unterstützung in unserer Kultur!

Passivität hat einen ähnlich schlechten Ruf wie Unreife. Sie wird gedankenlos mit Trägheit gleichgesetzt, weshalb ein leerlaufender Aktivismus die vorherrschende Bewegungsform unserer Kultur ist; wer was macht, egal was, wer dazwischenfunkt, gegenhält, mitmischt, unterbricht, ist immer besser angesehen, als wer gar nichts tut. Dabei sind Kommenlassen, Abwarten, Mit-sich-machen-Lassen und Empfangenkönnen in manchen Situationen das einzig Richtige. Die Jagd nach dem Glück, deren sinnliche und gefühlsmäßige Seite während der Pubertät vorweggenommen oder ausprobiert wird, verläuft ein Leben lang erfolglos, wenn Passivität nicht als Wert begriffen wird.

Lust, körperliche sexuelle Lust, ist immer ein Geschenk, das heißt, sie ist nur dann sie selbst, wenn in ihr noch ein Gran Überraschung oder Überwältigung steckt, wenn sie anteilweise ungerufen, sozusagen überfallartig kommt. Wird sie bis zur letzten Ingredienz geplant, zielbewusst abgerufen und vom Willen gesteuert, so ist sie immer eine Enttäuschung: nicht voll, nicht umwerfend, nicht wirklich wunderbar. Große Erlebnisse, erneuernde Erfahrungen setzen eine Fähigkeit zur Passivität voraus, die sich gegen den endemischen Aktivismus behaupten muss – was gar nicht so einfach ist, zumal »Fähigkeit zur Passivität« paradox ist, insofern man Fähigkeit mit Aktivität zusammendenkt. Aber wir können auch Passivität als Möglichkeit menschlicher Erfahrung ausbilden, pflegen und verteidigen – die meisten Menschen tun das instinktiv, ohne sich groß Rechenschaft darüber abzulegen.

Während der Pubertät ist Passivität eine wichtige Tugend – denn alles, was die Jugendlichen in jenem kritischen Alter »tun« können, ist, die Veränderungen, welche die Natur mit ihrem Körper vornimmt, zu akzeptieren. Möglichst lässig, möglichst einverständig, möglichst ergeben.

Das sagt sich so leicht. Doch es gibt kein Rezept. Wie man »es« macht, lässt sich nicht in Tipps fassen. Aber man kann – als Kind – eine Bereitschaft entwickeln, die Natur machen zu lassen. Und als Eltern ein Gespür für den Wandel und Langmut bei der Beobachtung der Entwicklungssprünge und -stillstände. Denn typischerweise verläuft die Reifung in Sprüngen, Schüben und Spiralen, das heißt mit scheinbaren Rückwärtsbewegungen und vor allem mit Pausen. Unsere Vorstellungen von Entwicklung sind viel kontinuierlicher als das, was die Natur mit ihren Ungleichzeitigkeiten und Brüchen so produziert. Wenn man sich auf diese »krummen Wege« einstellt, wenn man sozusagen gewarnt ist, kann vieles weniger kompliziert verlaufen. So können zum Beispiel Eltern die Tatsache, dass sie ihre Kinder bei deren Eintritt in die Pubertät besonders scharf beobachten, einfach ein bisschen wegmogeln; sie müssen es nicht so deutlich zeigen und geben dem Kind dadurch die Freiheit, selbst zu entscheiden, wann es seinen veränderten Körper zeigen und wie lange es ihn verhüllen will.

Ein großes Hemmnis für eine unkomplizierte Pubertät ist die Scham. Wäre sie nicht so stark und so unbesiegbar, hätte man es leicht zwischen zwölf und sechzehn. Auch die Scham ist natürlich, woraus man ersieht, dass es gute Gründe gibt, sich gegen die Natur auch zu wehren. Aber Scham hat ihren Sinn, und man kann sie sich aus der Pubertät ebenso wenig wegdenken wie die Wehen aus einer Geburt. Beides gehört zusammen und ist eben wegen dieser Zusammengehörigkeit so peinvoll. Immerhin gibt uns das Stichwort »Scham« einen guten Schlüssel in die Hand, um die Innenräume dieses Kapitels, wo es um Gefühle und Sinne gehen soll, zu öffnen.

Scham und Bewältigungsstrategien

Natascha, dreizehn, hat schon einen ansehnlichen Busen. Insgeheim ist sie stolz auf ihre Formen, aber im Sportunterricht stirbt sie tausend Tode. Sie trägt überdimensionale T-Shirts und einen Sport-BH, der den Busen plattdrückt. Dennoch fürchtet sie beim Rennen und Springen das charakteristische Wogen der Brüste, über das sie selbst noch vor ein, zwei Jahren bei den größeren Mädchen hat lachen müssen. Sie versteht sich selbst nicht so ganz, denn sie wünscht sich einen vollen Busen, mindestens so einen wie Heidi Klum, und sie findet es auch bei Spitzensportlerinnen im Fernsehen gar nicht so schlimm, wenn die Brüste ein wenig beben. Aber sie ist keine Spitzensportlerin, sie bewegt sich nicht besonders elegant, und dieses träge Schwabbeln der Brüste beim Anlauf oder auf dem Trampolin, das fand sie immer so furchtbar peinlich. Und nun gehört sie, die ihr Leben lang rank und schlank war, selbst zu diesen Kühen mit dem Wabbeleuter. Wann immer möglich, schwänzt sie den Sportunterricht. Die Lehrerin durchschaut die Zusammenhänge, findet aber, die Schülerin könne sich zusammenreißen. Sie gehöre, meint sie, zu denen, die Sportunterricht nötig haben.

Je häufiger Natascha sich selbst vernünftig zuredet, je mehr nette und aufbauende Worte sie von der Sportlehrerin oder der Mutter hört, desto tiefer wird ihre Scham. Sie weiß selbst am allerbesten, dass sie sich albern verhält und dass schließlich die anderen Mädchen aus der Klasse trotz wachsender Brüste am Sportunterricht teilnehmen. Aber sie kann nicht aus ihrer Haut. Sie behauptet, sie habe sich das Kreuzbein verletzt und stechende Schmerzen im Rücken, um so vom Sport befreit zu werden. Dabei sitzen ihre Schmerzen eher in der Herzgrube.

Alle Körperveränderungen in der Pubertät haben mit Sexualität zu tun und sind daher schambesetzt. Wenn Natascha beim Weitsprung ihren Busen wogen fühlt, braucht niemand eine anzügliche Bemerkung zu machen – sie schämt sich auch so, weil sie weiß, dass sie gesehen wird und ihr Busen auffällt. Es ist ihre Intimsphäre, die hier plötzlich sichtbar wird. Sie hat kaum die Möglichkeit gehabt, diese neue Sphäre selbst in ihr Gefühlsleben einzubauen und sich in ihr einzurichten. Und schon nehmen Fremde Einblick. Das scheint ihr nicht in Ordnung. Ihr Schamgefühl ist geweckt, und es reagiert mit äußerster Heftigkeit. Das geht so weit, dass alle, die ungefragt an ihre Intimsphäre rühren, Fremde für sie werden, wenn nicht Gegner. Natürlich hat nicht nur ihr Busen die Fähigkeit, die Welt für sie auf diese Weise in Gut und Böse neu zu ordnen. Die Menstruation, die kürzlich bei ihr eingesetzt hat, ist dazu genauso imstande, bloß ereignet sie sich im Verborgenen und ist deshalb als Element der Intimsphäre besser geschützt. Aber auf der Klassenfahrt kommt es dann doch raus, wenn Natascha nach den Tampons in ihrem Rucksack sucht und zwei Mädchen, die noch nicht so weit sind, sie ein bisschen aufziehen. Sofort steht Natascha mit knallroter Birne da. Auch das Schamhaar weckt Aufmerksamkeit, wenn es am Schritt aus dem knapp geschnittenen Badeanzug hervorguckt. Ihr Achselhaar rasiert Natascha. Aber man sieht die Spuren. Und dann die ständig fettigen Haare! Und der Schweiß! Plötzlich quillt er hervor, insbesondere, wenn sie sich schämt. Und er riecht. Das hat es früher nicht gegeben. Natascha fühlt sich manchmal wie ein Tier. Das stößt sie ab und reizt sie zugleich. Sie möchte sich in Ruhe mit all diesen Ambivalenzen abfinden können. Aber das geht nicht. Ständig meckert die Sportlehrerin. Dabei hatte sie, Natascha, letztens wirklich ihre Tage.

Valentin, ebenfalls 13, ist im Stimmbruch. Zuerst hat er sich immerzu geräuspert, schließlich festgestellt: Die Glätte ist weg. Zurzeit hat er zwei Stimmlagen, die alte, hohe und die neue, tiefe. Dazwischen gibt es keine Verbindung. Wozu auch, denkt Valentin, die obere Lage wird bald ganz wegfallen. Aber dieses Sprechen mit zwei Stimmen ist ungewohnt, lästig, peinlich – und komisch. Ein paar Mal hat Valentin mit zwei Stimmen vor Fremden gesprochen, hat Gelächter geerntet und sich ziemlich geniert. Sein Vater sagt, er klinge wie eine gesprungene Glocke, sein Stimmbruch sei »extrem«. Denn der Abstand zwischen den beiden Lagen ist bei ihm besonders groß, seine Knabenstimme, die er jetzt verliert, war sehr hell, und die Männerstimme, die er jetzt bekommt, scheint sehr brummelig werden zu wollen. Valentin findet, die Natur hätte ihn mit einem unauffälligen Mittelding von Stimme beschenken sollen. Das hätte ihm besser gefallen. Er hätte den Stimmbruch kaschieren können und würde in Ruhe gelassen. Aber die Natur hat mit Valentin, wie sein Vater richtig bemerkt hat, Extremes vor. Der Junge war immer klein und dünn. Jetzt schießt er förmlich ins Kraut; seine Extremitäten haben sich dermaßen gestreckt und er ist dabei so dürr geblieben, dass man glaubt, seine Knochen knacken zu hören, wenn er geht. Sein Kopf ist immer noch seltsam klein und rund

und der Gesichtsausdruck kindlich-sanft: All das passt nicht zusammen, und Valentin fühlt sich wie eine Fehlkonstruktion. Immer wieder macht man sich über ihn lustig. Einmal lachte eine Frau so ansteckend über ihn, als er anfing zu sprechen, dass Valentin mitlachen musste. Das war befreiend. Und es ist ab jetzt für Valentin der Weg, mit seiner Scham fertig zu werden. Er lacht. Er setzt noch einen drauf und kiekst mit Absicht. Er schlurft wie ein müder Affe, lässt die Arme hängen und stopft die Zunge vor die Vorderzähne. Das kommt an. Valentin macht aus der Disproportion, welche die Pubertät seiner Erscheinung aufzwingt, eine Show.

Aggressiver Einbruch der Sexualität

Es gibt viele Möglichkeiten, mit der Scham umzugehen. Man kann sich zurückziehen wie Natascha, man kann sich einen Spaß draus machen wie Valentin. Man kann die Flucht nach vorn antreten und sich sexy stylen, und man kann zum größten Angeber der Welt werden oder sich auf intellektuelle Weltflucht begeben. Man kann auch die Strategien mischen. Irgendeine Variante entwickelt jedes Kind. Je weniger Selbstverleugnung sie ihm abverlangt, desto besser.

Während die Jugendlichen ihre Beschämung und den Anlass der Beschämung verbergen oder beides hervorkehren, gewinnen sie allmählich einen Vorgeschmack dessen, was Sexualität heißt und was jetzt als eine Art Schicksal auch auf sie zukommt. Neugierig sind sie alle. Bei manchen mischt sich die Neugier mit Vorfreude, bei den meisten mit Angst, am häufigsten sind Ambivalenzen. Die Angst ist diffus; sie bezieht sich auf nichts Bekanntes, deshalb sitzt sie nicht weniger tief. Plötzlich zeigen alle Dinge einen neuen, herausfordernden Sinn, so, als habe jemand die Atmosphäre mit einem bisher unbekannten Element aufgeladen, das die Fähigkeit besitzt, jedes Ding zu verändern, sei es die Garagentür, das Feuer im Kamin, ein Kochlöffel, eine Schere, eine Geldbörse, ein Blumenkelch. Im Lande des Erlkönigs hat alles einen Bezug zu seinen verführerischen Töchtern und dem Reigen, den sie tanzen oder zu ihm selbst und seiner gewaltbereiten Siegesgewissheit.

Bei den simpelsten, unschuldigsten Tätigkeiten, Gedanken, Beziehungen offenbaren sich jetzt geheime Verbindungen, Verweise oder Hintertüren, die ins Reich der Erotik führen. Diese Allgegenwart der Sexualität erzeugt Abwehr. Aber es hilft nichts, jeden Tag geht es wieder aufs Neue los.

Der Busfahrer starrt Natascha auf den Busen, die Lehrerin lächelt lange und süß, als Valentin einen ganzen Satz in seiner neuen, tiefen Stimme spricht. Die Verkäuferin in der Bäckerei benutzt ein Jasminparfüm und sagt »Schatz« zu ihm. Auf das Pflaster vor Nataschas Haus hat jemand den Satz gesprüht: »Hey, Blondi, ich mag deinen Arsch«. Man sollte darüber lachen, und Natascha lacht auch, vor allem, solange sie mit Mareike, ihrer Freundin, noch zusammen vor dem Haus rumsteht und ein bisschen quatscht. Als sie allein in ihrem Zimmer ist, kommen ihr die Tränen. Nicht bloß wegen des dummen Spruchs, sondern weil ihr gleichzeitig klar geworden ist: Was hier vor sich geht, ist nicht nur einfach ihre Entwicklung als ihre Privatsache. Es ist ein offener, ein öffentlicher Kampf. Ein Kampf um beste, zweitbeste und mindere Plätze auf dem Bewährungsfeld erotischer Attraktivität, das die Pubertät jetzt für sie und ihren ganzen Jahrgang ausmisst. Mareike hat ihr gerade erzählt, dass die Jungs in ihrer Klasse eine Top-Ten-Liste führen, in der alle Mädchen der Schule eine Chance oder eben keine Chance haben und in der Mareike wegen ihrer Brille und ihrer Kleinwüchsigkeit natürlich nicht vorkommt. Aber Natascha könnte drauf sein, vielleicht auf Platz acht? Nun ist Mareike ein Jahr älter als Natascha und geht schon in die neunte Klasse, und das mit den Top Ten ist eigentlich harmlos, so was machen die Mädchen ja auch. Dennoch leidet Natascha in diesem Augenblick unter der Aggressivität, mit der all die anderen – und sie selbst womöglich auch? – auf die Pubertät und die Sexualisierung ihres Lebens reagieren. Warum so verletzend? »Hey, Blondi, ich mag deinen Arsch.« Sie hat keine Ahnung, wer das gesprüht hat, aber keinen Zweifel, dass es auf sie gemünzt ist. Es wohnt kein anderes blondes Mädchen in diesem Mietshaus. Da hat ihr jemand ein Kompliment gemacht, so viel steht fest. Aber er hat sie zugleich beleidigen wollen und das vermutlich nur, weil sie blond ist und weit entwickelt.

Sexualität ist nicht nur in der Pubertät ein Kampfplatz, sie ist es per se und für die Menschen ein Leben lang, und sie ist es eben leider auch schon in der Pubertät; sie zeigt sogar, wenn sie sich in das Leben der Heranwachsenden drängt, sofort ihre aggressive Seite. Das ist eine unglückliche Ausgangslage, und es sieht so aus, als habe die Kultur nur wenige Möglichkeiten, die Brutalität der Natur an dieser Stelle zu korrigieren.

Man darf nicht denken, dass die kämpferische und rücksichtslose Selbstinszenierung der Erotik in der Jugend ein Fehler unserer Epoche wäre. Schon immer hat das Menschenwesen den Verlust seines Kinderkörpers («Ich hatte ihn nicht sehr lange», sagt die zwölfjährige Mamie) als eine dramatische Enteignung empfunden und den Übergriff des Eros auf Leib, Geist und Seele als eine gewalttätige, Erlkönig-artige Entführung. Aber vergangene Epochen haben durch die Gegeninszenierungen der Kultur, durch ihre Rituale der Initiation und der religiösen Tabus die Gewalt der Natur klug durchkreuzt. Allerdings war der Preis hoch, war die Gegengewalt der Kultur nicht minder schwer zu ertragen. Der Gegenzauber verlangte Verzicht auf Sex vor der Ehe oder, in vielen primitiven Kulturen, verfrühten Sex durch Kinderheiraten; es lief auf dasselbe hinaus: Sexuelle Erfahrungen als selbstbestimmte, sich allmählich intensivierende, waren während der Pubertät nicht möglich. Heute sind sie

denkbar und erlaubt, aber offenbar immer noch schwer zu vollziehen. Die erste Nacht als ein »Hals-über-Kopf« mit üblem
Nachgeschmack ist genauso verbreitet wie ein mehr oder weniger überlanges Zuwarten aus Angst vor einem Fehlschlag.

Sicherheitszonen

Warum das alles so sein muss, warum die Sexualität sich so
kampflustig und krisenträchtig und unbekümmert um Verletzungen ihren Weg in das Leben der Menschen bahnt – fragen
Sie das die Natur. Vielleicht wird sie antworten, sie habe die Sexualität mit einem gewissen Gewaltpotenzial legieren müssen,
um ihr Hauptanliegen, die Fortpflanzung, zur Not gegen Vernunft und Willen der Individuen durchsetzen zu können. Vielleicht wird sie auch sagen, wir können noch froh sein, immerhin habe sie Fisch- und Insektenarten hervorgebracht, bei
denen die Zeugung zumindest einem der betroffenen Individu-
en das Leben koste.

Wie auch immer. Die Sexualität ist, als Natur pur, mit Neigungen zu Gewalt, Herabsetzung und Verletzung verwoben; die
Menschen haben das immer gewusst, nur von Epoche zu Epoche verschieden darauf reagiert. Während man früher die Jugendlichen durch eine Art Schutzhaft, durch Verbote, Riten
und Gängelungen vor einer Überwältigung durch den Erlkönig
zu bewahren versuchte, wird ihnen heute die Freiheit eingeräumt, sich allein oder in der Peergroup, jedenfalls weitgehend
unabhängig durch allzu viele Eingriffe der Erwachsenen, mit
Erlkönig, seinen Verführungen und Drohungen herumzuschla-
gen – ob das die bessere Alternative ist, sei dahingestellt. Wir
sind stolz darauf, dass wir der Freiheit der persönlichen Entscheidung in unserer pädagogischen Kultur einen hohen Rang

zuschreiben, bedenken aber nicht, dass ein junger Mensch, der sich – ob stolz, ob verzweifelt – mit seiner Sexualität wie mit einer fremden Macht konfrontiert sieht, gerade nicht frei ist. So ist eine fatale Fehlentwicklung dabei herausgekommen: Die aggressive, zerstörerische, asoziale Seite der Sexualität wird verdrängt. Man tut so, als sei Natürliches – und ihren Naturstempel trägt die Sexualität ja deutlich sichtbar – von vornherein gut und schön. In Vergessenheit geriet, dass die Natur nicht immer gütig ist. Man hat bei der verzweifelten Suche nach Sicherheitszonen eine Lüge in Kauf genommen. Das Resultat sind ratlose, zerrissene, von der Sexualisierung ihres Lebens völlig überforderte Jungen und Mädchen in der Pubertät.

Dass Sexualität zerstörerisch sein kann, ist kein Gedanke für den Alltag. Dass schon die Macht des Begehrens Menschen dazu bringen kann, ohne Rücksicht auf Dritte ihr Leben umzukrempeln, ist keine gemütliche Vorstellung. Aber wir alle müssen die Sexualität in unseren Alltag integrieren, sonst werden wir erst recht von ihr beherrscht oder krank oder verrückt. Also fahnden wir nach Sicherheitszonen. Eine Entlastung bietet die menschliche Gesellung, so wie Geschichte und Kultur sie geformt hat: die Bereitschaft der Menschen, Sexualität und Liebe zu verknüpfen. Diese Neigung hat deshalb immer wieder so großen Erfolg, weil sich durch die Verbindung mit der Liebe das sexuelle Erleben vertieft und weil umgekehrt durch ihre Anlagerung an die Sexualität die Liebe ihre Bindekraft zwischen den Geschlechtern erst so richtig entfaltet.

Ein Hintergedanke der Natur, die den Bund von Sex und Liebe nicht fürs Leben, aber für gewisse Lebensphasen abzusegnen bereit ist, mag die Optimierung der Aufzuchtsbedingungen für den Nachwuchs gewesen sein. Durch das Erfolgsmodell beflügelt, hat die menschliche Gesellung an der Einheit von Liebe und Begehren festgehalten, trotz mancher Einsprüche der Natur, die uns Menschen nur befristet zur Treue motiviert. Letztlich handelt es sich bei der Einheit von Trieb und Gefühl aber nur um eine Neigung und nicht um einen Automatismus. Manchen Individuen gelingt es nie, Sex und Liebe zusammenzubringen, und sie haben auch gar nicht das Bedürfnis danach. Für die meisten aber ist diese ideale Sicherheitszone ein wichtiges Ziel, und die schaffen es zumindest für eine gewisse Phase ihres Lebens, der »Neigung« zu folgen und ihr Leben entsprechend einzurichten.

Für Kinder in der Pubertät gibt es diese ideale Sicherheitszone nicht. Das eben ist der Irrtum unserer unbekümmerten Alltagskultur, die allen Ernstes voraussetzt, dass die Natur den Gang der Dinge schon regeln werde und dass die Sexualität ja schließlich ein Medium vor allem glücklicher und lustvoller Gefühle sei. So richtig es ist, der Natur da, wo sie eh das letzte Wort spricht, wie zum Beispiel beim Wachstum eines Busens, freie Hand zu lassen, so nötig ist es doch zugleich, die stark kulturell geprägte Welt des Gefühlslebens zu schützen und zu besänftigen, wenn die Natur sie bedroht.

Zu Beginn der Pubertät gibt es für die Kinder als Sicherheitszone nur jenen Bereich, dem sie ja jetzt, Jahr für Jahr ein Stückchen weiter, entrissen werden: die Eltern, die Geschwister, die Familie, den Kinderfreundeskreis. Unter dieser paradoxen emotionalen Situation leiden alle Kinder: gefühlsmäßig noch da verankert zu sein und Sicherheit zu suchen, von wo man sich zugleich hinweggezogen fühlt. Sie ist wirklich eine schwere Zumutung und von der Evolution sozusagen fehlkonstruiert. Es gibt in diesem Alter keine emotionale Gleichgewichtslage. Der Ausweg der Kultur, Sex mit Liebe zu verbinden, liegt für den Pubertierenden noch fern. Die Herzen der Kinder gehören noch den Eltern (oder Elternersatzpersonen), und wenn sich jetzt die Sexualität in Körper, Geist und Seele mit dem üblichen schamverletzenden Auftrumpfen meldet, erleiden die Kinder einen Schock.

Wo gibt es Sicherheitszonen? Schließlich können die Kinder nicht mit ihrem Schock, ihrer Beschämung und ihren Ambivalenzen jahrelang alleine bleiben. Mädchen imaginieren, kaum, dass sie das Frausein durch die ersten körperlichen Verwandlungen spüren und innerlich vorwegnehmen können, sofort die immerhin teilweise bewährte und ihnen auch anempfohlene Sicherheitszone der festen Bindung und richten sich experimentell in ihr ein. Als »Traumprinz« fungiert meist ein Star aus dem Reich der Popmusik oder des Kinos – Erlkönig hat genügend Söhne, unter denen die Mädchen wählen können und mit denen sie dann ihre erste Liebe virtuell durchspielen. Natürlich bleibt das alles abstrakt und illusionär, aber eine Sicherheitszone ist es gleichwohl, wenn auch eine instabile, da die Realitätsprüfung ausfällt und Träume, die nicht verwirklicht werden, irgendwann vergären und das Herz mit Frust erfüllen. Dennoch: Den meisten Mädchen bleibt nichts anderes übrig, und sofern sie ihre Phantasien mit anderen Mädchen teilen und erweitern können, bekommt diese Sicherheitszone auch ein bisschen Festigkeit. Wie ja überhaupt die Peergroup einen Schutzraum eigener Art darstellt, den die meisten Kinder brauchen, aufbauen und verteidigen. Die Bindung der zwölfjährigen Schulkinder, die durch den Wechsel zur weiterführenden Schule zerrissen wird, was die Lehrerin meines Sohnes Sascha so sehr bedauerte, ist nichts anderes als der Aufbau eines ersten sicheren Hortes, in dem sich die vom Erlkönig geraubten Kinder aneinanderklammern.

Jungen träumen auch. Aber charakteristischerweise nicht gleich von der festen Bindung. Zwar tanzt die Traumprinzessin manchmal durch ihre Phantasien, auch sie abstrakt-ideal und der Medienwelt entlehnt, aber dass all die Glücksvorstellungen der Jungen auf die Liebe zuliefen und sie mit Gleichaltrigen solche Traumwelten schon mal probeweise durchwandern wie die Mädchen, das ist entschieden nicht der Fall. Für die Jungen scheint das Sichmessen mit Vaterfiguren und »Brüdern«, also Angehörigen derselben Alterskohorte, weitaus wichtiger. Auch diese *Bandenbildung* in der Pubertät, sei es in der Schule, im

Chaos-Computer-Club oder im Sportverein, ist ebenfalls als Errichtung einer Sicherheitszone zu verstehen. Während die Mädchen der Gegenwart vorgreifen und die Zukunft in einer idealen Form vorwegnehmen, um dem Jetzt und Hier ihrer Sexualität auszuweichen, stemmen sich die Jungen gleichsam gegen die Zeit, blenden die Zukunft, was den erotischen Kontext betrifft, eher aus und halten die soziale Situation der Latenz, des Spiels, der Bewährung in der Brüderhorde, aufrecht.

So schaffen es beide Geschlechter in der Pubertät, ihren Eltern mit dem Herzen insgeheim noch eine Weile treu zu bleiben, die Gegenwart mit Kumpels und besten Freundinnen durchzustehen und für die Zukunft schon ein wenig zu üben. Wobei die Jungen meist gute Erfolge im Bestehen des Leistungswettbewerbs und die Mädchen schöne Ergebnisse in der Verfeinerung ihrer Gefühle und ihrer Empathiefähigkeit erzielen. Und die Jungs deutliche Mankos in Bezug auf die Sprache des Herzens verzeichnen müssen und die Mädchen merkliche Defizite bei ihrer Belastbarkeit in Konkurrenzsituationen. Allerdings wandeln sich die Verhältnisse hier allmählich.

Aufklärung und wachsender beruflicher Ehrgeiz der Mädchen bringen es mit sich, dass pubertierende Schülerinnen sich manchmal in ihren Träumen länger in einem Forschungslabor als in den Armen eines Mannes aufhalten und einige Jungen früher und ausführlicher darüber nachdenken, wie es sein könnte, ein Kind großzuziehen. Es ist allerdings fraglich, ob diese Umkehr-Tendenzen für das jeweilige Geschlecht schon »mehrheitsfähig« sind. Gerade deshalb ist es wichtig, sie zu erwähnen. Und wer sich dazu in der Lage sieht, sollte sie stärken. Zumal zu erkennen ist, dass die Schnittmenge an Interessen und Wünschen, die von Jungen *und* Mädchen gehegt werden, allmählich wächst. Die Shell-Studie von 2006 zeigt zum wiederholten Mal, dass die Familienorientierung bei *beiden* Geschlechtern langsam, aber stetig zunimmt.

Erste Liebe, erstes Begehren

Das Stichwort »Sicherheitszone« charakterisiert die Pubertät als einen Wandel mit Zumutungen, vor denen die Jugendlichen sich schützen wollen. Es ist wichtig, diesen Aspekt zu betonen, denn in unserer Kultur dominiert die umgekehrte Sicht der Dinge: wie toll es doch sei, groß und stark zu werden und Aufnahme zu finden in den Club der Erwachsenen mit abwechslungsreichem Sexualleben und dickem Portemonnaie. Gegen diesen verlogenen Schmus sollte man immer die Härten der Adoleszenz ins Feld führen, die Kampfstimmung, in der die Pubertät beginnt, die fälligen Verletzungen, die notwendig zerplatzenden Träume.

Dennoch ist die Pubertät nicht einfach nur ein Graus. Die Erotisierung des Lebens bringt auch seine Verzauberung. Nicht nur die Sexualität, auch die Gefühle brechen auf und verwandeln die Persönlichkeit. Viele Jungen und Mädchen verlieben sich mit zwölf, dreizehn oder vierzehn das erste Mal, und manchmal ist das Gefühl weit mehr als ein Strohfeuer. Die Jugendlichen geben nicht auf, belagern die Erwählte, umschwärmen den Auserkorenen und lassen bei ihrer Werbung all ihre Phantasie und Raffinesse spielen. Oft bleibt das Ziel der Wünsche unerreichbar, weil es zu hoch gesteckt ist: die Lehrerin, der verheiratete Nachbar, die Mutter des besten Freundes ... Wenn die Hoffnungen sich auf jemanden richten, der sie vielleicht sogar erfüllt, dann erleben die Heranwachsenden ein ganz großes Glück. Sie können jetzt zusammenführen, was in der Pubertät zumeist auseinanderfällt, um sich dann asynchron zu entwickeln: Körper, Kopf, Gefühlsleben. Durch die Liebe wird die Entwicklung beschleunigt, ihre einzelnen Stränge werden besser integriert. Das gilt auch für eine unerfüllte Liebe. Wobei die Frage ist, was »«erfüllt« und »«unerfüllt« in dieser Phase heißen kann.

Die sexuelle Erfüllung ist bei ganz jungen Liebespaaren noch die Ausnahme. Natürlich gibt es sie – oft aber eher als Ergebnis von Versuch und Irrtum, und manchmal macht sie die Beziehung kaputt, weshalb dann das Wort »Erfüllung« auch nicht passt. Sex als Akt und Glück lernt sich langsam, alle Menschen brauchen ein paar Jahre, manchmal auch Jahrzehnte, um herauszufinden, wohin ihr Trieb sie treibt. Und weil zum Sex zwei gehören, weil der oder die Verliebte im Normalfall nicht nur das eigene Glück sucht, sondern ebenso das Glück der oder des anderen, verdoppeln sich die offenen Fragen. Für die Sexualität gilt, dass Passivität im rechten Moment von großer Bedeutung ist, denn der Körper besitzt auf diesem Feld seine eigene Klugheit, die der Kopf nicht kapieren kann. Aber die Klugheit des Kopfes wird genauso gebraucht, Sexualität spielt sich in der nicht zu überwindenden Polarität von »animalisch« und »subtil«, von »spontan« und »gesteuert«, von »sinnlich« und »geistig« ab. Wobei betont werden muss, dass die Beteiligung des Geistes nicht (nur) im Formulieren besonders hübscher Komplimente oder im Verschaffen günstiger Gelegenheiten besteht, sondern dass das Begehren, bei aller empfundenen Triebhaftigkeit, immer auch ein geistiges Streben ist. Weil er (mit)begehrt, will der Geist auch (mit)befriedigt werden.

Ein allzu stupider Partner oder eine kaum erregende Vorgeschichte des Aktes setzt das Lusterleben dramatisch herab. Irgendein weiser Mensch nannte das Gehirn einmal das wichtigste Sexualorgan, und er hat natürlich Recht.

Die ungleichzeitige Entwicklung in der Pubertät gestattet es den Jugendlichen, sich sozusagen mit nur einem Teil ihrer Persönlichkeit in eine Liebesbeziehung zu werfen, die sie trotzdem stark beschäftigt. Am häufigsten ist die »platonische« Liebe, eine Beziehung ohne Sex, vielleicht mit Zärtlichkeit, auf alle Fälle mit innigem Erfahrungs- und Gefühlsaustausch, mit endlosem Reden, vielen gemeinsamen Erlebnissen und Plänen, mit Schwüren, SMS, Geschenken und E-Mails. Auch in gleichge-

schlechtlichen Freundschaften kann eine erotische Komponente
mitschwingen, die den Jugendlichen gar nicht bewusst sein
muss, die aber ihr Gefühl vertieft und sie mit den Spannungen,
Ängsten und Seligkeiten der Liebe schon vertraut macht.
Dem Gefühl ist es zunächst egal, ob es sich an einen gleich-
geschlechtlichen Kameraden, an Nachbars Tochter oder an einen fernen Filmstar heftet. Es möchte sich einfach nur regen,
möchte wachsen und das Herz erfüllen. Das geht auch bei angebeteten Popstars. Aber nur bis zu einem gewissen Grad. Um
sich zu vertiefen und seine ganze Fülle zu entfalten, braucht es
eine Reaktion. Insofern ist es am besten, wenn die zur Liebe bereiten Jugendlichen auf erreichbare Partner treffen. Aber dieses
Privileg haben längst nicht alle. Die Eltern können sehr deutlich
darauf hinweisen, dass sie sich durch Liebesgeräusche im Ne-
benzimmer gestört fühlen. Sie können auch, eine gegensätzliche
Variante, durch willfähriges Schaffen von Gelegenheiten ihren
Kindern den Spaß verderben, der nun mal mit einem gewissen
Geheimnis verbunden ist. Hinzu kommt, dass Jungen und
Mädchen sich nicht synchron auf die erste Liebe zubewegen.
Die Mädchen sind viel früher bereit und bleiben einsam, weil
ihnen die gleichaltrigen Partner fehlen. Die Jungen werden nicht
nur durch die später einsetzende Pubertät, sondern auch durch
ein längeres Festhängen im Milieu der »Brüderhorde« auf ihrem
Weg zum anderen Geschlecht aufgehalten.

Dennoch schließt das zur Liebe entschlossene Gefühlsleben
eine neue Dimension des Daseins auf; schon die erotische Sinnlichkeit, die jetzt beginnt, ihre Poren zu öffnen, bereichert das
Dasein. Die Jugendlichen empfangen Farben und Formen,
Klänge und Stimmen, Gerüche und taktile Reize mit neuen, er-
regenden Konnotationen. Das ist nicht immer angenehm. Die
erhöhte Ekelschwelle zum Beispiel vermindert die Toleranz
merklich, ein übersteigerter optischer Anspruch führt zur Abgrenzung gegenüber allen Menschen, die nicht im Begriff stehen, sich einen Schönheitswettbewerb zu stellen. Aber dieses

Geschmäcklerische ist nur die andere Seite einer wachsenden, wachsamen Empfänglichkeit und Unterscheidungsfähigkeit, die ihrerseits als wichtige Bedingung des Erwachsenwerdens und auch der Liebesfähigkeit gelten darf. Vor allem stellen sich die Sinne auf das Begehren ein. Die Nahsinne werden schärfer und »erdiger«, die Vorliebe des Kindes für Süßes entfällt. Bislang abgelehnte faulige und derbwürzige Geschmacksqualitäten werden geprüft, Schimmelkäse rückt in den Bereich des Möglichen, Oliven und Waldpilze kommen infrage, auch Bier und Wein. Schwüler und salziger Geruch wird gerne eingesogen, der eigene Schweißgeruch immer wieder getestet, bis die Ambivalenz verfliegt und er akzeptiert wird. Auch Berührungen sind jetzt viel stärker als beim Kind nicht bloß Handhabungen, sondern Genüsse haptischer Eigenarten. Stoffe zum Beispiel müssen sich gut anfühlen, ehe man bereit ist, sich in sie zu kleiden, es genügt nicht, dass sie nicht kratzen. Mit einem Wort: Die Sinnlichkeit bereitet sich darauf vor, einen anderen Körper zu empfangen und zu erobern und den eigenen einer fremden Sinnlichkeit auszuliefern.

Diese Bereicherung würde bei aller Irritation immer als Freude empfunden – wäre da nicht das Wissen, dass der eigene Körper vom Rest der Welt ebenfalls mit einer neuartigen Strenge beurteilt wird, und wäre da nicht die große Angst, den harten Kriterien der anderen nie zu genügen. Zumal das eigene Urteil über den wachsenden, empfindsamen, noch unproportionierten Körper, in dem das Ich sich fremd fühlt, häufig vernichtend ausfällt.

Kapitel 3
Der Körperkult

Grenzgänge

Der Körper kündet als Erster von der Pubertät – häufig lange bevor der Geist folgen kann. Deshalb wird er vom Kind auch am stärksten beargwöhnt und zu schützen versucht. »Ich hatte ihn nicht lange«, sagt Mamie in dem Roman »The Whiteness of Bones«, aber sie findet sich nicht ab mit dem Verlust, sie müht sich um den Rückgewinn ihres vertrauten Leibes. So manches Mädchen ist in der Vorpubertät, wenn der Wandel beginnt, ein ausgesprochener Wildfang, knabenhaft, frech, sportbegeistert. Auch Mamie ist so ein Kind. Das Geschlecht ist Nebensache für sie, es existiert eigentlich gar nicht. Stattdessen sind Pflanzen, Tiere, das Meer, alte Leute, die Geschichten wissen, ihre Welt.

Mamie ist keine Ausnahme – wenn man auch mit Bedauern feststellen muss, dass unsere Kultur Jugendlichen nicht besonders viele Angebote macht, die Jahre der Geschlechtslosigkeit in der Latenz auszukosten. Obwohl sie ja so wichtig sind und, entwicklungsgeschichtlich gesehen, die Basis unserer Zivilisation, da sie die Zeit umgreifen, in der ein junger Mensch das Lernen lernt, gibt es wenig Bilder, Texte und Symbole von großer Verbreitung und allgemein verständlicher Sprache, die sich bewusst und entschieden auf ein Dasein ohne Geschlecht beziehen.

Der Welterfolg der ersten vier »Harry Potter«-Bände von Joanne Rowling könnte darin begründet sein, dass hier eine Lücke gefüllt wurde. Harry und seine Freundinnen und Freunde haben kein Geschlecht und plagen sich auch nicht mit dessen ersten Anfechtungen herum, sie sind ganz einfach Kinder, obwohl zum Teil schon dreizehn und darüber. Die geistige Ansprechbarkeit der Latenz wird hier dazu bemüht, die Kunst der Zauberei zu erlernen – ein schöner und ironischer Trost, denn die Verzauberung der Welt durch den kindlichen Blick geht in dieser Zeit ja gerade verloren.

»Geschlechtslosigkeit« bei Menschen unter zwölf heißt nicht, dass Kinder keine Ahnung von der Existenz des Geschlechtes und seiner Bedeutung hätten. Es heißt, dass sie, statt die Ausprägungen eines der beiden Geschlechter vorzuzeigen und zu kultivieren, zwischen beiden wechseln oder sich in dem holden Wahn wiegen, wählen zu können. Dem wilden Mädchen entspricht der Junge, der zum Faschingsfest als spanische Tänzerin erscheint und sich hingebungsvoll den Puppen seiner Schwestern widmet. Das Nicht-festgelegt-Sein erlaubt ein Spiel mit beiden Geschlechtern. Und es gehört zu den Vorzügen der Latenz und zur Grundlage ihres Freiheitsgefühls, diese Grenzgänge immer wieder zu vollziehen. Mädchen toben und klettern auf Bäume, Jungen pflücken Blumen und bestimmen Schmetterlinge. Alles ist möglich – obzwar es auch früh, zu früh geschlechtlich festgelegte Kinder gibt. Für alle aber gilt, dass ihnen ihr Körper noch nichts verbietet. Er gehört ihnen und ist oder erscheint unendlich plastisch und folgsam.

Die Sexualisierung des Körpers, die mit dem Sprießen der Scham- und Achselhaare beginnt, ist zugleich seine Festlegung auf *ein* Geschlecht. Der Verzicht auf das andere ist für jedes Kind ein Drama. Es wehrt sich eine Weile, indem es den Wandel seiner körperlichen Erscheinung kaschiert. Mädchen drücken ihren Busen platt oder tragen weite Hemden; Jungen mögen nicht mehr nackt gesehen werden, weil die vergrößerten Hoden und der seltsam hochstehende Brustwarzenhof Pubertätssignale sind, für die sie sich schämen. Manche Kinder zeigen gern, dass sie im Begriff sind, eine Frau oder ein Mann zu werden – aber auch bei ihnen ist der Stolz mit Scham vermischt.

Denn es ist immer schwer zu verkraften, wenn einem der Körper »nicht mehr gehört« – schwangere Frauen erleben das sehr drastisch und reagieren trotz Freude auf ihr Kind auch mit Befremden auf ihren schwellenden Leib. Ebenso bricht der alternde Körper mit Selbstverständlichkeiten, deren sich das Ich in seiner Hülle sicher wähnte – und jedes Mal ist die Erfahrung schmerzlich. In der Pubertät ist das Entwicklungsziel, die Geschlechtsreife, genauso unvermeidlich wie letztendlich erfreulich, aber der Weg ist gewunden und voller Fallen, und es gibt kein Kind, das ihn nicht zuweilen als reichlich dornigen Pfad empfindet.

Weil der Körper der Schauplatz ist, auf dem sich die Pubertät zuerst abspielt, wird er auch besonders beachtet, immer wieder überprüft, überwacht und eventuell durch Eingriffe gebremst oder mutwillig gepusht. Mit Kleidung kann man gut mogeln. Ein zwölfjähriges Girlie kann sich zu einer Fünfzehnjährigen herausputzen, ein Junge von vierzehn so tun, als sei er noch elf. Ein dreizehnjähriges Mädchen kann noch als Junge durchgehen, wenn sie das möchte, sie braucht nur ihren Gang zu verändern und ein Lederblouson zu tragen. Der »Übergangskörper« kann in die eine oder andere Richtung gebogen und geformt werden, zum Gegengeschlecht hin und wieder zurück, und eine Weile macht er das gehorsam mit. Aber irgendwann ist mit der Maskerade Schluss. Wenn die Pubertät vorbei ist, bekommen die jungen Erwachsenen ihren Körper zurück – als den eines Mannes oder einer Frau. In aller Regel nehmen sie diesen Geschlechtskörper erwartungsvoll oder gar freudig an. Der Übergang aber dauert einige Jahre. Und er ist schwer zu bewältigen.

Die Riten des Übergangs

Wie alle großen Veränderungen erzeugt die Pubertät Angst. Und chronischen, wiederkehrenden Ängsten begegnet das theatralische, Rollen spielende, sein eigenes Leben inszenierende Menschenwesen mit Ritualen. Sie setzen Gleichförmigkeit, Wiederholung und Verlässlichkeit in eine psychische Landschaft voller Verwerfungen, Ausbrüchen und urplötzlichen Entpuppungen. Das Ritual bietet eine Orientierung in diesem Chaos. Die Initiationsriten primitiver Völker bewahrten das Wissen um diese Zusammenhänge und unterwarfen etwa alle Mädchen, die das erste Mal menstruiert hatten, oder alle Knaben ab einem bestimmten Alter Waschungen, Prüfungen, Verletzungen oder stießen sie von heute auf morgen aus dem elterlichen Nest. So schmerzlich das alles war – die Jugendlichen wussten, was auf sie zukam, und hatten dann die gewaltsam hergestellte Sicherheit einer neuen Zugehörigkeit: zur Welt der Erwachsenen.

Heute gibt es in den individualisierten westlichen Gesellschaften keine solchen harten biographischen Einschnitte mehr; der Übergang vom Kind zum Erwachsenen vollzieht sich allmählich und kann zehn Jahre und länger dauern. Dennoch wäre es ein Fehler, anzunehmen, es gäbe keine Initiationsrituale für Jugendliche mehr. Sie sind diffus und wählbar, aber sie sind vorhanden. Wie einst bei den so genannten primitiven Völkern organisieren pubertierende Jugendliche ihre eigene Subkultur. Anders als bei den »Brüderhorden« in Stammesgesellschaften werden heutige Jugendkulturen indessen nicht mehr von der Elterngeneration kontrolliert. Das ist höchstens noch in sehr vermittelter Form der Fall – zum Beispiel über den Konsumgütermarkt, der Identitätssymbole vorgibt. Für ihre Binnenstruktur formulieren die Jugendlichen ihre Regeln selbst, sie legen die sozialen Rangstufen fest und stellen die ästhetischen Wertmaßstäbe auf. Und wo unsere säkularisierte Gesellschaft, die phantasie-

los ist beim Erfinden weltlicher Feste, keine Vorschläge macht,
denken sich die Jugendlichen selbst etwas aus.

Einer der Gründe für die wachsende Bedeutung der Gruppen
von Gleichaltrigen, der so genannten Peergroups, liegt hier: Die
Initiation ist zusammengeschrumpft zu einer ratlosen Toleranz
auf Elternseite; die Großen haben nichts anzubieten außer einem unverbindlichen offenen Ohr. Also nehmen die Kids ihre
Initiation selbst in die Hand. Im Mittelpunkt steht dabei der
Körperkult.

Ganz wie in uralten Zeiten. Die Zivilisation der letzten drei-
tausend Jahre war nämlich schon weiter gegangen und hatte die
Initiation vom Körperkult auf den sozialen Erfahrungsraum
verschoben. Seit der gewaltsame Autoritarismus der primitiven
Stammesrituale nicht mehr von oben und von außen durchsetz-
bar war, haben die menschlichen Gesellschaften Wert darauf gelegt, ihrer (männlichen) Jugend eine eigene Bühne zu schaffen,
auf der sie sich ausprobieren und bewähren konnte: Es waren
Turniere für die Adligen, Wanderjahre für die Handwerker,
Dienste bei fremden Familien, an Höfen oder in Armeen für die
Unterschicht. In diesen Milieus entwickelten sich immer wieder
Aufnahmerituale, Mutproben und allerlei künstliche Schwellen,
über die ein Jugendlicher zu steigen hatte, um in die Gemeinschaft der jungen Erwachsenen aufgenommen zu werden. Die
Kirche tat das Ihre mit Firmung und Konfirmation hinzu – im
Grunde ist auch die Hochzeit ein Eintrittsritual in die Familienwelt für junge Menschen, die jetzt die Fürsorge für eine neue
Generation zu übernehmen bereit sind. Die Individualisierung
unseres sozialen Lebens hat diesen Zusammenhang verwischt –
eine Hochzeit hat heute scheinbar nur noch den Sinn, die Entscheidung zweier Menschen füreinander zu besiegeln. Mit Initiation bringt man sie spontan nicht in Zusammenhang. Aber
wenn man die Perspektive umkehrt und danach fragt, warum
heute immer mehr Menschen nicht heiraten wollen, stößt man
jenseits des Standardarguments, dass eine Scheidung zu viel

Geld koste, auf das Bedürfnis der Singles, das Erwachsenwerden zu umgehen oder zu verschieben.

Verletzungen

Die Jugendlichen heute greifen, wenn sie neue Rituale ersinnen, auf vorzivilisatorische zurück. Eine uralte Methode, sich des Körpers, der entgleiten will, zu vergewissern, ist seine Verletzung – so paradox das klingt. Stolz verweisen Heranwachsende, deren Eltern die Erlaubnis zu einem Piercing oder einem Tattoo nicht geben wollen, auf die uralten Traditionen solcher Hautritzungen und ihrer einstigen Funktion als Initiationsritus. Der Körper wird durch eine verletzende Inschrift unterworfen, beherrscht, bewahrt; gerade das »Bleibende« der Tätowierung, vor dem die Erwachsenen warnen (»Es wird dir später leidtun«), macht sie so verführerisch als kultische Handlung, um den dem kindlichen Ich entwachsenden Körper festzuhalten. Auch Piercing zwingt den eigenwilligen Körper zum Gehorsam – er muss eine Wunde empfangen, und wenn er sich noch so wehrt. Fürs »Branding«, ein Zeichensetzen durch dauernde Brandnarben, gilt das erst recht.

Der Autor Otto Penz macht in seinem Buch »Metamorphosen der Schönheit. Eine Kulturgeschichte moderner Körperlichkeit« noch auf einen anderen Zusammenhang aufmerksam: Im Zeitalter der modernen Maschinen, der Cybogs und lernenden Roboter muss der verletzliche fleischliche Körper von jungen Menschen, die mit dem »Terminator« und dem »Blade Runner« aufgewachsen sind, wieder neu entdeckt, zusammengesetzt und verteidigt werden. »Der eher ohnmächtige Widerstand gegen die Verflüchtigung des biologischen Körpers manifestiert sich im ›Modern Primitivism‹ oder ›Modern Tribalism‹ in der ro-

mantisierenden, verstärkten Zuwendung zum eigenen Körper in
der Jugendkultur, wo der Körper als letztes Refugium der
Selbstgewissheit beziehungsweise als letzter Ort der Erfahrung
von ›Authentizität‹ höchst bedeutsam erscheint.« Damit einher
geht laut Penz eine Abwendung von den Schönheitsstereotypen
der Medien, der Körper wird bewusst verunstaltet.

Verletzungen waren in älteren Zeiten viel öfter und selbstverständlicher das Schicksal eines Körpers als heute – vielleicht
wurden sie deshalb auch so unbedenklich im Kontext des Ritu-
als gesetzt: Beschneidungen von Knaben und Mädchen, Ver-
stümmelungen von Gliedmaßen, symbolische Verletzungen wie
das Abschneiden der Haare – all das wurde Kindern und Jugendlichen zum Zwecke der Aufnahme in den Familienverband,
die Glaubensgemeinschaft oder die Erwachsenenwelt zugemutet.

Das wirkliche Leben war eh nicht geizig mit schmerzhaften,
gewalttätigen Übergriffen auf den Körper: Die Jagd, der Krieg,
das Feuer, die Seuchen – wer kam ungeschoren davon? Die
weiblichen Körper wurden durch Schwangerschaften und Ge-
burten verformt, hinzu kamen die Sorgen fürs Überleben zwischen Herd, Brunnen und Stall. Alt wurden die wenigsten, un-
versehrt starb kaum einer. Auf eine Narbe mehr oder weniger
kam es nicht an.

Wenn die zeitgenössische Jugend mit ihren Verletzungsstrate-
gien archaische Muster aufgreift, tut sie das nicht aus Liebe zur
Geschichte. Auch nicht, weil sie sich nach einer Urzeit sehnt, in
der es die moderne Integrität des Körpers als Menschenrecht
und Ausdruck von Lebensfreude so nicht gab. Sie tut es, weil
die Beherrschung von Körperlichkeit einst wie jetzt über die
Verletzung des Leibes vollzogen werden kann. Die meisten tun
es, ohne darüber nachzudenken, sie folgen einfach einer Mode.
Aber es ist natürlich kein Zufall, dass diese Mode in einer Epoche der Pazifizierung auf Muster zurückgreift, die mit Blut,
Wunden, Narben, kurz: mit dem symbolischen Opfer zu tun

haben. Man stirbt, um neu geboren zu werden. Man verletzt sich, um den eigenwilligen Körper, der sich den Befehlen des Ich entzieht, geheilt als eigenen zurückzuerhalten. Diese symbolischen Akte sind sehr alt, sehr einfach und offenbar für immer die kultischen Begleiter der Menschen, wenn sie in Gefahr sind, ihren Körper zu verlieren. Allerdings tragen sie heute einen rebellischen Index. Während sie einst gesellschaftlich akzeptiert wurden, sorgen sie heute für eine Abgrenzung der Jugendkultur von den Komfortbestrebungen der Älteren. Und wenn das Piercing zur Mode wird und auch Erwachsene Ohrstecker tragen, gehen die Teenager einen Schritt weiter und ziehen sich einen Ring durch die Lippe.

Auch die Magersucht gehört in dieses Szenario. Man kann einen Körper kaum stärker gefährden als dadurch, dass man ihm systematisch die Nahrung entzieht – zugleich beherrscht man ihn dadurch. Man zwingt ihm den Willen des Ichs auf, dem er sich, ungefragt das Geschlecht hervortreibend, nachhaltig entzieht. Die Magersucht ist eine Strategie vorwiegend weiblicher Pubertierender, ihren Körper unter Kontrolle zu kriegen (wenn auch bei Jungen das Phänomen zunimmt). Das muss damit zusammenhängen, dass die Pubertät bei Mädchen hormongelenkt das Fettgewebe vermehrt, vor allem an Hüften und Schenkeln, aber auch der volle Busen besteht aus Fett. Die Magersucht durchkreuzt diesen Entwicklungsplan, sie macht dem Körper (wahrheitswidrig) klar, dass der Wille des Mädchens das letzte Wort behält.

»Vor allem anderen bemüht sich die Magersüchtige, ihrem eigenen Selbst treu zu bleiben«, schreibt Louise J. Kaplan in ihrem wichtigen Buch »Abschied von der Kindheit«. In Extremfällen ist das letzte Wort des Mädchens an seine Leiblichkeit ein Befehl zum Tode. In der Bulimie, die Fressanfälle mit Kotz-Würg-Zuständen mischt, kommt beides zum Ausdruck: dass der (weibliche) Körper »eigentlich«, das heißt vom natürlichen Programm her, runder werden soll, dass ihm aber das Kind, dem sein Kör-

per abhanden zu kommen droht, diese Wandlung untersagt.
Die Weiblichkeitsikonen unserer Zeit sind unglücklicherweise
sehr schmal und schlank, so dass die essgestörten Mädchen von
den Instanzen der Mode in ihrem Verhalten unterstützt werden.
Man kann nur hoffen, dass die natürliche Freude der Männer
an runden Formen bei Frauen irgendwann modemäßig eine Ge-
genbewegung anstößt. Wie auch immer es weitergeht: Die Ess-
störungen der Mädchen kommen nicht vom Schlankheitswahn,
sie werden von ihm höchstens unterstützt oder äußerlich legiti-
miert. Der wahre Grund ist die (ritualisierte) Suche des Mädchens nach einem Beweis dafür, dass es seinem Körper nach wie
vor gebieten kann, dass es ihn »hat«. Dass eine Zunahme dieser
zerstörerischen Strategie in eine Zeit (und eine Weltgegend)
fällt, in der Hunger und Mangel nicht direkt und alltäglich erfahren werden, ist sicher kein Zufall.

Gefährdungen

Jungen gehen mit ihrem Körper nicht unbedingt weniger de-
struktiv um, wenn sie sich und ihrer Clique beweisen wollen,
dass sie ihn in der Hand haben. Mutproben sind ein verbreitetes
Ritual bei der Aufnahme in eine Gruppe – im motorisierten
Zeitalter klaut man Autos und fährt sie gegen die Wand. Oder
man rast auf einen Abgrund zu – wer zuerst bremst, hat verloren. Noch verbreiteter und noch ähnlicher dem Nahrungsentzug bei den Mädchen ist die Vergiftung mittels Alkohol oder
anderer Drogen; wer nicht bis zur Besinnungslosigkeit mithält,
ist ein Waschlappen. Kämpfe zwischen rivalisierenden Gangs à
la West Side Story sind seit Romeo und Julia (und gewiss seit
noch viel älteren Zeiten) ein probates Ritual der Initiation.

Das Zeitalter, in dem die Lebensbereiche von Männern und Frauen sich einander annähern und durchdringen, bringt es mit sich, dass auch Mädchen bei Bandenkämpfen dabei sein wollen und zuweilen die Chance dazu bekommen. Man sollte aber festhalten, dass die Separation der Geschlechter während der Pubertät immer noch überwiegt, dass die Mädchen sich absichtsvoll in ihre Mädchenwelt zurückziehen und die Jungen sich willentlich in ihrer Jungenwelt tummeln und dass beide Geschlechter häufig von Vorurteilen und Ressentiments gegen das je andere erfüllt sind – das in sich selbst zu entdecken ihnen nunmehr verwehrt ist und auf das zu verzichten ihnen leichter fällt, wenn sie es abwerten. Im Übrigen ist die Pubertät die Zeit der Vorbereitung (und Vorwegnahme) sexueller Aktivität, und die setzt voraus, dass die Geschlechter in ihren Rollen getrennt werden. Eine solche Trennung gibt der Identität einen Teil der Sicherheit zurück, die ihr während der Pubertät abhanden kommt.

Die erotische Show

Zum Körperkult gehört nicht nur die Vergewisserung leiblicher Selbstbeherrschung durch brutale Strategien wie Nahrungsverweigerung, Vergiftung und Verletzung, sondern auch das Gegenstück: die Inszenierung des Körpers als Wunderwaffe auf dem Felde der erotischen Konkurrenz. Ich sagte schon: Es ist ein Unglück, dass der Körper nicht einfach so reifen kann; dass er es im Vergleich mit anderen tut, dass er, sowie sich an ihm die Merkmale des Geschlechts zeigen, begutachtet, benotet, eingestuft wird. Kann er sich sehen lassen? Wird sie hübsch?

Eltern, Großeltern, Onkel, Tanten, Paten, Lehrer, Nachbarn, Freunde, alle, die irgendwie Anteil an der Entwicklung eines pubertierenden Kindes nehmen, stellen diese Fragen – immer wieder neu, in den verschiedensten Varianten. »Er kommt nach dem Vater, er wird breitschultrig.« »Sie wird klein bleiben, wie die Oma, aber die Figur ... Man ahnt es schon. Zauberhaft.« Solche Bemerkungen entstammen nicht der reinen Neugier oder dem Spaß an der Prognose, sondern dem tiefsitzenden Wissen darum, dass die erotische Persönlichkeit eines oder einer Jugendlichen nunmehr sein, ihr Lebensglück mitbestimmt, dass es eine große Rolle für seine oder ihre Zukunft spielt, was für eine Figur sie oder er auf der erotischen Bühne macht.

Ein schmächtiger Junge mit ungesunder Gesichtsfarbe und zerknitterten Zügen wird es schwerer haben, eine Partnerin zu finden, als ein Adonis mit klarer Stirn und frechem Lächeln. Und ein süßes, wohlproportioniertes Mädchen bekommt weitaus mehr Anträge als ein dürres Gestell mit Pickeln und X-Beinen. Zugleich mit dem unseligen Beweis, dass die Natur nicht gerecht ist, reift in den Jugendlichen eine sehr genaue Kenntnis von der Macht, die in körperlichen Reizen steckt. Nicht alle Zeitalter stimulieren ihre Jugend so unverfroren wie unseres, sich nach Möglichkeit ein Stück dieser Macht zu sichern. Zurückhaltendere Kulturen hatten es womöglich leichter, sich mit der Ungerechtigkeit der Natur abzufinden und die inneren Werte, auf deren Pflege die Religion besteht, zu betonen. Unsere Zeit ist, prima vista, auf den ersten Blick nur grausam gegen die Hässlichen. Aber sie lässt auch den Schönen nicht allzu viel Spielraum, ihren Vorzug auszukosten. Denn sie ist untergründig auf fast puritanische Weise immer noch mit den inneren Werten im Bunde. An der Oberfläche jedoch regiert – die Oberfläche.

Schönheitskult

»Noch bevor die Leute wissen, ob ich klug bin oder einen guten Charakter habe, fällen sie ein Urteil über mein Aussehen«, so die fünfzehnjährige Martina. »Der erste Eindruck entscheidet, ob sie überhaupt mehr über mich erfahren wollen. Da ist es doch nur natürlich, dass ich mich herausputze, dass ich so schön sein will, wie ich irgend kann. Ich glaube wirklich, dieses Bedürfnis liegt in den Genen, es gehört einfach zu uns. Auch Tiere machen was von sich her. Pfauen schlagen Räder. Und ich finde, es macht Spaß, sich zu stylen. Mir würde was fehlen, wenn ich es nicht dürfte.«

In der Tat ist die Freiheit der jungen Mädchen, sich auch für den Alltag hübsch zu machen, das heißt, ihrem Narzissmus zu frönen, relativ neu und auch nur in den westlichen Gesellschaften durchgesetzt. Andere Kulturen verlangen Schleier und Kopftuch, also ein Verbergen der weiblichen Reize, und hierzulande galten noch im vorigen Jahrhundert Schminke, Ausschnitt und Schmuck außerhalb besonderer Anlässe als ungehörig. Noch früher sorgten religiöse Gebote, aber auch die Notwendigkeit, dem eigenen Stand durch passende, oft gleichförmige Gewandung Reverenz zu erweisen, für eine rigide Kleiderordnung. Ein Mädchen, das sich darüber hinwegsetzte und sich gar provokant anzog, riskierte ihren guten Ruf nicht nur, sie warf ihn weg. Deshalb kam das auch so gut wie nie vor.

Die Oberschicht allerdings, die europäische Aristokratie und später auch die wohlhabenden Bürger, haben sich schon im Mittelalter eine ausgesprochen prachtvolle und unglaublich kostspielige Staffage geleistet, von der auch die jungen Mädchen keineswegs ausgeschlossen waren. Wir wissen dies durch die wundervollen Zeugnisse der bildenden Kunst, auf denen wir junge Fürstinnen in Reitkleidern, Tagesroben und Balltoilette bewundern, die keineswegs nur die teuren Stoffe und Macharten, die Perlen, Spitzen, Pelzbesätze und Goldfäden vorzeigen, mit denen eine hochstehende Familie ihren Reichtum und ihre Macht demonstrierte, sondern die auch den Körper der adligen jungen Frau mit großer Geschicklichkeit inszenierten. Der Busen wird nachmodelliert, die Taille betont, die Schulterpartie vorgezeigt.

Die Präsentation weiblicher Schönheit war ganz offenbar für die gehobenen Stände so etwas wie eine Pflicht, aber – so darf man vermuten – auch ein Vergnügen. Obwohl die religiös motivierten Vorbehalte verbindlich und die auf Schicklichkeit zielenden Konventionen nicht hinterfragbar waren, fand man doch in Adelskreisen nichts dabei, Frauenschönheit hemmungslos herauszustreichen und als Trumpf und Unterpfand für die Auserwähltheit eines Geschlechts stolz zu präsentieren. Auch Genuss am Putz und Eitelkeit spielten dabei ihre Rolle. Insofern kann man sagen, dass, was einst als Privileg höherer Schichten zu gelten hatte, heute Allgemeingut geworden ist. Martinas Freude am Styling entspringt der Verallgemeinerung eines ehemaligen Sonderrechtes, und es ist für gerecht denkende Menschen, die gleiche Chancen gutheißen, kaum möglich, daran Anstoß zu nehmen.

Warum haben dennoch viele kritische Geister kein gutes Gefühl dabei, wenn Mädchen, kaum dass sie in die Pubertät gekommen sind, ihr gesamtes Taschengeld für Kosmetik und Klamotten ausgeben? Da gibt es verschiedene Aspekte. Schönheit ist heute ein Attribut oder ein Vorzug, dessen Ungleichverteilung nur noch die Natur verantwortet, nicht mehr die Schichtenzugehörigkeit und kaum noch das Portemonnaie. Denn die Hilfsmittel, die frau braucht, um sich schick zu machen, sind käuflich und keineswegs allzu teuer – in den Wohlstandszonen der westlichen Welt kann sich fast jedes Mädchen Lippenstift und Nylonstrümpfe leisten. Die Wohlfeilheit dieser Mittel zum Zweck des guten Aussehens bedeutet aber nicht, dass die entsprechenden Industrien geringe Umsätze erzielten, ganz im Gegenteil, die Masse macht's. Hier herrschen die Economies of Scale, das heißt, das einzelne Produkt kann billig sein, weil eine gigantische Menge davon hergestellt und schnell verkauft wird. Die Kosmetik-, Textil- und übrigens auch die Sportgeräteindustrie klagen nicht über Krisen: dank der weiblichen Jugend, die sich das verallgemeinerte Privileg des Ausstellens schöner Körperformen, Gesichtszüge und Haarmähnen Jahrgang für Jahrgang selbstbewusst neu aneignet und sich immer wieder daran begeistert, wie viel ein geschicktes Make-up oder ein Gürtel, ein Faltenwurf, ein Accessoire den natürlichen Reizen, die den meisten Mädchen nicht genügen, hinzufügen.

Das Styling richtet wirklich etwas aus, Martina hat ganz Recht. Der erste Eindruck entscheidet viel, und eine Stirnlocke, ein in der Kontur unmerklich verändertes Lippenpaar, ein durch hohe Absätze wie auf einem Postament ausgestelltes zierliches Fußgelenk können diesen Eindruck enorm verstärken. Wäre die Schönheitsnachhilfe nicht so wirkungsvoll, hätten Muckertum und Angst vor männlichen Übergriffen auch nicht so vielen Generationen junger Mädchen die künstliche Verschönerung strikt verboten. Inzwischen hat sich ein neues Feld aufgetan: Aufgespritzte Lippen, mit Silikon gepolsterte Brüste oder gerundete oder verkleinerte Pos werden nicht nur von Filmstars oder Models nachgefragt, sondern auch von Frau Jedermann – und von ihrer jungen Tochter. Die Öffentlichkeit reagiert einstweilen unwillig bis empört, wenn Teenager sich um des Aussehens willen unters Messer legen – es gibt aber auch Verständnis. Im Grunde ist es sehr schwer, den Schönheitswahn argumentativ zu erledigen – seit die Religion nicht mehr hilft, steht der Moralapostel hier auf verlorenem Posten. Sicher, der Vorbehalt gegen die teuren Chirurgen sowie, um auch die anderen an der Eitelkeit verdienenden Industrie mit einzubeziehen gegen, die großen Kosmetik- und Bekleidungsketten, ist verständlich: Schließlich unterstellt man ihnen nicht ohne Grund, dass sie eine natürliche Lust am Schönmachen immer weiter hochtreiben und Bedürfnisse züchten, die sich ohne das überbordende Angebot so gar nicht entwickeln würden. Dieses Argument ist aber problematisch, denn jede Kultur lebt (auch) vom Überflüssigen und Nutzlosen; letztlich kann man zwischen normalen und überzüchteten, eingeredeten und »echten«, natürlichen und künstlichen Bedürfnissen nicht wirklich unterscheiden. Braucht man Sekt zum Geburtstag – oder gar Champagner? Der Asket sagt Nein, der Hedonist Ja; letztlich gewinnt die Kultur ästhetisch mehr von den sinnlichen Genießern. Hier kommen wir also nicht weiter. Lassen wir Martina ihre Wimpern tuschen! Und suchen wir nach einem anderen Grund für unsere sachte Sorge.

Die Verschönerung der Larve ist ein Glücksversprechen. Das Idealgewicht nach einer Diät, die Traumfrisur nach einem Besuch beim Coiffeur, der glanzvolle Auftritt in einem neuen Kleid – all das sind Verheißungen. Martina und alle, die die Dinge sehen wie sie, erwarten von einer optimierten persönlichen Erscheinung ein Mehr an Beachtung, Erfolg und Erfüllung – und hier stellen sich die Zweifel der Eltern, der Beobachter ein. Macht Schönheit glücklich?

Es gibt auf die Frage »Macht Geld glücklich?« die pfiffige Antwort: »Nein. Aber es gestattet, auf eine sehr angenehme Weise unglücklich zu sein.« Mit der Schönheit verhält es sich ähnlich. Natürlich kann sie kein Glück schenken, wie denn auch. Manche von Natur aus sehr schönen Frauen verfluchen ihre Reize und sind unglücklich ihretwegen – weil sie ihnen kein normales Leben gestatten, sondern sie zur Ausnahmeexistenz verurteilen. Aber seit Schönheit allgemein in Grenzen machbar und bis zu einem gewissen Grade käuflich geworden ist, kann auch eine Martina ihre Lebenseinstellung wählen. Wer nicht mitmachen will beim Wettrennen um das tollste Outfit, kann es lassen. So tolerant ist unsere Kultur. Ein Mädchen ohne Modebewusstsein und Lippenstift ist zwar eine Außenseiterin und braucht eine extra Ich-Stärke – aber sie kann gerade deshalb als besonders interessant gelten. Die anderen, Martina & Co, arbeiten ständig an ihrer Erscheinung. Manchmal umsonst, manchmal mit geringem Erfolg, manchmal mit tollem Effekt. Aber auch in diesem letzteren Fall machen sie die Erfahrung: Das Glück liegt hier nicht. Es handelt sich ganz einfach um einen Wettbewerb, bei dem schon das Dabeisein zählt. So gesehen ist alles ganz harmlos.

Und in der Tat wird die Schönheitssucht der jungen Mädchen, wird der Körperkult, dem mit Diät, schmerzvollen Operationen wie Piercing und Tattoo, mit Enthaaren, chirurgischen Eingriffen und einem endlosen Defilee der neuesten und bezaubernsten Moden ja wirklich viel Zeit und Geld geopfert wird, in der Tat wird dieser Körperkult in seiner Bedeutung für die jungen Mädchen von Außenstehenden überschätzt. Sehen wir jetzt von krankhaften Übersteigerungen wie Magersucht und pathologischer Eitelkeit ab, verbleibt die Lust am Schönmachen im Rahmen eines ästhetischen, erfinderischen und innovativen Spiels.

Hört man sich die Gespräche an, die Mädchen führen, während sie ihre Wäsche tauschen und sich über die so genannten Problemzonen wie Po, Schenkel, Knie (oder Nagelpflege und Pickel) mit Tipps versehen, so wundert man sich: Was sie wirklich interessiert, sind Charakterfragen, bei sich selbst und anderen, und vor allem bei den Männern. Äußerlichkeiten kommen bei Gesprächen mit Tiefenlotung sogar ausgesprochen schlecht weg. Die junge weibliche Generation scheint begriffen zu haben, dass gutes Aussehen Macht verleiht, dass Schönheit in unserer »visuellen« Epoche so etwas wie ein Lottogewinn ist. Und sie stürmt auf dieses Spielfeld, macht begeistert mit, strahlt, wenn es klappt, und verzweifelt nicht, wenn es doch nicht reicht. Das Ganze ist ein Art Sport. Glück? Das liegt woanders. Dazu gehört viel mehr. Da sprechen ganz andere Ich-Bezirke mit. Das Glück kommt, wenn es kommt, und vielleicht ist Martina dann gerade ungeschminkt. Sie selbst würde das als Erste zugestehen.

Stärke

Auch Jungen bemühen sich um ihr Aussehen – allerdings sind Kraft und sportliche Einsatzfähigkeit für sie um einiges wichtiger als körperliches Ebenmaß. Außerhalb von homosexuellen Subkulturen ist männliche Schönheit sogar ein zweischneidiger Vorzug. Wegen ihrer Konnotation mit dem seit Jahrhunderten wichtigsten *weiblichen* Vorzug wird Schönheit mit Passivität assoziiert, mit dem Attribut einer Person, die erwählt werden will – und in dieser Abteilung möchte sich der junge Mann zuallerletzt wiederfinden. Wenn er ganz ehrlich ist, wird er eingestehen, dass er es wunderbar fände, von einer Frau, die ihm gefällt, erwählt zu werden, aber vor seinen Kumpels würde er das nie zugeben. Unmöglich.

Die Pubertät ist nicht nur die Zeit der Geschlechtsreife, sondern auch die Zeit der Geschlechterdifferenzierung. Es wird festgelegt, wer Männlein und wer Weiblein ist, und in diesem Prozess muss jeder und jede Jugendliche zusehen, welche Eigenschaften er oder sie für ihre Geschlechtsexistenz gebrauchen kann und welche nicht. Was in der Latenz keine Rolle spielte oder fröhlich durcheinanderging, wird jetzt genau betrachtet und streng geschieden. Dabei verschlingen sich individuelle Eigenschaften und Wunschvorstellungen mit kulturellen Vorgaben und Idealen. Schaut man sich die genau an, erschrickt man, wie traditionsverhaftet selbst die modernsten Kulturen sind.

Schönheit wird bei Frauen trotz mancher anderslautender Beteuerungen immer noch an die erste Stelle gesetzt. Dieses Lockmittel, das den Mann »einfangen« und die Reproduktion der Gattung sicherstellen soll, könnte im Zeitalter der Geburtenkontrolle und der Frauenemanzipation ja endlich mal von Charakterstärke oder Talent abgelöst werden. Aber nein. Schön muss sie in erster Linie sein, die Frau. Alle Umfragen unter Männern und Frauen führen zu diesem Resultat.

Offenbar ist und bleibt der Mensch immer erst Sinnenwesen, bevor er Vernunft annimmt. Martina und ihre Freundinnen spüren das natürlich und stellen sich darauf ein. Aber die Jungen betrachten ein Übermaß an körperlichen Vorzügen bei sich selbst oder beim anderen eher als Hypothek. Wenn sie nicht eine berufliche Laufbahn in femininen Sphären wie Show-Business oder Werbung anstreben, können sie mit Pfirsichhaut oder gebogenen Wimpern nicht gar so viel anfangen. Die Abgrenzung zur Mädchenwelt erfordert sogar eine gewisse Nachlässigkeit bei der Körperpflege. Allerdings weichen diese Grenzen innerhalb der avancierten Mittelschicht auf. Ein hübscher Junge, der Schminke benutzt und erstklassige Anzüge trägt, wird von Gleichaltrigen aus der Unterschicht, sofern er mit ihnen in Berührung kommt, zwar als »schwul« abgelehnt, aber von seinesgleichen wird er akzeptiert, und die Mädchen honorieren sein ästhetisches Bemühen. Die Affekte, welche die Separierung der Geschlechter in der Pubertät begleiten – Ablehnung, Verachtung, Hass –, schwächen sich in der Mittelschicht ab und weichen dem Mut zur Berührung und zur Mischung, während sie sich in der Unterschicht, ermuntert durch das Beispiel von Zuzüglern mit vormoderner Familienmoral, weiter verstärken.

Eine ungemütliche, spannungsgeladene Situation.

Was alle Jungen für ihre Körper wünschen, ist Stärke. Sie beobachten das Wachstum ihrer Muskeln und helfen mit Training (manchmal auch mit Pillen) nach. Sie prüfen die Spannkraft ihrer Glieder und Gelenke, die Reaktionsfähigkeit und Schnelligkeit ihrer Extremitäten, die Härte ihrer Brust-, Bauch- und Schulterpartie. Fett ist unerwünscht. Da aber Eiweiß und somit Nahrung für den Aufbau der Muskulatur unabdingbar ist, greifen Jungen mit dem Fernziel »Stärke« kaum zum Mittel der Magersucht, um ihren Körper zu beherrschen, obwohl es, wie gesagt, auch bei ihnen immer mehr Fälle gibt. Die meisten aber wählen den Weg, Stärke zu erwerben und dann mittels Kraft und Gewandtheit im Sport oder im Straßenkampf manches dafür zu tun, ihrem unfolgsamen Körper durch Verletzung mitzuteilen, wer der Herr im Hause des Ich ist.

Natürlich verfolgen Kämpfe nicht nur den Zweck, den Körper einem Risiko auszusetzen und ihn durch Wunden und Narben zu bezwingen, sondern auch das Ziel, Dominanz herzustellen. Durch den Sieg wird die feindliche Bande vertrieben, das Revier erfolgreich verteidigt.

Dass dieses uralte Ritual der männlichen Jugend in seinen Anfängen dazu diente, Raum zu erobern und zu erhalten, um sich dort mit Frauen, Kindern und Stamm niederzulassen, also im Dienste der Paarung stand, ist heute vergessen. Jungen schlagen sich, um andere Jungen einzuschüchtern oder zu beeindrucken, die Straßenkämpfe und auch die Sportturniere finden meistens in einem homoerotischen Milieu, von Männern für Männer statt. Aber wenn eine Frau zuschaut und nach dem Kampf den Sieger umarmt, was natürlich auch vorkommt, ist das alte Bild wiederhergestellt.

Kulturell jedoch haben sich die ewigen körperlichen Kämpfe der jungen Männer, sei es beim Fußball, beim Tennis, auf dem Schulhof oder im Untergrund der Dealer-Kneipen und Drogen-Discos, von der Vorarbeit für die Familiengründung losgelöst und als Selbstzweck etabliert. Eine vergleichbare kulturelle Bühne zur Selbstdarstellung der jungen Mädchen fehlt.

Wahrscheinlich ist die Neigung des Menschen, einen Kampf aus seinem Kontext zu lösen und ihn zweckfrei als spannungsgeladenes ästhetisches Abenteuer zu betrachten, so groß, dass die Entwicklung sich derart vollziehen konnte und musste: Das Publikum, das aus allen Generationen und beiden Geschlechtern besteht, will Kämpfe sehen. Auch Kämpfe pubertierender Jungs, die sich beim Kräftemessen ihrer Körper vergewissern und ihre Männlichkeit beweisen wollen, sind willkommen. Im Grunde ist der Anlass egal. Der Kampf findet um des Kampfes willen statt. Dass unsere pazifizierte Kultur ihre Phantasie gerade in den Sport, mit immer neuen Differenzierungen, Regelwerken und Ausrüstungsdesigns für eine Permanenz der Innovation pumpt, hat eine innere Logik.

Der Sex und das Böse

Der junge männliche Körper wird durch Kampf und Sport von den Erregungen der Sexualität einstweilen ferngehalten, was den Jugendlichen und der Kultur insgesamt so zu passen scheint. Das heißt aber nicht, dass der Junge auf wilde Phantasien, Selbstbefriedigung und erste sexuelle Versuche verzichtet. Auch das Mädchen, das im Schönheitskult aufzugehen scheint oder hungert, kann sich ihrer sexuellen Vorstellungen, Wünsche und Assoziationen nicht erwehren, all das bricht über beide Geschlechter den sportlichen oder körperkultischen Ablenkungen zum Trotz herein. Entsetzt machen sie die Erfahrung, dass Sexualität keineswegs nur mit Liebe und Romantik verknüpft ist, sondern harte, gewaltsame, »perverse«, fremdartige, drastische Phantasmagorien heraufbeschwört, dass sie »böse« und roh, abseitig und unbegreiflich sein kann.

Erlkönigs Träume und Lieder sind manchmal grausam. Auch Erwachsene werden mit diesen Tatsachen zu ihrem eigenen Schrecken immer wieder konfrontiert, und sie müssen sich Auswege zurechtlegen, um mit den destruktiven Anteilen ihrer Sexualität zurechtzukommen. Für die Jugendlichen aber geschieht das alles zum ersten Mal, und sie waren kaum darauf vorbereitet. Dass Szenen aus dem Umkreis von Gewalt und Tod, Verstümmelung, Verbrechen, Überrumpelung und Demütigung sexuell erregen und erotisch aufreizen können, verwirrt ihre Moral und bedroht ihren Glauben an das Gute in der Liebe.

In ihrem Hunger nach Wahrhaftigkeit schlagen sich manche Jugendliche mutwillig auf die dämonische Seite der Sexualität und leugnen die Existenz und die erlösende Helligkeit zarter Gefühle. Jungen schließen sich satanistischen Sekten an, Mädchen probieren es mit dem Babystrich oder der Drogenszene. Solche Verführungen entspringen keineswegs, wie immer wieder behauptet wird, Erziehungsmängeln oder schwachem elterlichem Einsatz für die Kinder, sondern den unmissverständlichen Botschaften der ersten sexuellen Phantasien – genauer: den spontanen reflexhaften Lustreaktionen auf Szenen oder Bilder, in denen sich die erotische Valenz vom Schrecken nährt. Gegen diesen Konnex ist niemand gefeit.

Erwachsene, wenn sie nicht gerade aus dem Holz eines Marquis de Sade geschnitzt sind, haben gewöhnlich einen Weg gefunden, Gewalt, Verletzung und Blasphemie von der Sexualität zu trennen oder ihre Sehnsucht nach solchen Befriedigungsformen in symbolische Gestalten zu überführen, die kommunizierbar sind. Jugendliche stehen erschüttert vor den Ambivalenzen, die das erotische Gefühlsleben in ihnen aufrührt. Sie haben immer schon gespürt, dass die Sexualität von Geheimnissen umgeben ist, aber jetzt, wo sie den Schleier lüften dürfen, möchten sie am liebsten davonlaufen. Ihr Lustverlangen aber ist stärker als ihre Skrupel, es zwingt ihnen die Auseinandersetzung mit den »dunklen« Seiten ihrer Sehnsüchte auf, es macht sie zu nimmermüden Selbsterforschern und Analytikern ihres Seelenlebens – allein und mit anderen: Zu den bohrenden Fragen nach Schön und Hässlich kommen die nicht minder beunruhigenden nach Gut und Böse. Die Pubertät ist immer auch die Gewinnung einer persönlichen Moral – wobei die vorgegebene, gesellschaftlich herrschende in all ihrer Mehrschichtigkeit mitspricht. Die Pubertät ist auch ein geistiges Abenteuer, das ausgelöst wird von Lustverlangen und -erleben.

Kapitel 4
Die geistigen Abenteuer

Bitte um Aufklärung

Es gibt nicht allzu viele gelungene Theaterstücke über die Pubertät, obwohl doch diese Jahre so dramatisch sind. Der Klassiker »Frühlings Erwachen« von Frank Wedekind dürfte immer noch die einsame Spitze halten – es ist ein wunderbar trauriges, poetisches und hartes Stück über das Großwerden in einer Zeit, in der Muckertum normal und Heuchelei zu einer regelrechten Kunst gediehen war.

Über Sex redete man in honetten Kreisen kein Wort. Betrieb man ihn? Nun ja, Kinder wurden geboren, viel mehr sogar als heute, Sigmund Freud betrieb seine Forschungen und veröffentlichte seine Schriften, die eine erschrockene Gesellschaft lehrten, dass sie keineswegs die Dame ohne Unterleib war, die sie zu sein vorgab, dass sie sogar, je mehr sie ihre animalischen Triebe verleugnete, umso stärker in Gefahr geriet, von ihnen beherrscht zu werden. Sex war auch damals als Thema und Praxis allgegenwärtig, dabei aber so stark tabuisiert, dass unter anständigen Leuten beziehungsweise unter solchen, die unbedingt so erscheinen wollten, nicht einmal das Wort »Geschlechtsorgane« ausgesprochen werden durfte – geschweige denn ein noch deutlicheres. Das Verhalten zwischen den Generationen wurde durch die Skandalisierung des Eros schwer belastet, Kinder wurden nicht aufgeklärt, und sie hatten keine Ahnung, was mit ihnen passierte, wenn sie in die Pubertät kamen.

»Frühlings Erwachen« schrieb der junge Wedekind in den Jahren 1890/91. Es kommt alles vor, was die Pubertät an Tragödien bereithält: Ein Junge, Moritz Stiefel, der in der Schule versagt, nimmt sich das Leben, ein Mädchen, Wendla, schwanger geworden, ohne recht zu begreifen, wie, stirbt bei einer Abtreibung. Ihre Mutter hatte sie nach einer schüchternen Bitte um Aufklärung so beschieden: »Um ein Kind zu bekommen, muss man den Mann, mit dem man verheiratet ist, lieben – lieben, sag ich dir, wie man nur einen Mann lieben kann …«»Das ist alles?«, fragt Wendla bestürzt. Und die Mutter: »So wahr mir Gott helfe.« Ihrer Tochter hilft Gott dann nicht.

Der Held des Dramas, ein Junge namens Melchior Gabor, ist am Ende auch von allen guten Geistern verlassen. Er, der Frühreife, wird in eine Besserungsanstalt gesteckt. Er reißt aus und begegnet auf dem Friedhof seinem toten Freund, dem Selbstmörder Moritz. »Wir wissen, dass alles Dummheit ist, was die Menschen tun und erstreben, und lachen darüber«, spricht der Tote. »Über Jammer und Jubel sind wir gleich unermesslich erhaben. Die Liebenden verachten wir unsagbar, kaum dass wir sie bemitleiden. Wir beobachten Verliebte und sehen sie voreinander erröten, ahnend, dass sie betrogene Betrüger sind. Gott und den Teufel sehen wir voreinander sich blamieren und hegen in uns das durch nichts zu erschütternde Bewusstsein, dass beide betrunken sind.« Melchior wird weiterleben, aber genauso denken wie der arme Moritz.

Der Nihilismus der Pubertät ist hier zeitlos treffend charakterisiert. Er ist, so ernst er gemeint sein kann – immerhin bringt Moritz sich wirklich um –, aber auch Pose. Man will nicht mitspielen, weil man das Spiel nicht versteht, und sobald erste Ahnungen aufblitzen, wie alles gemeint sein könnte, wendet sich auch das Blatt. Der Weltekel der Jugend ist Tröstungen zugänglich. Allerdings nicht immer – einige radikale Weltverächter finden nie mehr aus den Irrgärten ihrer Ängste heraus. Aber für das Gros gibt es Auswege.

Es lohnt sich dennoch, über die Jahre nachzudenken, in denen alles fragwürdig und das Infragestellen zu einer quälenden Obsession wird.

Die Sexualität, die sich der Jugendlichen nach und nach bemächtigt und sie dann bestimmt, in ihr Reich einzutreten und sich irgendwie darin einzurichten – die Sexualität ist eine Strebung, die das Ich überschreitet und auf ein anderes ausrichtet; sie ist also sozial, obwohl sie – in einem weiteren Sinn, der auf die Gesellschaft als Ganzes zielt – auch asoziale Züge hat. Im Gegensatz zum Hunger, der nur den eigenen Körper kennt, hat die Sexualität von Anfang an den anderen Körper im Visier. Sie ist immer zwischenmenschlich. Auch das Hungerstillen verläuft meistens zwischenmenschlich, ist aber, als Gastmahl oder Familienmittagstisch, schon Kultur und insofern künstlich oder künstlerisch.

Die Sexualität will immer zwei Körper zusammenbringen, will sogar einen dritten hervorbringen, insofern ist sie auch in ihrem rohesten Naturzustand sozial: auf andere bezogen und angewiesen. Satt werden kann man auch alleine, und man begnügt sich ja oft damit. Austausch mit anderen Menschen kann man finden, ohne dabei zu essen, obwohl man es interessanterweise meistens tut: Es sieht fast so aus, als verlangte das Miteinander, das Sicheinlassen auf Fremde, aber auch die Bestätigung der Vertrautheit, ein sinnliches Band. Sexualität ist Vertrautheit in Potenz, ist Vertrautheit im Augenblick, ist mehr als Vertrautheit, ist eine Art Verschmelzung von so hoher Temperatur, dass Physis und Psyche sie nach dem Akt kaum noch vergegenwärtigen können und deshalb aufs Neue erleben wollen. Die Masturbation erlaubt sexuelle Befriedigung auch ohne Partner, aber man sollte nicht darum herumreden: Sie ist eine Notlösung. Schon die Tatsache, dass fast immer ein Partner beziehungsweise eine Partnerin imaginiert wird, spricht davon.

Sexualität setzt also voraus, dass außer mir noch jemand dabei ist, sie ist ein spannungsgeladener Akt, den (in der Regel) zwei Menschen vollziehen. Damit sind alle Fragen des Umgangs, der Rücksicht, der Einfühlung, der Anpassung, der Unterwerfung, der Angst, der Bewunderung, der Erhöhung, der Erkenntnis, des Irrtums, der Herabsetzung, des Zorns, des Mitgefühls, des Kampfes, der Verletzung, des Ausgleichs gestellt – kurz: alle Fragen zwischenmenschlicher Beziehungen. In der Sexualität drängen sie sich sozusagen zu einem heißen Komplex zusammen – es ist jedes Thema angeschlagen, und sie alle kommunizieren untereinander, ein Klima wie bei einer chemischen Explosion entsteht, und die Fragen nach Richtig und Falsch, vor allem aber nach Gut und Böse werden so drängend wie nie zuvor.

Dass Jugendliche sich in endlose Debatten über Moral verrennen, ist nicht nur »typisch«, sondern notwendig für sie. Es spricht auch für sie – und gegen die Erwachsenen, die nämlich nur deshalb so stumm und selbstzufrieden ihre Bahn ziehen, weil sie viel zu früh mit der leidenschaftlichen Selbstprüfung aufgehört und sich mit Kompromissen eingerichtet haben. Jede Jugend fängt noch einmal bei null an, was die Frage von Erlaubtem und Verbotenem, vom richtigen Leben und von falschen Zuständen betrifft, weil es ihr verwehrt ist, an die pragmatischen Lösungen der Elterngeneration anzuknüpfen. Sie muss alles selbst herausfinden – weil sie ja auch alles in sich selbst fühlt: die Möglichkeit, das Gesetz oder die Konventionen zu verstehen oder zu erfüllen, zu erweitern oder zu verkürzen, sie abzuschaffen oder zu bestätigen. Die gute, alte Pädagogen-Einsicht, jeder müsse seine Erfahrungen selbst machen, gilt nie so radikal wie während der Pubertät.

Wissen, dass man nicht weiß

Pubertät ist eine Zeit, in der alles überprüft wird, was man als Kind gelernt hat. Vieles passt nicht mehr und wird verworfen. Manches wird uminterpretiert oder völlig neu gelesen. Bislang

hat das Kind Moral und Gewissen entlang den Vorgaben von
Eltern und Lehrern ausgebildet, hat »angenommen« und wie-
derholt, hat sich auf solche Nachfragen beschränkt, mit deren
Beantwortung es sein Wissen puzzleartig vergrößern konnte.
Was es aber haben wollte, waren Auskünfte, keine grundsätzli-
chen Problematisierungen. Die kindliche Phantasie ordnet die
Dinge zwar auch um und denkt sie auf ihre Weise, aber die aggressive Infragestellung der Leistungen älterer Generationen
fehlt. Jetzt bricht sie durch.

»Das ist alles?«, fragt Wendla in »Frühlings Erwachen« und
zweifelt. Sie zweifelt daran, dass ihr die Mutter die Wahrheit
sagt. Sie zweifelt an sich selbst, weil sie ihr bisher geglaubt hat.
Sie zweifelt an der Welt, weil die so viel erschreckende Geheimnisse birgt. Alles muss noch einmal neu betrachtet werden, weil
etwas fehlte. Wendla weiß nicht einmal, was genau da fehlte, sie
weiß nur, dass es etwas Entscheidendes ist.

Heute wissen die meisten Jugendlichen in Wendlas Alter eine
Menge über Sex. Trotzdem wissen sie gar nichts. Sie wissen sogar das. Insofern haben sie weit bessere Voraussetzungen als vor
hundert Jahren Wendla, bei Eintritt der Pubertät nicht mit der
Welt zu zerfallen. Trotzdem tun sie es. Man sieht daran: Die
Aufklärung, auf die Wedekind noch setzte, bringt es letztlich
nicht, beziehungsweise sie bringt nicht alles oder nicht genug.
Das Wissen, das die Jugendlichen aus dem quälenden Fragen-
wust der beginnenden Pubertät herausführt, ist Erfahrungswis-
sen. Erst wenn sich das angesammelt hat, ist Entspannung möglich. Wobei eine gewisse Beunruhigung angesichts der
Verführungen des Eros auch im Erwachsenenleben bleibt.

Zunächst einmal hat Wendla ein schlechtes Gewissen ihrer
Mutter gegenüber – weil sie ihr nicht mehr glaubt. Und sie
nicht mehr achtet. Die meisten pubertierenden Kinder erleben
es als peinvoll, wenn die Autorität der Eltern vor ihnen zusam-
menstürzt. Sie können nicht begreifen, dass die Eltern (weitgehend) dieselben geblieben sind, während *sie selbst* ihre Per-

spektive radikal ändern. An die Stelle des lernbereiten Kindes, das zu den Eltern aufschaut und sie idealisiert, ist ein junger Mensch getreten, der, wenn auch mit Ängsten, einen Sexualpartner oder eine -partnerin sucht und bei all seiner Unsicherheit eines genau weiß: dass seine Eltern ihm dabei nicht helfen können. Dass er sich im Lande des Erlkönigs selbst zurechtfinden muss – so, wie sie es einst auch mussten.

Die Aufrufe der meisten Ratgeber zum Thema Pubertät, die Eltern sollten mehr Verständnis für ihre Kinder aufbringen (und die Kinder für ihre Eltern), haben nie etwas gefruchtet und werden es auch nie. Der Bruch zwischen den Generationen bei Eintritt der Kinder in die Geschlechtsreife ist konstitutionell-natürlich, unvermeidbar, nötig und richtig. Man kann seine scharfen Kanten glätten, ihn mildern und erträglicher gestalten, aber nie umgehen. Man kann ihn sozial-kulturell entschärfen, und das muss man auch. Aber beide Seiten sollten wissen, dass dies das Einzige ist, was ihnen bleibt. Und überhaupt ist es »nicht so wenig« (mehr zur Spannung zwischen den Generationen ab S. 183).

Weltbild und Erfahrung

Kein reiner Mutwillen und auch nicht eine letztlich begründbare Verachtung der elterlichen Lebensführung veranlassen die Jugendlichen dazu, sich vom gewohnten Vorbild abzuwenden: Die Kritik an den »spießigen Alten« wird vielmehr im Nachhinein produziert, klingt eher wie eine Ausrede oder eine Rationalisierung.

Der letzte Grund für die Abwendung liegt in der Art, wie Menschen ihre innere Welt herausbilden: Alles, was dort entsteht, was ihre Vorstellungen vom Sosein anderer und ihre Lebensauffassung ausmacht, ist von eigener Erfahrung abhängig.

Solange Kinder Kinder sind, beziehen sie die Standpunkte und Urteile der Eltern ganz selbstverständlich in ihre Ideen von Gut und Böse, Richtig und Falsch, Schön und Hässlich mit ein. Sie brauchen deren Meinungen, um ihr Weltbild abzurunden, sie leihen sich Fragmente aus dem Erfahrungshorizont der Eltern, die sich quasi stellvertretend für ihre Kinder in noch nicht zugänglichen Zonen aufhalten. Mit der Neugier der Kinder auf die Erfahrungsmöglichkeiten der Eltern konkurriert erfolgreich ihr realistisches Empfinden, nicht nur von gewissen Erfahrungen gemeinerweise abgeschnitten, sondern auch von ihnen verschont zu sein.

Es stimmt einfach nicht, dass Kinder sich lange Jahre verzweifelt die Nase an der Schaufensterscheibe platt drücken, hinter der sie das aufregende Leben der Erwachsenen erahnen, an dem sie nicht teilnehmen dürfen. Zwar gibt es dieses »Plattdrücken«, gibt es die Neugier und die Erwartung, aber das Gefühl, in einem Freiraum zu leben, in der Sicherheit elterlicher Liebe, ohne die Turbulenzen, Sehnsüchte und Ängste der erotischen Verwicklungen, frei von all den Schrecknissen, geborgen und heiter, das ist ebenso vorhanden, und es überwiegt meistens. Natürlich kann man solche Bekenntnisse nicht per Fragebogenaktion aus Kindern herausholen, man kann nur eine entsprechende Vermutung durch Interpretation ihres Verhaltens stützen. Befragt, wie sie ihr Leben sehen und was sie daraus machen, geben sie alle furchtbar an, die Kids, und krähen durcheinander, dass sie alle nichts als groß werden und den Erwachsenen auf den Kopf spucken wollen. Und wenn ein Stichwort aus dem Bereich der Erotik fällt, kreischen sie wie eine Horde Affen. Daraus abzuleiten, sie seien verkannte sexuelle Wesen, denen man gefälligst die ganze Bandbreite erotischer Aktions- und Reaktionsweisen zutrauen solle, wäre ein fataler Fehlschluss. Die Kinder trumpfen nur so auf, weil sie sich (noch) vor den Anfechtungen des Eros in Sicherheit fühlen, und man sollte sie in dieser Sicherheit unbedingt bestätigen.

In der Pubertät bricht die Sicherheit ein und verschwindet. Das Gefühl, nackt und wehrlos in der Landschaft zu stehen, jagt den Kids eine elementare Furcht ein. Ihr reflexartiges Bemühen, bei den Eltern Hilfe zu holen, muss scheitern, da der Schrecken ja gerade aus der Loslösung von den Eltern herrührt. So werfen sie den Eltern vor, ihnen eine Hilfe zu verweigern, die sie ja nur deshalb woanders suchen müssen, weil sie sie von den Eltern nicht mehr erwarten können und nicht mehr haben wollen. In dieser verzwickten Lage ziehen sie sich erst mal in sich selbst zurück. Es ist der beste Ausweg, denn sie sind jetzt ja sowieso darauf angewiesen, ihre Deutung der Welt auf ihr eigenes Empfinden und ihre eigene Erfahrung zu stützen. Dazu trägt der Austausch mit Gleichaltrigen bei, und er wird immer wichtiger. Melchior Gabor trifft Moritz Stiefel. Er schreibt für den Freund ein Aufklärungstraktat mit dem Titel:»Der Beischlaf«. Daraufhin fliegt er von der Schule.

Weil die Sexualität als soziales Bedürfnis auch alle Fragen des Sozialen, die nach Hoch und Niedrig, Stark und Schwach, Insider und Outsider usw. eröffnet, ist *sie* es letztlich, die die Pubertierenden ins Grübeln über das richtige Leben bringt. Sie selbst bleibt als Thema immer wichtig, wird aber gern verlassen, um dem Geist seine Höhenflüge zu gestatten. Die Neugier auf die Sexualität, auf die Überschreitung der Grenze zwischen Kinderland und Reich der Sinne wird begleitet von der Lust auf die Abenteuer des Geistes, auf eine Überschreitung der Grenze zwischen Alices Wunderland und Sofies Welt. Der Autor dieser Einführung in die Philosophie für Jugendliche, Jostein Gaarder, hat sich dafür ausgesprochen, Kindern auf der Schwelle zum Erwachsenwerden, also etwa Vierzehnjährigen, die Philosophie nahezubringen. In diesem Alter, meint er, seien sie optimal zugänglich für alle großen Fragen der Geistesgeschichte: Was ist Wirklichkeit? Was ist Schein? Existieren wir real? Oder sind wir nur die Gedanken eines Gottes? Gibt es einen Gott? Gibt es das Böse? Wie können wir sicher sein, dass das, was wir zu erkennen glauben, nicht ein Trugbild ist? Was ist Zeit? Was ist Schuld? Was ist Erlösung? Hat die Gesellschaft ein Recht zu strafen? Gibt es die Liebe? »Glaub mir, es gibt keine Liebe«, sagt der naseweise Melchior zu Wendla, bevor er sie verführt. Geist und Fleisch sind in der Pubertät gleichermaßen in Aufruhr. Das Fleisch erholt sich von seinen Konvulsionen, wenn der Geist zu seinen Ausschweifungen ansetzt. Der Geist ruht von seinen krampfhaften Spiralen aus, wenn das Fleisch um sein Recht kämpft.

Die Tatsache, dass »Sofies Welt«, obwohl streckenweise glanzlos im Stile einer lexikalischen Kurzfassung philosophischer Klassik abgefasst, zum Welterfolg wurde, spricht davon, dass Gaarder mit seiner Vermutung Recht hatte: Vierzehnjährige *sind* äußerst ansprechbar auf den Themenkreis »letzte Dinge«. Und die Abqualifizierung der Gespräche Jugendlicher als Quark und Unfug ist nichts als ein Vorurteil. Weder erschöpfen sich Mädchen im Endlos-Palaver über Mode und Liebe, noch kennen Jungs kein anderes Gesprächsthema als Fußball und Popmusik. Ihr Geist ist weit aufgespannt und möchte alles berühren. Er hat aber noch keine rechte Bodenhaftung gewonnen und hebt daher leicht ab. Er weiß das selber und schämt sich seiner Eskapaden. Deshalb sind verschließbare Tagebücher bei Jugendlichen immer noch so beliebt.

Viele Kinder lesen während der Pubertät besonders viel. Manche aber machen in dieser Zeit ganz Schluss damit und hören nur noch Musik, träumen, gehen aus, treiben Sport, schicken Dutzende von SMS oder quatschen stundenlang (am Telefon). Das bedeutet aber nicht, dass ihr Geist stillsteht. Er arbeitet sogar besonders eifrig, um eine neue innere Welt – *mit* Sexualität, mit moralischen Geboten, mit hohen Lebenszielen – herzustellen.

Aber solange diese Welt sich mangels Erfahrung, mangels Versuch und Irrtum, noch nicht als Modell der Wirklichkeit hat erweisen dürfen, mögen die Jugendlichen von ihr nichts preisgeben. Sie schützen sich vor der Blamage durch Stillschweigen und Geheimnis.

Geist und Macht

Da der innere geistige Raum völlig neu vermessen wird und keine Ecke unausgeleuchtet bleiben soll, neigen Jugendliche zu Extremen. Nicht nur zum Wechsel zwischen extremen Positionen, auch zum extremen Festhalten an einer Position, und sei sie noch so abseitig. Ein besonders wichtiges Ziel dieser Jahre ist der Test, ob sich die Praxis der Theorie fügt, ob Wissen wirklich in Macht umsetzbar ist. Viele Jugendliche nutzen die neue Produktivität ihrer geistigen Kräfte zu Entdeckungsfahrten in alle möglichen Wissensgebiete, andere wieder sind eher an logischen Strukturen und abstrakten Bezügen interessiert und quälen ihre Umwelt mit Haarspaltereien. Um »gesund« zu werden, muss sich der Menschenverstand der Jugend erst eine Weile ausprobiert haben; zu Beginn ist er roh, gebieterisch, verächtlich, arrogant und zynisch. Nicht immer, aber meistens, zumindest zeitweilig.

Um zu verstehen, warum Jugendliche so unerträglich »frech«, eigensinnig und vorlaut werden, muss man noch einmal einen Schritt zurücktun und sich vergegenwärtigen, dass es die *Sexualität* ist, die sich ihrer bemächtigt. Entwicklungsgeschichtlich gesehen ist die Fortpflanzung und der mit ihr verbundene Trieb legiert mit dem tief sitzenden Bedürfnis, ein Terrain zu besetzen, ein »eigenes Reich«, in dem die Familie sich niederlassen und ihre Brut gut geschützt aufziehen kann.

Das Machtstreben der Jugend, ihre Präpotenz, ihre Versuche, Eindruck zu schinden, ihr Wunsch, geistig zu dominieren, ist uraltes evolutionäres Erbe – all diese Bedürfnisse sind aggressiv aufgeladen und kurz angebunden, sie steigen in der Pubertät aus ererbten Untiefen ins Bewusstsein und streben danach, sich geltend zu machen. Sie lassen sich nur mit Gewalt dämpfen, oft um den Preis, dass der oder die Jugendliche sich selbst zerstört. Die Kultur muss es leisten, der wütenden Selbstbehauptung der Jugend einen Raum zu schaffen, eine Bühne bereitzustellen, damit sie ausagieren kann – auf sublimierte Weise –, was in ihr danach drängt. »Sofies Welt« von Jostein Gaarder war ein gelungener Versuch, aber natürlich nicht genug. Gerade für das geistige Selbstbehauptungsbestreben der Jugend tut unsere Kultur sehr wenig.

Das körperliche Dominanzgebaren wird im Sport befriedigt, immerhin. Hier gibt es fast für jedes Temperament ein Angebot. Das geistige verkümmert in der Schule.

Sinn und Zeit

Verkümmert? In der Schule? Ist die Schule nicht der einzige Ort, an dem der angeblich so wissensdurstigen Jugend Lernstoff geboten wird, und ist es nicht diese Jugend selbst, die das Angebot ignoriert, es gering schätzt, es ablehnt? Ja, das ist es eben. Die geistigen Abenteuer der Jugend bestehen nicht im Abheften und Ordnen von Wissen. Sie bestehen darin, altes Wissen in seine Bestandteile aufzulösen, es neu zu interpretieren und zusammenzusetzen und es mit neuem Wissen so anzureichern, dass ein einigermaßen konsistentes Weltbild dabei herauskommt. Die Schule ist für solche experimentellen Prozesse der falsche Ort – mehr darüber im Kapitel »Die Schule« (ab S. 162). Dass Jugendliche sie fliehen, ist sehr gut nachzuvollziehen. Dass manche sie, oft vermittelt über besonders geeignete Lehrer, dennoch brauchen und annehmen, ist ja auch richtig. Es bleibt aber dabei, dass das, was in den Köpfen der Jugendlichen vor sich geht, nicht auf Schulbänken abgehandelt werden kann. Nicht im Rahmen einer Klasse, nicht im Korsett einer Hierarchie. Die Kreativität der Jugendlichen, ihr Bedürfnis, die ganze Welt, Geschichte und Zukunft anhand ihrer Perspektive auf das Leben neu zu bewerten, müsste viel mehr informelle Felder vorfinden, auf denen sie sich ausprobieren kann. Lesekreise in Jugendzentren sind o.k., aber nicht genug. Im Grunde wollen Jugendliche, während sie darüber nachdenken, etwas schaffen oder herstellen, etwas aufrichten oder demonstrieren, etwas planen und durchführen. Man sollte ihnen die Möglichkeit geben, einen Film zu drehen, ein Gerät zu konstruieren oder ein Haus zu bauen. Dass es Schülerzeitungen gibt, ist eine gute Sache. Obendrein könnte man soziale Initiativen anregen, eine Erste-Hilfe-Station in der Schule, geleitet von Schülern, Kinderfreizeitbetreuung oder Nachhilfe außerhalb – bis hin zur Organisation von Mittagstischen für Bedürftige. Es könnten sich auch mehrere Schulen zusammentun, um Nützliches für Jugendliche aufzubauen: ein Schüler-Reisebüro, ein Austauschprogramm mit anderen Ländern, eine Schülerbühne oder ein Studio für Tanz und Theater. Der enorme Erfolg eines Projekts wie der im Dokumentarfilm »Rhythm Is It!« festgehaltenen Lenkung jugendlicher Tanzwut braucht doch nicht zu verpuffen, hier kann und muss man weitermachen. Manche dieser Ideen sind auch schon an der einen oder anderen Schule verwirklicht worden, zum Beispiel an Enja Riegels Helene-Lange-Schule in Wiesbaden, aber auch die Nikolaus-August-Otto-Oberschule in Berlin wäre zu nennen – doch das sind eben immer noch die Ausnahmen, Vorzeigeprojekte statt selbstverständlicher Bestandteil einer jugendlichen Schulkarriere.

Abgesehen von ihrer künstlerischen Ausdrucksfreude möchten Jugendliche auch mehr mit Kids und Alten zu tun haben, als sie das bislang dürfen. Es ist erstaunlich, wie wenig sich die Generationen und Milieus im Allgemeinen mischen und wie karg die Möglichkeiten für Heranwachsende sind, jenseits des berüchtigten »Herumhängens« etwas zu tun, was sie interessiert und was ihnen zugleich einen Platz in der Gesellschaft zuweist, an dem sie zeigen können, was in ihnen steckt.

In alten Zeiten wurden Mädchen, kaum hatten sie das sechzehnte oder siebzehnte Lebensjahr vollendet, in die Ehe gesteckt, und los ging es mit dem Kinderkriegen. Wer noch ein paar Jahre mehr Zeit bekam und womöglich was lernen durfte, hatte Glück, wird das aber wohl subjektiv nicht so empfunden haben, denn Vater, Mutter, Onkel, Tanten und Nachbarschaft beäugten eine unvermählte Zwanzigjährige teils misstrauisch, teils mitleidig: Sie wird doch wohl nicht sitzen bleiben …? Das ging so durch alle Schichten. Die Jünglinge hatten es nicht besser. Wer siebzehn oder achtzehn geworden war, musste in den Krieg ziehen, den Hof übernehmen oder ins Geschäft eintreten, da wurde nicht gefackelt. Unnütze Esser lehnte auch die Oberschicht ab. Einige junge Männer durften studieren – aber was mussten sie sich ranhalten, was gab das immer für ein Gezeter mit den Vätern wegen eines weiteren Semesters, und um endlich frei zu sein, schmissen die Jungen ihre Bücher in die Ecke und rückten aus. Sie gingen zur See oder ließen sich in eine dubiose Geschäftsgründung hineinziehen, sie endeten als Fischfutter oder im Schuldturm.

Natürlich gab es auch gradlinige, erfreuliche Karrieren, aber sie alle begannen früh, die Jugend als biographischer Abschnitt war kurz. Der Vorteil lag im Sinngehalt des Lebens, die Jugendlichen hatten immer eine Aufgabe, einen Platz in der Gesellschaft, und selbst wenn sie unglücklich waren, fühlten sie sich doch nicht nutzlos. Der Nachteil lag in der nur kurzen Frist für die individuelle Entwicklung, in der Tatsache, dass für die Frage: »Wer bin ich? Was will ich?«, keine Zeit blieb, dass einfach vorab, durch das Schicksal, durch die Familie, durch den Zufall entschieden wurde – oft über die Köpfe der Jugendlichen hinweg.

Heute ist es umgekehrt. Zeit für Entwicklung steht oft in rauen Mengen zur Verfügung. Die Jugendlichen können bis tief in ihre Dreißiger studieren und immer wieder neu anfangen. Durch Jobs oder ein ererbtes Vermögen finanzieren sie sich, und von einem Pubertierenden verlangt man nicht, dass er seinen Berufswunsch schon kennt. Die Adoleszenz geht endlos weiter, manche sagen: bis zum Lebensende. Die Nachteile liegen auf der Hand: Die Jungen werden nicht gedrängt, ihren Platz in der Gesellschaft einzunehmen, sie zögern und warten, sie lassen vieles im Ungefähren, und wenn sie um Anerkennung kämpfen, sagt man ihnen: Warum so ungeduldig? So plätschert das Leben dahin, bis mancher Jugendliche seinen Ehrgeiz vergessen und seine Energie verpulvert hat. Obwohl pubertierende Kinder bestimmt froh sind, wenn sie sich nicht frühzeitig festlegen müssen und vieles ausprobieren dürfen, bleibt doch zugleich wahr, dass sie gefordert werden wollen. Zu viel Zeit macht zu vieles beliebig, sie kann den Sinn zermahlen; es im Leben richtig zu machen bedeutet auch, den Augenblick zu erkennen, an dem eine Wende vollzogen, ein Schritt getan, eine Entscheidung (für einen Beruf, einen Partner) gefällt werden muss.

Dass vielen Menschen heute der Instinkt für den »richtigen Moment« abhanden kommt und sie jahrelang in einer Art Vorstadium dahintreiben, hat vielleicht auch mit der verlängerten Adoleszenz zu tun, in der sie lebenspraktisch, aber auch geistig unterfordert sind. Abgeschoben von der postindustriellen Wohlstandsgesellschaft auf eine Art Spielwiese, auf der sie jede Menge Geld für Schnickschnack ausgeben, aber keine wirklichen Aufgaben erfüllen dürfen, greifen die Jugendlichen in ihrer Sehnsucht nach »Ernst« und »wirklichem Leben« zu Surrogaten wie Waffen oder Drogen oder verordnen sich selbst Wahnzustände in Diskos oder auf Konzerten. Wenn sie schon auf den »echten« Wirklichkeitskontakt so lange warten müssen, dann wollen sie wenigstens ein Element des wahren Lebens haben, von dem sie wissen, dass es dazugehört: die Gefahr.

Grenzerfahrungen

Risikoreich soll es auch bei den Bewegungen und Erlebnisse des Geistes zugehen. Unbedingt werden geistige Untiefen angestrebt, die als nicht sicher gelten, die reich an Strudeln und Katarakten sind. Dass Jugendliche Gurus folgen, die ihnen Grenzerfahrungen (aber auch Struktur und Sicherheit) versprechen, passt ins Bild. Es sieht fast so aus, als müssten gesetzmäßig zuerst die Ränder erkundet werden, bevor man die verbindlichere und praxisnähere Mitte untersuchen kann. Das ergibt ja auch Sinn, weil man sich nach einer Reise entlang den Rändern ungefähr den Umfang des Bezirks vorstellen kann, der »innere Welt« heißt.

Die Probe auf die Stimmigkeit der »inneren Welt« ist ihre Bewährung an der äußeren, am praktischen Leben. Wenn Jugendliche das Gefühl haben, der Lösung der Welträtsel nähergekommen zu sein, verzichten sie manchmal aufs weitere Infragestellen und igeln sich im Rahmen eines Erklärungsmodells ein, das ihnen plausibel oder – seiner ethischen Implikationen wegen – besonders verteidigenswert erscheint.

Benjamin, fünfzehn Jahre, hat als Zwölfjähriger Leistungskurse in Chemie und Biologie belegt; man forscht über Gewässer, ihre Belastungen und die Folgen für die Fauna. Benjamin engagiert sich für den Umweltschutz. Er schließt sich einer Gruppe an, die Umweltsündern mit kleinen, schmerzhaften Denkzetteln auf die Sprünge hilft. Wer seinen Müll nicht trennen will, findet ihn schon mal ausgekippt im Garten wieder. Ein örtlicher Papierhersteller wird mittels zerstochener Reifen am Chefmercedes, Bekennerschreiben inklusive, an die Auflagen bei der Abwasserentsorgung gemahnt. Einmal wird Benjamin bei einer solchen Aktion gefasst. Es kommt zur Anklageerhebung wegen Sachbeschädigung. Sanktionen gegen Umweltsünder dürften nicht von selbst ernannten Racheengeln verhängt werden, belehrt man ihn, so ginge es ja nicht. Aber Benjamin fühlt sich im Recht. In ihm hat die Umwelt einen Anwalt, der sich nicht scheut, ein Risiko einzugehen. Der Rechtsweg, so scheint es ihm, ist viel zu langwierig, und oft genug ist die Justiz mit den Übeltätern im Bunde. Benjamin entdeckt, dass Gerechtigkeit sich nicht von selbst versteht, couragierte Einzelne müssen nachhelfen. »Es gibt nichts Gutes, außer man tut es«, lautet sein Wahlspruch. Und dafür stellt man ihn vor Gericht. Die Verhältnisse sind kriminell, nicht er, sagt er. Seine Eltern ringen die Hände.

Die Geschichte von Benjamin geht nicht gut aus, denn der bleibt seiner Überzeugung treu. Diese Treue, meint er, ist das Mindeste, was die Umwelt und das Gute in der Welt von ihm erwarten können. Chemische Analysen, biologische Forschung, das betreibt er längst nicht mehr. Die Verbrechen der Wirtschaft interessieren ihn inzwischen weit mehr. Und obwohl er selbst erfahren hat, wie es ist, in die Mühlen der Justiz zu geraten, obwohl er sich nolens volens mit Gesetzen, Verstößen, Verfahren beschäftigt, kann er sich nicht dazu durchringen, sein eigenes Verhalten in Frage zu stellen oder sich wenigstens das Leben ein bisschen leichter zu machen. Er will, er muss den einmal eingeschlagenen Weg weitergehen. Er muss in Erfahrung bringen, ob es nicht doch möglich sei, die verkrusteten Verhältnisse zum Tanzen zu bringen. *Sein* ganz besonderer Blick auf die Welt muss sich jetzt an der Wirklichkeit bewähren, dafür aber ist Konsequenz nötig, ferner Geduld und Durchhaltevermögen, und Benjamin fühlt diese Kräfte in sich. Er hat nachgedacht, er ist zu einem Ergebnis gelangt, und er möchte alle Welt von der Richtigkeit dieses Ergebnisses überzeugen. Niemand wird ihn dazu bringen, aufzugeben.

Was wie jugendlicher Trotz aussieht, enthält hoch angesehene Charakterzüge, vor allem Mut und Gerechtigkeitsempfinden. Dennoch zerstört ein Junge wie Benjamin die herzliche Beziehung zu seinen Eltern, wobei diese allerdings durch ihr Unver-

ständnis mitwirken. Was Benjamin fehlt, ist das Augenmaß, das
Gefühl für Verhältnismäßigkeit, auch das für die Bedeutung des
staatlichen Gewaltmonopols. Trotz der beklagenswerten Auswirkungen seines standhaften Verhaltens (die andere Unbelehrbar-
keit nennen) bleibt diese Sturheit eine gute Eigenschaft. Gesellschaften brauchen den militanten Idealismus ihrer Jugend, auch
wenn er ihnen weh tut, um sich zu erneuern und ihre Werte zu
überprüfen.

Einen vergleichbaren Weg ist Maja gegangen. Sie hat lange
Zeit alles gelesen, was sie über Brasilien, das Land ihrer Träume,
in die Finger kriegen konnte. Sie hat sogar die Sprache gelernt –
nicht fließend, aber immerhin. Ihren Lohn aus mehreren Baby-
sitterjobs spart sie, bis sie sich ein Ticket leisten kann. Als sie
siebzehn ist, erlauben ihr die Eltern die Reise. Für Maja ist das
Land ein Schock. Zum ersten Mal in ihrem Leben sieht sie Ar-
mut und Not. Sie weiß genug über die Geschichte Brasiliens,
um die Rolle Europas und die Folgen der Kolonialisierung ein-
schätzen zu können. Wieder daheim gründet sie an ihrer Schule
einen »Arbeitskreis Südamerika«. Sie veranstaltet Info- und
Filmabende, sie sammelt für ein Hilfswerk. Maja liest immer
weiter, allmählich erschließt sich ihr der Zusammenhang zwischen der Prosperität des Westens und der Abhängigkeit des Sü-
dens. Das Herz wird ihr schwer, aber die Idee, etwas zu tun, um
die Verhältnisse geradezurücken, hat von ihr Besitz ergriffen
und lässt sie nicht mehr los. In ihrem Übereifer verschreckt sie
ihre Freunde, der Arbeitskreis dünnt aus. Schließlich bleibt sie
selbst als fast einziges Mitglied übrig. Da beschließt sie, ein Zeichen zu setzten, um ihre wohlgenährte Nachbarschaft zu zwingen, die Not der brasilianischen Straßenkinder zur Kenntnis zu
nehmen. Auf dem Marktplatz schichtet sie eine Pyramide aus
Lebensmitteln und Wohlstandsaccessoires wie Fernseher und
Toasträster auf, übergießt sie mit Benzin und zündet sie an. Da-
neben steht die letzte ihr noch verbliebene Freundin mit einem
erklärenden Transparent. Maja verbrennt sich bei der Aktion

die Hand und muss ins Krankenhaus. Man belangt sie wegen Brandstiftung. Die Eltern reden ein sehr ernstes Wort mit ihr, aber sie hat ihren Entschluss gefasst. Sie wird die Schule schmeißen, nach Rio auswandern und dort Sozialarbeiterin werden. Die Vorstellung, helfen zu können, begeistert sie. Der halbherzige Kram hier zu Hause kommt ihr sinnlos vor. Aber: Als sie gerade damit begonnen hat, ihre Koffer zu packen, kommt die Liebe dazwischen. Ausgerechnet auf dem brasilianischen Volksfest in der nahen Großstadt ... Maja stellt die Auswanderungspläne erst mal zurück. Irgendwann wird sie sie verwirklichen.

Auch Majas Radikalität ist jugendtypisch, unbedacht und rücksichtslos und doch von einer Empörung getragen, die einem edlen Gerechtigkeitsgefühl entspringt. Fast alle, die sich genötigt sehen, Maja zur Ordnung zu rufen, erkennen das: die Eltern, die Lehrer, die Polizei. Maja selbst glaubt, ganz wie Benjamin, dass Taten wichtiger sind als Worte – und sie hat nicht Unrecht. Dass Tatendrang nicht immer gleich in Gesetzesverstößen münden muss, steht auf einem anderen Blatt.

Was heißt das für unser Thema?

Benjamins Anschläge und Majas Brandstiftung sind nicht einfach nur auf jugendliche Lust am Regelverstoß zurückzuführen, sondern es stecken geistige Anstrengungen dahinter, die beide Teenager zu ihren Taten getrieben haben. Weil Jugendliche ihre Erkenntnisse an der noch undurchschauten Wirklichkeit überprüfen müssen, gibt es für sie keine Trennung von Theorie und Praxis. Was sie denken, müssen sie tun, und wenn sie etwas tun, denken sie skeptisch und problematisierend darüber nach. Nicht alle Youngsters, die aus der Rolle fallen, machen sich zuvor große Gedanken darüber, längst nicht alle können edle Motive für Gesetzesbrüche ins Feld führen. Manche denken überhaupt nicht nach – auch später nicht, wenn sie erwachsen sind. Die meisten aber grübeln exzessiv, wenn sie in der Pubertät stecken. Sie müssen herausfinden, warum ihre Eltern es nicht geschafft haben, diese Welt so einzurichten, dass man stolz auf sie sein kann, und wo wohl die Möglichkeiten für einen solchen Wandel verborgen liegen – denn jetzt sind *sie* es, die in die Bresche springen und die Karre aus dem Dreck ziehen müssen. Dabei sind ihre Antriebe keineswegs selbstlos. Sie möchten sich auch profilieren, möchten Ruhm und Ehre gewinnen und in die Geschichte eingehen. Auch bescheidenere Jugendliche, die bei Benjamin oder Maja schon aus Angst nie mitgemacht hätten, träumen insgeheim von großen Taten, von außergewöhnlichen Leistungen – sei es im Sport, in der Poesie oder beim Retten der Welt.

Das Gefühl, an der Reihe zu sein und endlich die Weichen stellen zu können, ein Gefühl, das ja nicht falsch ist, aber auch etwas Überforderndes hat, ereilt die Jugendlichen wie der Ruf des Schicksals und nötigt sie zu großen geistigen Anstrengungen: Wie hängt alles zusammen? Woher kommt das Böse? Was kann man tun? Selbst Kids, die keinen Hang zu Büchern und großen Fragen haben, spüren, dass sie aufgerufen sind, das Steuerruder zu übernehmen und tasten auf ihre Weise danach. Ein gewisser Zorn auf die Eltern, die so viele Fragen unbeantwortet gelassen haben, tritt hinzu und verschärft die Spannungen zwischen den Generationen. Den Eltern nicht mehr trauen zu können, was ihre Fähigkeiten, Probleme zu lösen betrifft, ist schlimm genug. Aber dass man jetzt auch noch Feuerwehr spielen muss, anstatt lediglich Früchte zu ernten … Irgendwie fühlen die Jugendlichen sich als Helden. Und die Pointe dabei ist: Sie sind es auch.

Jugendliche müssen die Welt – zunächst in ihren Köpfen – neu ordnen, bevor sie noch wirklich die Kraft dazu haben; die Notwendigkeit aber fühlen sie schon. Diese Zwangslage verurteilt sie zur Depression – oder zum Griff nach einer gewagten Lösung, welche eine Bevölkerung aufschrecken soll, die das Hinhören verlernt hat. Natürlich könnte man die Jugendlichen darauf verweisen, dass die älteren Generationen schließlich noch am Leben seien und einigermaßen zurechtkämen, dass die

Kinder sich ihnen nur anzuschließen brauchten, um ihrerseits klarzukommen. Genau diese Vorschläge werden Jugendlichen – mehr oder weniger explizit – ja auch ständig gemacht, denn die Eltern verstehen und akzeptieren meist nicht, dass die Sprösslinge ihr eigenes Lebensrezept, unter dessen Signatur sie schließlich groß wurden, jetzt plötzlich verwerfen. Aber all diese Einladungen zur Rückkehr ins Elternnest (zumindest dessen geistige Gemächer) sind nutzlos. Und wenn sie doch einmal erfolgreich sind und ein Jugendlicher resignierend zu den elterlichen Werten zurückkehrt, so ist das meistens gar nicht gut für ihn. Er bereut es bald und rebelliert dann umso heftiger. Der pubertäre Aufbruch verlangt den Mut, einen Schritt ins Nichts zu tun, dahin, wo alle Sicherheiten schwinden und noch keine neuen Orientierungen vorhanden sind.

Radikale Positionen, abstrakte Konsequenz, Klügelei – all das ist der Versuch, Sicherheit wiederherzustellen, die aufgegeben werden musste, mit den eigenen, noch unzureichenden, an der Erfahrung noch nicht überprüften geistigen Mitteln. Sie sind der vorschnelle Abschluss von Erkenntnisprozessen, die Jahre brauchen und die auch immer neu aufgenommen werden, wenn die Extrapolationen und Fehlschlüsse der Jugend durchschaut und überwunden sind.

Die geistigen Irrgärten der Jugend, ihre Brachialphilosophien, ihr Negativismus, ihr Idealismus und die Begeisterung, mit der in die Tat umgesetzt wird, was sich irgend dazu eignet, all das gehört zur Adoleszenz, und es spricht eher für starke Charaktere, wenn diese Turbulenzen heftig ausfallen. Umgehen lassen sie sich nicht. Obwohl mancher junge Mensch sich das später wünscht.

Gut machen es jene Eltern, die ihre herangewachsenen Kinder nie mehr an ihre »Jugendsünden« erinnern.

Jene toleranten und verständnisvollen Eltern, die ihre Kinder beim Kampf um geistige Autonomie unterstützen, machen es den Jugendlichen allerdings nicht immer leichter. Was an Konflikten und wechselseitigem Unverständnis nicht wirklich gelöst werden kann, sollte auch so stehen bleiben, als eine Art Mauer, an der beide Generationen sich abarbeiten und auch mal weh tun – anstatt uminterpretiert zu werden in eine Gemeinsamkeit, die nur als Wunsch existiert. Verständnisvolle Eltern tun gut – aber nur solange sie ihre eigenen Meinungen und Grenzen nicht verleugnen und ihr Eingehen auf die geistigen Interessen ihrer Kinder echter Neugier entspringt.

Kapitel 5
Die Inszenierung der Weiblichkeit

Der nicht messbare Magnetismus der Erotik

Natascha weiß nicht, wer den Schriftzug »Hey, Blondi, ich mag deinen Arsch« vor ihrem Haus aufs Pflaster gesprüht hat. Aber sie wüsste es gern. Das erstaunt sie selbst. Warum interessiert sie sich für den Rüpel, der sie dermaßen provoziert beziehungsweise beleidigt hat? Hat irgendjemand das Recht, Bemerkungen über ihr Hinterteil zu machen, und dann auch noch öffentlich? So, dass es alle lesen können, dass es lange lesbar bleibt, mit starken Worten, ungebeten?

Vor dem Schlafengehen betrachtet Natascha mit Hilfe von Schrank- und Handspiegel lange und genau ihren Po. Vielleicht sollte sie ein paar gymnastische Übungen machen, um die Fülle durch Muskulatur zu bändigen? Sie kneift die Backen zusammen. Sie entspannt sich. Ihr Po hat üppige Ausmaße, dabei aber eine gute Form. Das sieht sie genau, und es freut sie teils, teils beschämt und ängstigt es sie. Ohne die Sprühzeile wäre sie gar nicht auf die Idee gekommen, sich ihrer Rückansicht wegen besondere Sorgen zu machen. Sie muss plötzlich lachen und versteht nicht, warum. Der Typ, der sie Blondi nennt, hat irgendwann mal genau hingeguckt. Natascha versucht, sich die Situation zu vergegenwärtigen. Plötzlich wird sie rot und setzt sich aufs Bett. Ob es der Wuschelkopf von gegenüber war, der mit dem Mountainbike und dem Spaniel? Aber der ist doch bestimmt erst vierzehn. Sie selbst ist zwar noch nicht einmal so alt, aber Jungs ihres Jahrgangs sortiert sie vorab aus. Das sind noch Kinder. Sie schläft ohne Nachthemd ein. Am nächsten Morgen beschließt sie, einen Schulfreund zu fragen, ob er weiß,

wie man eine solche regenresistente Sprühfarbe wieder weg-
kriegt. Die verwirrendste Erfahrung für junge Mädchen in der Pubertät ist ihr Eintritt in eine Sphäre, in der *Macht* verteilt wird.
Erotik als Machtfaktor ist in unser aller Leben, in dem der Erwachsenen sowieso, ständig präsent. Darüber zu reden fällt
schwer, weil sich die Machtfülle, die eine Frau – oder ein Mann,
aber wir bleiben in diesem Kapitel beim weiblichen Teil der
Menschheit – durch ihre erotischen Potenzen erwirbt, nicht
messen lässt. Geld kann man zählen, und ein Millionär ist zweifellos ein Mensch, der über eine recht genau umschreibbare
funktionale Machtressource verfügt. Auch eine hohe Position in
einer gesellschaftlichen Hierarchie, ein Chefsessel, ein Intendan-
tenposten – all das lässt sich machtmäßig gut erfassen, nicht
nur das Einkommen, auch die Einflüsse, die Möglichkeit, die
ein Boss hat, seine Interessen durchzusetzen und andere für seine Ziele einzuspannen, all das lässt sich analysieren. Auch gerin-
gere Machtspielräume – zum Beispiel die Einflussmöglichkeiten
eines ganz normalen Angestellten, sein Prestige, sein Gehalt, seinen Lebensstil, seine Aufstiegsperspektiven – kann man ab-
schätzen.

Bei der erotischen Macht haben wir es nicht so leicht. Hier
wirken Zauberkräfte mit, für die uns die Maßeinheiten fehlen.
Wir wissen nur, dass sie wirken, aber nicht genau, wie. Wir spüren sie, wir können sie manchmal auch beschreiben, aber wir
können sie kaum quantifizieren und so auch schlecht vergleichen. Die subjektiven Anteile bei der Beurteilung sind einfach
zu stark. Absolut sind sie nicht.

Man kann sich darauf einigen, dass eine weibliche Ikone wie
die Schauspielerin Scarlett Johansson oder das Model Eva Padberg auf nahezu jeden Mann eine erotische Faszination ausübt
– einfach weil diese Frauen den Inbegriff von Schönheit, Lieb-
reiz und Sinnlichkeit verkörpern, wie er für unsere Epoche typisch ist. Diese beiden Blondinen und die wenigen, die es mit

ihnen aufnehmen können, würden dann also über 100 Prozent Erotikmacht verfügen, alle anderen müssten ein paar Punkte abziehen, so könnte die Lösung aussehen. Geht man aber ins Detail, merkt man schnell, dass sie nicht trägt. Es sind gar nicht so wenige Männer, die sich von Scarlett Johansson überfordert fühlen würden und mit Eva Padberg gar nichts anfangen könnten, es stellt sich heraus, dass die Ikonen oder überlebensgroßen Attrappen ins wirkliche Leben gar nicht hineinpassen, dass Leitbilder nicht unmittelbar berührbar sind und sein sollen.

Als zweite Schwierigkeit ergibt sich, dass Schönheit und Erotik zwei Paar Schuhe sind. Während man sich über Schönheit zur Not noch einigen kann, sich zumindest Mehrheiten finden lassen, die für die eine oder andere Ikone stimmen würden, wird es bei der erotischen Ausstrahlung völlig diffus. War Marilyn Monroe eine erotische Frau? Viele Männer würden das bejahen. Etliche aber auch nicht – die subjektiven Anteile des Urteils, bekannt als *Geschmack*, streuen hier stark. Komplizierend kommt hinzu, dass die erotische Beeindruckbarkeit eines jeden Menschen zur geschützten Zone seines Intimlebens zählt und er seine Kriterien nicht immer preisgeben mag, manchmal nicht einmal kennt. So werden wahrscheinlich bei einer Umfrage die meisten Männer Marilyn Monroe als erotisches Leitbild bestätigen, einfach um ihre Ruhe zu haben und nicht aus der Reihe zu tanzen, während diejenigen, die sich erst mal gegen sie entscheiden, weil sie füllige Frauen nicht mögen, womöglich überwältigt gewesen wären, hätten sie einmal mit ihr allein sein können. Mit einem Wort: Nichts Genaues weiß man nicht. Außer dies eine: dass die Erotik eine Macht ist. Und zwar eine der stärksten, die wir kennen.

Die Erotik hat schon Throne wanken lassen und Ministersessel, sie bringt kaltblütige Rechner um den Verstand und fromme Familienväter um ihr Gewissen. Sie kann das Unterste zuoberst kehren, bei beiden Geschlechtern. Nicht nur Frauen verfügen über diese Macht, Männer ebenso. Frauen schreibt man sie nur schneller und unbedenklicher zu, weil Sex (und Mutterwürde) jahrhundertelang die einzige Machtressource war, über die sie überhaupt verfügten – wenn wir jetzt mal von den reichen Erbinnen absehen.

Aber die erotische Ausstrahlung wird, wenn Frauen auf dem Felde der Berufe und des Einkommens und schließlich auch in Bezug auf ihre Bereitschaft, Höhenluft zu atmen, das heißt in Hierarchien aufzusteigen und als Lady-Boss zu überzeugen, für Männer ebenfalls eine interessantere Machtquelle werden.

Doch zurück zu den Frauen ohne Manager-Macht. Auch die Macht, die ihnen mit der sexuellen Reife zufällt, ist ungleich verteilt. Wer sieht schon wie Heidi Klum oder Angelina Jolie aus? Wer hat schon die Aura einer Marilyn Monroe? Also könnte man doch dieses Kapitel als eine Art Orchideenthema, das nur wenige angeht, beenden ...

Man kann es nicht. Das erotische Interesse von Männern an Frauen (natürlich auch umgekehrt), die erotischen Reize, die Frauen auf Männer ausüben (und umgekehrt), sind eine allgemeine Erfahrung, betreffen fast alle Menschen – nur das Glamouröse, sozusagen das Hundertprozentige, fehlt den meisten. Aber, wie schon angedeutet, nehmen Ikonen im wirklichen Leben nur einen symbolischen Platz ein. Marilyn Monroe persönlich soll sich aus Sex überhaupt nichts gemacht haben, und wer ihre Lebensgeschichte kennt, kann das auch nachvollziehen. Nataschas ältere Schwester Luise aber, die schon ihr »erstes Mal« erlebt hat, macht sich sehr viel aus Sex, obwohl sie im Aussehen mit Marilyn Monroe keineswegs konkurrieren könnte. Sie ist nicht mal hübsch. Aber sie zieht die Blicke der Jungs auf sich. Sie hat das gewisse Etwas. Wer immer diese Formulierung gefunden hat – wahrscheinlich war es der Volksmund –, hat ins Schwarze getroffen. »Gewisses Etwas« sagt gar nichts. Und eben deshalb alles.

So ist das mit der erotischen Ausstrahlung: Sie ist eher eine Tönung, eine Atmosphäre, ein »Appeal« als ein fest umreißbares Attribut, und deshalb ist sie als Machtquelle so schwer zu fassen. Und doch ist sie unglaublich wirksam. Alle heranwachsenden Mädchen spüren das. Urplötzlich sind sie im Stande, einen Raum voller Menschen zum Verstummen zu bringen, wenn sie eintreten. Blicke zu zwingen, ihnen zu folgen, wenn sie vorbeigehen. Aufmerksamkeit auf sich zu ziehen mit der Macht eines Magneten. Natürlich besitzen nicht alle Frauen diese Macht in voller Stärke. Aber die meisten verfügen über ein gutes Stück. Und zu Beginn, während der Pubertät, ist ihnen ihre neu gewonnene Macht sowohl unerklärlich als auch unheimlich und manchmal sogar peinlich.

Eine Dreizehnjährige auf der Bühne

Ich sagte schon: Wie viel angenehmer wäre es für die Jugendlichen, wenn sich ihre Geschlechtsreife ganz und gar im Verborgenen vollziehen könnte. Nicht alles wird ja offenbar. Die erste Blutung der Mädchen, der erste Samenerguss der Jungen – sie können diese Premieren als Geheimnis für sich behalten, niemand zwingt sie, darüber Auskunft zu erteilen, und so gibt es immerhin eine gewisse Kompatibilität von Pubertät und Geheimnis.

Aber die Verwandlung des äußeren Körpers, vor allem seine Fähigkeit, verlockend auf das andere Geschlecht zu wirken, vollzieht sich vor aller Augen, quasi auf der Bühne. Und das muss auch so sein, schließlich soll der Rest der Welt Kenntnis davon erhalten, dass hier ein neuer erotischer Stern am Himmel aufgegangen ist, die Welt soll sich sehnsuchtsvoll und verlangend darauf einstellen.

Das Tragische dabei ist nur, dass das *Kind* Natascha, ein fröhliches, verspieltes, dürres und vorlautes Wesen, immer noch Re-

gie in der Seele dieses Mädchens führt – längst nicht mehr un-
angefochten, aber auch nicht ganz ohne Gegenwehr. Konkurrenzsituationen sind ihr nicht unbekannt. Beim Wettrennen
schnitt sie öfter mal schlecht ab. Beim Gräsersammeln aber
reichte ihr so leicht keiner das Wasser. Der Wettbewerb, in den
sie sich jetzt geworfen sieht – mit ihrer Freundin Mareike, mit
der großen Schwester Luise, mit den anderen Mädchen aus ihrer Klasse –, widerstrebt ihr zutiefst. Eine Top-Ten-Liste führen
die Jungs angeblich. Natascha rangiert ziemlich weit oben, wegen ihres entwickelten Busens. Sie weiß genau, dass ihr in der
erotischen Konkurrenz wegen ihrer Oberweite und ihres wohl-
geformten Hinterns gewisse Pluspunkte zufallen: Eigentlich will
sie diese Pluspunkte nicht. Schließlich sind ihre Formen nicht
ihr Verdienst. Aber sie musste über den Blondi-Spruch auch lachen. Daran erkennt sie selbst, dass sie die Regeln bereits verinnerlicht hat und den Zufall ihres Wuchses doch lieber als Geschenk annehmen denn als ungerechtfertigten Vorteil ablehnen
möchte. Im Übrigen: Was bedeutet er schon, der Auftritt auf
der erotischen Bühne? Natascha möchte Biologie studieren. Sie
hat einen guten Kopf für die Naturwissenschaften. Sie will etwas
aus sich machen. Die Jungs können ihr alle mal im Mondschein
begegnen. Später, wenn der Zeitpunkt gekommen ist, wird sie
den Richtigen schon finden und mit ihm eine nette, kleine Familie gründen. Bis dahin will sie ihre Ruhe haben. Bitte!

Jemand hat »He, Blondi, ich mag deinen Arsch« vor Nataschas Haus aufs Pflaster des Bürgersteigs gesprüht. Jemand interessiert sich weniger für ihren Ehrgeiz in beruflicher Hinsicht
als für ihre körperlichen Reize. Möchte Natascha, dass Jungs
sich wegen ihrer guten Mathenote für sie begeistern? Sieht es
nicht in Wirklichkeit ganz anders aus? Wenn sie, abends im
Bett, mit ihren Gedanken an diesem Punkt angelangt ist, schläft
Natascha ein. Oder sie legt die »Titanic«-DVD ein und schaut
die Szene, in der Kate Winslet über den Ozean fliegt.

Das Geschenk der sexuellen Attraktivität ist für Pubertierende

zweischneidig. Es ist immer »zu viel«. Nataschas Flucht vor ihrer erotischen Zukunft hinein in den Traum vom beruflichen
Aufstieg und von Mr Right irgendwann später sind typische Reaktionen, geboren aus Sexualangst und dem Bedürfnis, »ungestört« durch den Trieb noch eine Weile Kind zu bleiben. Sie
sind total normal und sogar die Bedingung dafür, dass die
Schule und das Einvernehmen mit den Eltern einigermaßen
weiterfunktionieren. Aber es gelingt Natascha nie, sich durch
die Verschiebung all der ganz anderen Wünsche, die ihr Körper
schon ausdrückt, auf einen fernen Zeitpunkt nach dem Studieren, vollständig zu beruhigen. Es bleibt ein Rest, der ihr Leben
langsam, aber sicher verändert.

Warum trägt sie enge Jeans? Weil es praktisch ist. Weil es Mode ist. Weil alle es tun. Zu blöd, dass Natascha rot wird, wenn
sie die Frage beantworten soll. Sie trägt die Jeans auch, weil sie
darin zwei Jahre älter aussieht und weil ihr das gefällt. Außerhalb des Sportunterrichts trägt sie auch ganz gerne enge Pullis.
Sie tut manches, was ihrem Wunsch nach Ruhe vor der Erotik
total widerspricht. Sie handelt wie zwei Menschen: wie das Kind
Natascha und wie die junge Frau Natascha. Wie soll man darüber nicht verrückt, labil, exzentrisch werden?

Und noch etwas geschieht in dieser Zeit, das Nataschas inneres Gleichgewicht empfindlich stört: Sie reagiert in manchen Situationen ihren eigenen Absichten entgegengesetzt, sie reagiert
viel öfter als früher instinktiv. Dass sie zum Beispiel den Wuschelkopf von gegenüber anlächelt, als er ihr vom Fahrrad aus
zuwinkt, obwohl sie ihn in Verdacht hat, der Sprüher zu sein,
entspricht nicht ihren Absichten und nicht ihrem Selbstbild –
es passiert einfach, und es verwirrt sie. Dass Menschen keine In-
stinktwesen mehr sind, dass sie ein Bewusstsein besitzen, hat sie
in der Schule gelernt. Jetzt aber gibt es unversehens noch eine
andere Instanz in ihrem Innern, die ihr Verhalten lenkt und
über die sie keine Kontrolle hat. »Sie« – wer ist das jetzt? Denn
jene unheimliche Instanz gehört doch auch zu ihr.

Wenn Natascha in Ratgebern blättert, begegnet ihr immer wieder die Formulierung »unter Kontrolle bringen« und »in den Griff kriegen« – das sind die Lieblingsformulierungen der pädagogischen Geister, und sie sind für junge Menschen in der Pubertät (sowie für deren Eltern) absolut unbrauchbar. Das ist es ja gerade, dass plötzlich alles Mögliche außer Kontrolle gerät und dass es nicht menschenmöglich ist, den Ausbruch oder Durchbruch der sexuellen Persönlichkeit »in den Griff zu kriegen«.

Man könnte sogar behaupten und begründen, dass das Wesen der sexuellen Persönlichkeit darin besteht, sich dem »Griff« des kontrollierenden Ich zu entziehen. Sigmund Freud hat das gewusst und es der Welt zu sagen versucht – übrigens durchaus im Interesse wenigstens eines Restes von Kontrolle. Man hat ihn falsch verstanden und schließlich ad acta gelegt – zu Unrecht. Er passt nicht in eine Welt, die sich einredet, es sei ein Leichtes, alles, insbesondere das Triebleben »in den Griff zu kriegen.« Pubertierende Kinder leiden am meisten unter diesem Wahn. Denn da sie überhaupt nichts »in den Griff kriegen«, müssen sie sich ständig als Versager fühlen.

Es gibt Mädchen, denen das Erwachsenwerden leichtfällt – bei denen es wenigstens so aussieht. Erinnern wir uns an Martina. Sie betreibt die Inszenierung ihrer Weiblichkeit mit offensichtlichem Spaß am Vergnügen, sie genießt es, hübsch gefunden zu werden, und hilft mit allerlei Kunstmitteln nach – bis hin zum gepolsterten BH, denn bei ihr war die Natur ein bisschen knauseriger als bei Natascha. Das *Kind* Martina war längst schon erschöpft und mürrisch, als es mit der Pubertät losging, es war froh, abdanken zu dürfen und dem jungen Mädchen in all seinem herausfordernden weiblichen Selbstbewusstsein Platz zu machen. Phasen der Unsicherheit hat auch Martina gekannt, aber sie waren kurz und wurden schnell vergessen. Jetzt ist sie die Hübscheste und Lauteste in der Clique und drauf aus, sich recht bald zu verlieben. Man muss sie nur ihren dichten, roten

Haarschopf schütteln sehen, um zu wissen, dass sie kein Problemkind ist. Oder?

Es gibt junge Mädchen, die sich früh mit einer Art gereinigter Volksausgabe von Sexualität identifizieren – wer je einen zeitgenössischen amerikanischen Film, der im College-Milieu spielt, gesehen hat, weiß, was ich meine. Wenn so ein Mädchen dann das Glück hat, um Pickel und Pummeligkeit herumgekommen und mit einem harmonischen Gemüt gesegnet zu sein, kann sie krisenfrei zur Frau werden. Wie schön! Zu schön, um wahr zu sein. Ausnahmen gibt es natürlich immer. Aber Martina ist keine. Was sie im Griff hat, ist eine Schrumpfform der Erotik, ist ihr Ich als ein liebes, nettes, frisch gewaschenes junges Weib, das keine Ahnung davon hat, was sexuelles Begehren mit einem Menschen machen kann – wenn er es auslöst und wenn er es empfindet. Das ist sogar gut für sie. Es lässt ihr Zeit. Nur der Irrtum, dem sie selbst verfällt und dem vor allem ihre Eltern und Lehrer aufsitzen, dass hier mal ein Mädchen ohne die üblichen Zicken heranreift, kontaktfreudig, lebensbejahend und eine Freude für das Auge, der ist ärgerlich. Er ist zeittypisch. Martina wird ihn auszubaden haben. Als der erste »richtige« Freund (genau zum richtigen Zeitpunkt, zwei Monate vor Martinas sechzehntem Geburtstag) auftaucht, ein Knabe, genauso angepasst, heiter und dominant wie sie, will sich in der Umarmung gar nichts rühren. Was Verliebtsein und Begehren wirklich heißt, begreift Martina erst viel später – als sie einem Mann verfällt, der zehn Jahre älter, Alkoholiker und verheiratet ist. Natürlich wird sie unglücklich. Aber die Sexualität hat sich ihrer nun doch bemächtigt und ihr bewiesen, dass hier nichts mit »Griff« und »Kontrolle« zu wollen ist, und so gesehen ist sogar noch alles gut gegangen.

Die Öffentlichkeit der Intimität

Dass es ein Wettkampf ist, in den Mädchen während und natürlich vor allem nach der Pubertät eintreten, eine Show, ein Spießrutenlaufen, eine Siegesfeier, eine Demütigung, je nachdem, das macht diese Zeit, die eigentlich dem innersten Intimleben gehören müsste, so außerordentlich heikel. Es erinnert wieder daran, dass die Sexualität eine Machtquelle ist, eine soziale Angelegenheit, dass sie mit Partnerwahl zu tun hat, mit dem anderen Geschlecht, mit dem Aufrücken in der Generationenhierarchie auf verantwortungsvolle Plätze. Von all dem wollen Jugendliche ja erst mal gar nichts wissen. Sie wollen ihre Spiele spielen, ihren Spaß haben, sich in ihren Cliquen tummeln und die Schule irgendwie hinbiegen. Jedes Darüberhinaus ist eine Qual für sie. Aber sie fordern dieses »Mehr« selbst ständig heraus, indem sie nicht nur still vor sich hin reifen, sondern diese Reifung ausstellen, vorzeigen, auf der sozialen Bühne präsentieren: In kaum einem biographischen Zeitalter wird von Menschen so schamlos angegeben, auf den Putz gehauen und über jedes erträgliche Maß hinaus »Ich« gesagt wie von Jungen und Mädchen während der Pubertät.

Allerdings sind die dramatischen Inszenierungen von Weiblichkeit und Männlichkeit für beide Geschlechter unendlich anstrengend. Sie brechen deshalb nach ihren Vorstellungen manchmal regelrecht zusammen und verordnen sich selbst den prompten Rückzug ins Zimmer und ins Schweigen, wo sie sich erholen, prüfen, zerstreuen und auf den nächsten Coup vorbereiten. Man kennt diesen Wechsel als abruptes Schwanken zwischen Intro- und Extrovertiertheit, zwischen lautstarkem Auftrumpfen und angstvollem Sichverschließen. Diese ganze wohlbekannte Unausgeglichenheit während der Pubertät ist die lebenspraktische Entsprechung des Widerstreits von Intimität und öffentlicher Parade.

Die sexuellen Wünsche eines Menschen gehören ganz ihm. Er muss sie aber, wenn er sie auf einen Partner richtet, *äußern*, damit sie sich erfüllen. Zum Modell, das wir alle verinnerlicht haben, gehört das heimlich verliebte Mädchen, das dem Objekt seiner Begierde im richtigen Moment ein Zeichen gibt, und je nachdem, wie die Antwort ausfällt, entwickelt sich die Geschichte einer Liebe oder einer Enttäuschung. Wichtig ist: Das erotische Tête-à-Tête betrifft nur die beiden und geht auch nur sie etwas an. Gibt es etwas Privateres? Kaum.

Außer bei schöpferischer Arbeit, beim Schlafen, beim Lesen und Nachdenken oder bei kriminellen Handlungen wollen Menschen niemals so unbedingt ungestört sein wie beim Flirten, beim Liebesgeflüster und beim Sexualakt. Die geschlechtliche Reifung während der Pubertät jedoch ist ein erotisches Theater, bei dem die halbe Welt zuschaut. Das ist das Schreckliche, aber natürlich auch das Tolle daran. Das »unschuldige« Kind, wie man früher sagte (und man meinte damit die Freiheit von sexuellen Signalen und Interessen), entpuppt sich zu einer erotischen Provokation, zu einer kleinen Frau, die noch nicht zu wissen scheint, über welche Macht sie mit dem Schwung ihres Beckens verfügt, die es ahnt, fühlt, bestürzt zur Kenntnis nimmt und am liebsten in Sack und Asche gehen würde. Oder die Aufmerksamkeit genießt, die ihr plötzlich zuströmt, und extra langsam geht – nur um zu Hause auf ihrem Zimmer vor sich selbst zu erschrecken und in Tränen auszubrechen.

In einer puritanischen oder auch – in Westeuropa – sehr stark auf Effizienz, Leistung und materielle Prämien eingestellten Kultur liegt in einem solchen quasiöffentlichen Entpuppungsvorgang immer etwas Skandalöses. Plötzlich wird offenbar, dass wir Menschen Naturwesen sind, aus denen in einem gewissen Alter das paarungsbereite Weibchen herausschaut, mit seinen Lockattributen, seiner monomanischen, allein auf die Verführung ausgerichteten Selbstdarstellung, seiner irritierenden Aura, seinem Körpergeruch. Das alles war doch gestern noch nicht da. Woher kommt es so plötzlich? So überfallartig? So keinen Einspruch, keine Gegenwehr duldend? Das ist doch unerträglich.

Jedoch: Alle Menschen, egal wie stark und durchgehend ihre Sexualabwehr normalerweise ausfällt, entwickeln von Zeit zu Zeit Frühlingsgefühle, und dann führt die sexuelle Persönlichkeit in ihrem Leben Regie. Niemand vergisst die Erinnerung an solche Zustände ganz. Deshalb werden pubertierende Mädchen auch keineswegs bloß als peinlich oder störend empfunden.

Das Publikum für die Inszenierung der sich entpuppenden Weiblichkeit reagiert ebenso entzückt und ermutigend wie düpiert und ablehnend. Es klatscht auch gern in die Hände und gibt Natascha und Martina zu verstehen, dass sie »willkommen im Club« der erwachsenen Erotomanen sind. Was natürlich auch wieder nicht das Richtige ist. Martina würde gar nicht verstehen, worum es geht, und Natascha schreiend davonlaufen.

Mädchen leiden unter dem Widerstreit von Intimität und Öffentlichkeit (= offener, deutlicher Sichtbarkeit) ihrer Pubertät auch deshalb stärker als Jungen, weil bei ihnen alles früher beginnt, sie also schlicht weniger Zeit haben, aus der Kindheitslarve herauszuwachsen. Und weil, kulturell bedingt, ihre Weiblichkeit viel stärker auf die Fortpflanzung und damit die Intimität der Partnerwahl ausgerichtet ist als die sich entpuppende Männlichkeit der Knaben.

Und was ist mit den Jungen? Zwar haben Penis- und Hodenwachstum natürlich diese eine zentrale Funktion: dass die jungen Männer den Geschlechtsakt vollziehen und sich fortpflanzen können. In der Evolution, unter Primaten, gibt es da aber noch einen weiteren Zweck: Die Erektion war einst auch *Drohgebärde*, die andere Männchen abschrecken sollte, und diese Nebenbedeutung hat sie, in geheimer und symbolisierter Form, behalten. Auch ist das Muskelwachstum während der männlichen Pubertät nicht bloß dazu da, Mädchen zu Bewunderung hinzureißen, sondern im Kampf mit anderen jungen Männern (um Ressourcen aller Art) gute Ausgangsbedingungen herzustellen. Dieser Zweck ist sogar der primäre, das erotische Signal ist nur davon abgeleitet.

Jungen also inszenieren ihre sich entwickelnde Männlichkeit keineswegs nur für das andere Geschlecht, sondern ebenso für das eigene: für die Altersgenossen und für die Vätergeneration. Das Aggressiv-Drohende ist für die Mitmänner bestimmt. Die Mädchen dürfen zuschauen und den Sieger des Wettkampfes küren, aber sie sind mitnichten allein das »eigentliche« Publikum.

Bei der weiblichen Entpuppung der Mädchen verhält es sich anders. Da fällt es schwer, weibliche Zuschauer zu finden, die ähnlich interessiert wären wie der junge Mann von gegenüber – sei's der Wuschelkopf oder der wirkliche Sprüher, ein eher verklemmter Junge aus dem Hinterhaus. Wozu ist denn ein Busen gut? Er bietet sich dar als Blickfang für die Männerwelt, als Objekt der Liebkosung für den Auserwählten, schließlich als Nahrungsquelle für das Kind. Darüber hinausgehende Signale an den Rest der Welt sind nicht zu finden. Auch Nataschas bewunderter Hintern kann kaum als nichtgeschlechtliches Merkmal, etwa für besondere Durchsetzungsfähigkeit oder Ähnliches, interpretiert werden.

Es bleibt dabei, dass die Inszenierung der Weiblichkeit, die alle Mädchen während und nach ihrer Pubertät irgendwie über die Bühne bringen müssen, zu hundert Prozent geschlechtlich konnotiert ist, während bei Jungen die eine Hälfte anderen Jungen, dem Wettkampf um Platz eins im Fußball oder im sozialen Leben gilt und nur die anderen fünfzig Prozent ihrer geschlechtlichen Zukunft. Und dass deshalb die Intimsphäre der Mädchen während der Pubertät potenziell tiefer verletzt wird als die der Jungen.

Reifung und Leistung

Natürlich wetteifern auch Mädchen um erste Plätze und um Beliebtheit – im Unterricht, beim Ballett oder in der Clique. Aber diese Konkurrenzen drücken sich nicht unmittelbar in der pubertären Körperverwandlung aus. Umgekehrt läuft jener Wettbewerb, in den alle Mädchen durch die Erotisierung ihrer körperlichen Erscheinung sozusagen hineingerissen werden, wieder ganz und gar auf das Geschlechtliche hinaus. Mit allen Konsequenzen einer Schamverletzung durch den eigenen Körper, durch fremde Blicke, durch Übergriffe (wie bei Mamie, vgl. S. 36). Es ist nicht leicht, in der Pubertät zu sein. Es ist besonders vertrackt, wenn man ein Mädchen ist.

Oder doch nicht? Thomas Mann hat in seiner Erzählung »Der Erwählte« seinen Helden Willo zu seiner Geliebten Sibylla (die zugleich seine Zwillingsschwester ist) sagen lassen: »Herrlich bist du, Sibylla, ganz von selbst. Mein Geschlecht, das muss sich regen und etwas tun, um herrlich zu sein. Mit deinem darf man nur sein und blühen und ist schon herrlich. Das ist der allgemeinste Unterschied zwischen Mann und Weib, von genaueren abgesehen.« Aber die Extraanstrengung, die Jungen leisten müssen, macht eben das Erwachsenwerden auch eher zu einer Art eigener Leistung, was manches vereinfacht. Von Mädchen wird viel mehr Passivität verlangt, und was sie zu »bieten« haben während der Pubertät, ist so naturverhaftet, dass wenig Spielraum bleibt für eigene Zutaten. In einer so sehr auf Aktivität und Leistung gestimmten Kultur wie der unseren ist das ein prekärer Zustand.

Konsumwünsche und Initiation

Allerdings ist es für heranwachsende Mädchen heute insofern leichter geworden, in die Pubertät und durch sie hindurchzukommen, als alle Welt ohne große Zurückhaltung über die Problematik dieser Zeit spricht, als es kaum noch Tabus gibt, stattdessen eine sympathische Offenheit, die allerdings in Talkshows und Bravo-Kolumnen immer wieder mal in schwer erträgliche Penetranz abkippt. Dass Sexualität einseitig als Spaßquelle dargestellt und die Abgründe, in die sie hineinstürzen, die Tiefe der Bindung auch, die sie herstellen kann, gern verschwiegen werden, ist für pubertierende Mädchen, solange das Kind in ihnen noch das Sagen hat, kein gravierender Nachteil, weil sie sowieso mit alldem noch nichts zu tun haben wollen.

Auf einem anderen Blatt steht die in unserer Zeit überhandnehmende Vermarktung oder marktmäßige Ausnutzung von allem und jedem, was mit der keimenden Erotik zu tun hat und halbe Kinder dazu nötigt, als Attrappen von sexy Girls durch die Gegend zu stolzieren, ohne ihr Outfit oder ihr Gehabe durch den geringsten Anflug einer einschlägigen Erfahrung zu rechtfertigen. Die Industrie kann einfach nicht warten und drängt den Zwölfjährigen ihre Girlie-Ausrüstung auf, vom Haarfärbeschaum über den Achselhaarrasierer bis zum Fußgelenkkettchen, sorgt dafür, dass in den Kinderzimmern Dessous und Nagellack mit Kuscheltieren koexistieren und so die Kostüme und Requisiten der Weiblichkeit das Kind womöglich verfrüht aus einem Übergang reißen, in dem es noch Abstand vom Geschlecht hätte halten können, mit all den Freiheiten, die der für Körper, Geist und Seele bedeutet.

Man soll diese Dinge nicht dramatisieren; man kann, wie wir das anhand von Martinas Lust am Schminken oder Schönmachen besprochen haben, eine Art Spiel in alldem sehen, das sich vom Kinderspiel gar nicht so sehr unterscheidet. Allerdings hat

die Sexualität neben den spielerischen Randerscheinungen, die
sie bei Tanz und Flirt herauskehrt und ermutigt, doch auch ihren ernsten Kern, den gerade Pubertierende spüren und der sie
erschreckt.

Es kommt immer darauf an, wie ein Mädchen von, sagen wir,
elf Jahren die Angebote zum sexy Styling versteht: als Aufforderung zum Verkleiden, als Experiment und Show ohne weitere
Folgen oder als eine Art Initiation, als Übertritt in die Welt des
Sexus. Wann sie diesen Schritt tun kann oder muss, liegt nicht
ganz in ihrer Hand; sie kann durch ihre körperliche Erscheinung dazu gedrängt werden. Aber sie sollte den Zeitpunkt
(mit)bestimmen, ab dem sie sozusagen freiwillig nachhelfend
im Schmuck ihrer Weiblichkeit auf der sozialen Bühne erscheint.

Angesichts der neuesten Entwicklung auf den weltweiten
Kommunikationsmärkten klingt so ein Wunsch naiv, und er ist
es wohl auch. Dennoch ist er nur zu berechtigt. Ich erwähnte
oben schon die Dreizehnjährige, die auf Anregung eines Chat-
Verehrers Aktfotos von sich in die digitale Verfügbarkeit stellte;
die Anonymität des World Wide Web macht solche Angriffe auf
die Integrität kindlicher Selbstdarstellung sehr viel leichter, die
Schnelligkeit, mit der diese Kommunikationsform sich ausdiffe-
renziert, macht Schutz vor Übergriffen schwieriger.

Wenn Kinder auch noch nicht wissen, was Sexualität ist, so
begreifen sie doch während ihrer Pubertät, dass die *Sexualisierung* ihrer Erscheinung, ihres Ausdrucks und Umgangs bei den
Erziehungsberechtigten Panik auslöst. Und wenn es für sie
wichtig ist, die Oberhand zu gewinnen, oder auch nur, sich von
den Eltern abzusetzen, spielen sie diese Karte. So können sie
erste, spielerische Erfahrungen mit ihrer erotischen Macht erproben.

Hierbei spielt wieder die Lust an der Gefahr eine Rolle, die
einstweilen die sexuelle Lust vertritt und die in unserer durch-
pädagogisierten Welt, wo überall Berater und Therapeuten be-

reitstehen, auf geheimen Abwegen gesucht werden muss, damit die Jugendlichen vom wilden Leben, wie sie es erträumen, kosten können. Für Mädchen, die immer jünger immer abenteuerlustiger zu werden scheinen, bietet sich der erotische Kontext als Erster an, wenn sie eigene Wege gehen oder gar was Verbotenes probieren möchten. Da kommt das World Wide Web gerade recht.

Aber auch die sozusagen ganz legale Provokation macht Spaß und das Leben interessanter. Seit sich Bauchfreiheit als modischer Gag durchgesetzt hat, genießen die Mädchen, vorzugsweise zwölfjährige, die Verwirrung, die sie bei Schulkameraden und männlichen Lehrkräften auslösen, wenn sie ihre Körpermitte nackt darbieten. Ein fröhlicher Stolz kommt hinzu, denn der Nabel und seine Umgebung sind wirklich nur bei Zwölf- bis Zwanzigjährigen präsentabel. Wichtig ist, dass dieses verführerische Ausstellen der erogenen Zone Bauch nicht bedeuten soll: Ich, die hübsche Martina, zeige mich in meiner Mitte nackt, weil ich Sex will. So ein Wunsch kann vorhanden sein, aber er ist es eigentlich nicht, der das Motiv zum Kauf eines bauchfreien Top liefert. Es handelt sich um nicht mehr und nicht weniger als um eine kleine Demonstration erotischer Macht.

Die Ambivalenz, mit der die meisten Mädchen auf ihre eigene Ausstrahlung reagieren, wird ja keineswegs nur nach der Angst-Seite hin ausagiert. Die Stolz-Seite will und bekommt auch ihr Recht. Sichzeigen und die Kerls aus der Reserve locken, das ist schon der ganze Zweck der Übung, mehr ist (meist) nicht angestrebt, im Gegenteil. Wer die Hand nach dem Nabel ausstreckt, kriegt eins drauf.

Der naive Wunsch nach sexueller Selbstbestimmung, der trotz aller Gefährdungen von den Eltern, aber auch von den Mädchen selbst gehegt wird, setzt für seine Erfüllung voraus, dass beide Generationen begreifen, wie gefährlich das Spiel mit dem Feuer ist, und sie der klugen Vorsicht bei allem Spaß an der Freud einen hohen Stellenwert zumessen. Die Eltern müssen, auch wenn sie das Gefühl haben, dabei ziemlich alt auszusehen, ihre Töchter schützen, so gut es geht. Die Töchter werden sich dem Schutz entziehen wollen, den Eltern bleibt nichts übrig, als ihn immer wieder neu aufzubauen, so fruchtlos das alles erscheint. Letztlich hilft es doch.

Wenn erwachsene Frauen zurückblicken, so sprechen sie öfters davon, dass die Versuche ihrer Eltern, sie aus Gefahrenzonen herauszudrängen, sie gar nicht so sehr gequält haben, wie sie damals, als Pubertierende, behauptet haben, sondern auch gerührt und manchmal dazu motiviert haben, besser aufzupassen.

Zur erstklassigen Gefahrenzone ist im Zeitalter von Aids auch der sexuelle Akt selbst geworden, der zwar trotz all der Lockattribute, mit denen ein vierzehnjähriges Mädchen sich heute zeigt, in der Regel gar nicht angestrebt wird, dann aber doch irgendwann passiert, und zwar häufig ungeschützt. Alarmierende Untersuchungen melden einen Rückgang der Aids-Furcht und entsprechender Vorsichtsmaßnahmen, vor allem bei Jugendlichen, obwohl die Seuche keineswegs unter Kontrolle ist. War es früher die Angst vor unwillkommener Schwangerschaft, die Eltern und Erzieher in ein gewisses Recht setzte, wenn sie das Thema Sex mit Warnungen begleiteten, so ist es heute die tödliche Krankheit Aids. Die Jugend möchte unbekümmert sein, vor allem, wenn sie die sexuelle Lust entdeckt, und die Alten erlauben ihr das nicht – mit Gründen. Ein arges Dilemma.

Das Interesse der Mitwelt an der Reifung einer jungen Generation, die Kommentare der Älteren und der Alten, die Meinungen der Gleichaltrigen und der Jüngeren – all das ist nicht einfach nur etwas Lästiges, das besser unterbleiben sollte, sondern eine Notwendigkeit, die es immer gab und geben wird, solange die menschliche Kultur existiert. Die Bereitschaft des Publikums, sich zu versammeln und zuzuschauen, wenn eine neue Generation sich vorstellt, sozusagen »in die Gesellschaft eingeführt wird« und dabei ihre generationenspezifischen Verhaltens

weisen und Einkleidungen zur Schau stellt, ist eine Reaktion auf
das Verstreichen der Zeit und die Anerkennung des Umstandes,
dass die gestern noch jungen und tatendurstigen Mütter und
Väter heute altern und zurücktreten und ihren herangewachsenen Kindern die Stafette, die Verantwortung und die Hoheit
über die ästhetischen und moralischen Codes der Zeit überlassen müssen.

Das allfällige Genörgel der älteren Generation über den
schlechten Geschmack und das üble Benehmen der jungen ist
nur ein anderer Ausdruck für ihre Enttäuschung, nicht ewig leben und am Drücker sein zu dürfen, und verliert sich meist,
wenn sie noch älter geworden ist und angesichts der deutlich
sich abzeichnenden Perspektive ihres Hinscheidens eine neue
Freude am Dasein gefunden hat.

Das Gefühl, »dran« zu sein in der Generationenfolge, ist für
die heranwachsenden Kinder erst einmal bedrohlich; sie spüren,
dass sie aus der Welt des Behütetseins heraustreten und der
Zeitpunkt bevorsteht, wo sie ihrerseits für andere da sein werden. Wie soll sie das nicht erschrecken! Dann aber kommen die
ersten bewundernden Reaktionen, die ersten Anerkennungen:
für Leistungen, Absichten, Entwürfe, körperliche Erscheinung,
und langsam, langsam wendet sich das Blatt. Das junge Mädchen reagiert auf den Pfiff eines Bauarbeiters, während sie erstmals auf hohen Hacken die Straße überquert, nicht mehr nur
empört, sondern auch geschmeichelt: Jetzt gehört sie dazu. Zu
den Frauen mit ihrem schwer beschreibbaren, ständig spür-
baren, große Macht verleihenden und starke Vitalität schenken-
den körperlichen Magnetismus. Ganz zu Anfang sind sie ge-
wöhnungsbedürftig, die Blicke völlig fremder Männer, die
plötzlich auf sie niedergehen wie ein Landregen – irgendwann
sind sie ein Element ihrer, des Mädchens, Lebensfreude und
ihres Selbstbewusstseins. Wenn die Blicke nach einigen Jahrzehnten – das Mädchen ist zur älteren Frau geworden – plötzlich ersatzlos entfallen, dann ist das ein Wendepunkt, der mit

Bedauern, manchmal mit Schmerzen überstanden werden muss. Unsere Kultur ist in all diesen Fragen flach und phantasielos. So wie einfühlsame Initiationen vor allem für Mädchen fehlen, gibt es auch keine Zeremonien des Abschieds für Alternde. Stattdessen wird so getan, als gäbe es die erotische Ausstrahlung ein Leben lang im Sonderangebot des nächsten Kaufhauses.

Konsumwünsche, die sich während der Pubertät bei beiden Geschlechtern verstärkt regen, sind schon Antworten auf diese Ausrichtung unserer Kultur – denn im Wesentlichen hat die Geschlechtsreife kaum mit käuflichen Sachen zu tun. Allerdings kommunizieren unsere westlichen Konsumgesellschaften über Moden, Marken und Accessoires, und es ist für Jugendliche zu einer Art Initiation geworden, daran teilzuhaben. Für die Eltern ist der Kaufrausch ihrer Kinder eine schwer zu verkraftende Belastung, vor allem, weil die derzeitig junge Generation die erste ist, die so hohe Taschengeldsummen auf die Märkte trägt.

Als die Eltern heutiger Teenager jung waren, hat man noch auf Fahrräder oder Stereoanlagen gespart, und diese »langlebigen Konsumgüter« sollten jahrzehntelang halten. Heute muss es zum 15. Geburtstag gleich ein Computer mit allen Extras sein, der zwei Jahre später veraltet ist. Es war schon ein Geniestreich, den die mit den Informationstechnologien verbandelten Industrien gelandet haben, als sie ihre funktionell für Privathaushalte überflüssigen Apparate zu heimlichen Spielmaschinen aufrüsteten und sie so schon der Jugend unentbehrlich erscheinen ließen. Mädchen fühlen sich von den virtuellen Welten noch nicht ganz so stark angezogen, aber das wird kommen. Ihr Interesse wächst. Letztlich ist es besser so, weil der Rückstand der Frauen in allen Frage der technischen Geschicklichkeit aufgeholt werden muss – um der weiblichen Selbständigkeit willen.

Wenn Mädchen Geld verpulvern, dann meist für »Klamotten«, für Styling und Kosmetik; die Lust am Ausstaffieren und Verschönern hat sich in den letzten zwanzig Jahren enorm vertieft, und wenn sie zu erlahmen droht, sorgen die entsprechenden Branchen für umgehende Belebung. Das Verlogene bei diesem Theater ist die Botschaft der Modehäuser und Schönheitschirurgen, Schlankheit und Eleganz würden bruchlos zu erhöhter erotischer Befriedigung führen, auch in den Medien wird so getan, als sei der ästhetische mit dem erotischen Erfolg identisch. Das ist absolut nicht der Fall; jeder kennt aus seinem Bekanntenkreis ein Beispiel für ein eher unscheinbares Mädchen, das an jedem Finger zehn Kerle hat, und zwar nicht wegen ihres Entgegenkommens, sondern wegen des erwähnten »gewissen Etwas«. Dieses Zaubermittel kann man, wie gesagt, nicht kaufen. Auf der anderen Seite ist die narzisstische Befriedigung, also die subjektive Zufriedenheit mit der eigenen Erscheinung, ein Kraft- und Spannungsfeld für sich, von dem zwar Übergänge ins Reich der Erotik führen, das aber nicht mit dem Wunsch, dieses Feld zu betreten, gleichgesetzt werden darf.

Es gibt eine sterile Eigenliebe, deren Pflege die Seele eines Mädchens ganz erfüllen kann, ohne dass sie insgeheim auf den Traumprinzen zielte. In der Pubertät sind solche Phasen für Mädchen normal und »gesund« in dem Sinn, dass sie die Annahme des Frauenkörpers erleichtern, ohne gleich das erotische Abenteuer anzubahnen. Dennoch ist ein Übermaß an konsumorientierter Selbstverliebtheit, wie es manche Mädchen aufweisen und wie unsere Medienkultur es unterstützt, letztlich für die Industrien förderlicher als für die Kundinnen, weil sich die Freude am Spiegelbild zum Glück des Begehrtwerdens etwa so verhält wie die Masturbation zum Geschlechtsakt. Es wäre zu wünschen, dass eine neue liebesdurstige Generation unsere masturbierende Kaufkultur entschlossen entsorgt, sprich mit Konsumverweigerung vorangeht. Erste Erfolge hat die No-Logo-Bewegung ja schon vorzuweisen.

Zur Inszenierung von Weiblichkeit und Männlichkeit haben Kostüme und Verkleidung immer dazugehört, das wird auch so bleiben. Das beunruhigendere und mysteriösere Element dieser Inszenierung indessen ist das, was man Aura oder Ausstrahlung nennt – die Wirkung einer Persönlichkeit also, deren Geschlecht jetzt mitspricht. Vor diesem Aspekt ihres Auftritts auf der sozialen Bühne fürchten sich alle Jugendlichen. Denn er hat mit ihrer Intimsphäre zu tun, er ist schambesetzt, und er ist nicht verfügbar, nicht steuerbar, nicht machbar.

Alle Versuche, so etwas wie eine erotische Aura künstlich herzustellen, führen höchstens zur Zerstörung oder Verletzung dessen, was von Natur aus da ist. Man darf spekulieren, dass ein Mädchen in der Pubertät, das erstmals als junge Frau angeschaut wird und auch beginnt, sich so zu fühlen, umso besser in Einklang mit sich selber über alle Schwellen und Hürden hinwegkommt, je länger und ungestörter es hat Kind sein dürfen. Eine ruhige und anregungsreiche Kinderzeit ist eine Kraftquelle für die Stürme der Adoleszenz.

Kapitel 6
Die Inszenierung der Männlichkeit

Wege der Selbstbehauptung

Jahrtausendelang wurde Männlichkeit mit Wehrhaftigkeit gleichgesetzt. Ein »richtiger Mann« war, wer seine Familie, seinen Hof, sein Land verteidigen konnte – entweder mit der eigenen Faust oder mit einer Truppe, die seinem Befehl gehorchte. Für intellektuelle, künstlerisch begabte und fürsorgliche Männer, die es natürlich zu allen Zeiten gegeben hat, boten sich Auswege an: der Klerus, die Pflege der Wissenschaft oder der Schönheit an den großen Fürstenhöfen oder die Heilberufe. Im Grunde aber waren das Notlösungen. Der männliche Mann war der Krieger oder Politiker, der Gutsverwalter oder Pferdezüchter, der im Kriegsfalle ein Kommando übernehmen konnte. Ein Mann musste ein Kämpfer sein. Nach Möglichkeit ein Sieger.

Obwohl unsere Welt heute eine völlig andere ist als die, in der dieses Männlichkeitsideal entstand, wirkt es immer noch fort. Man braucht nur die entsprechenden Genres des amerikanischen Kinos seit Erfindung des Films durchzumustern oder sich ein wenig für die Subkultur der Fußballfreunde zu interessieren, um diese These bestätigt zu sehen. Zwar ist heute auch der menschenscheue Dichter, der weltfremde Mathematiker oder der drogensüchtige Popstar als Männlichkeitsikone möglich. Aber es schadet nicht, wenn er zugleich beweist, dass er sich auch hauen kann. Die Biographen des Sokrates, eines Philosophen, der selbst nichts aufgeschrieben, aber viel gefragt und entwickelt hat, versäumten nie darauf hinzuweisen, dass dieser Geistesheros auch ein sehr tapferer und belastbarer Soldat gewesen sei. Und wenn heute ein Filmschauspieler damit auftrumpfen kann, dass er einen zudringlichen Paparazzo fertiggemacht hat, so wird das seiner Karriere keineswegs abträglich sein.

Seit die westliche Gesellschaften sich, kulturell gesehen, immer stärker pazifiziert haben, hat es der Sport übernommen, kämpferische Tugenden auszubilden und zu prämieren; das Militär ist als Feld der männlichen Selbstinszenierung vergleichsweise zurückgetreten. Es gibt Unterschiede zwischen den einzelnen Ländern – in Deutschland aber ist die Armee kein Sehnsuchtsziel mehr für ehrgeizige junge Männer. Seit den Niederlagen in zwei Weltkriegen sind soldatische Tugenden hierzulande im Kurs gesunken. Ein dramatischer Wandel, wenn man bedenkt, dass früher der »Zivilist« nicht das geringste Ansehen genoss. Vielleicht können ja militärische Niederlagen, auf lange Frist gesehen, heilsame Wirkungen entfalten.

Natürlich hat diese Entwicklung hin zur zivilen Gesellschaft in Deutschland Konsequenzen gehabt für den Inbegriff von Männlichkeit. Die Ikone jedoch, der die meisten Jungen gleichen möchten, wenn sie in die Pubertät kommen und von sich selbst als erfolgreichen Männern zu träumen beginnen, ist kämpferisch geblieben. Die Kampfbereitschaft, die ein Jüngling heute ausstrahlen soll, hat sich auf zivile Bewährungsfelder verlagert, ihren aggressiven Kern aber bewahrt: Der Sport ist für die meisten pubertierenden Jungs das Reich, in dem sie Höchstleistungen erbringen möchten. Aber sie sehen sich auch gern als durchsetzungsfähige Chefs, Direktoren, Regisseure oder Minister. Wenn der Wunschtraum nicht von einer Position in der Hierarchie, sondern eher von der Tätigkeit selbst abgeleitet ist, dominieren Vorstellungen, in denen sich die Jungen als Forscher, Jäger, Tierbändiger, Bezwinger der Meere oder der Berge stark zeigen. Auch Popstars wollen sie gerne werden: Herren über die Emotionen eines großen Publikums. Friedfertige Büro- oder Reparaturberufe beherrschen ihre Träume weit seltener.

In der Pubertät zeigt der *Körper*, wo es langgeht, und er zeigt den Jungen durch das Anschwellen der Muskulatur, durch das Längenwachstum der Glieder und die weithin vernehmliche kraftvolle Stimme den Weg der Selbstbehauptung. Schreibt sich bei Mädchen als am deutlichsten lesbares Zeichen das Fortpflanzungsprogramm in den Körper ein, so ist es bei Jungen der Auftrag, Rivalen aus dem Feld zu schlagen und zu obsiegen.

Mädchen reifen zu erotischen Verlockungen heran, Jungen zu potenziell dominanten Mannsbildern, die möglichst alle für diese Rolle notwendigen Gesten und Reaktionsweisen einüben. Das ist ein gewaltiger Unterschied im Erleben von Pubertät, und es erklärt, warum Mädchen und Jungen während des Eintritts in die Adoleszenz und der ersten Erfahrungen mit ihr oft wenig miteinander anfangen können. Es sei denn, das erotische Interesse schlägt erste Brücken.

Pubertierende Jungen interessieren sich für Waffen. Sie haben das immer schon getan und werden es vermutlich auch in Zukunft tun, weil sie – wie alle Kinder – mit einem spontanen Sinn für symbolische Gehalte von Gegenständen ausgestattet sind. Kindliches Spiel heißt ja: Wir tun jetzt mal so, als ob dieser Sessel hier ein Flugzeug sei. Und dann geht es los. Der Sessel vertritt das Flugzeug nicht nur – er *ist* ein Flugzeug, solange das Spiel dauert. Zu Beginn der Pubertät besitzen alle großen Kinder diese tolle Phantasie noch. In einer Waffe sehen sie ein Symbol für die Selbstbehauptung. Und sie wollen, ja müssen sich deshalb mit ihr beschäftigen. Es war ganz besonders dumm von den friedensbewegten Eltern der achtziger Jahre, ihren Kindern den Umgang mit »Waffen« – wohlgemerkt: Spielzeugwaffen – zum Zwecke einer Friedenserziehung zu untersagen. So mancher kleine Junge murmelte enttäuscht vor sich hin: Aber wir spielen doch bloß … Und dann, wenn die Alten außer Sicht waren, griff er sich einen Kochlöffel und machte damit pengpeng.

In der Pubertät tun es Spielzeugwaffen nicht mehr. Aber auch das Schweizer Taschenmesser, der türkische Krummsäbel, der venezianische Dolch, oder der japanische Ninjutsu-Trainingsstock, die Gottscha-Pistole, das Luftgewehr oder das Samuraischwert werden als Symbole der Selbstbehauptung begriffen und behandelt. Jungen, die Messer sammeln oder Kampfsportarten lernen, müssen keineswegs zu Fremdenlegionären oder Hooligans heranreifen. Sie folgen einfach nur den Aufforderungen ihres Körpers oder ihrer Hormone, die sich in dem Imperativ »Behaupte dich selbst!« zusammenfassen lassen.

Man sollte, als Eltern, den heranwachsenden Jungen alle Arten von Sublimierung ihres Durchsetzungswillens gestatten, auch wenn »Waffen« im Spiel sind – vom Eishockey bis zum Fechten. Es geschieht auch, dass Mädchen sich von Kampfsportarten angezogen fühlen, schließlich kreisen auch in ihrem Blut männliche Hormone, und außerdem ermutigt unsere auf individuelle Freiheit erpichte Kultur das Lockern aller Grenzen, auch der des Geschlechts.

Mädchen werden – nicht überall, aber insgesamt gesehen doch in wachsendem Maß – dazu ermutigt, ihren Lebensentwurf nicht mehr an den eines Mannes zu binden, also auch ihre eigenen Versionen von Selbstbehauptung auf dem Markt der Images, Ikonen und Moden vorzustellen und durchzusetzen, und sie greifen bei ihrem Experimenten gern mal auf die Selbstdarstellungsmethoden des anderen Geschlechts zurück. Ob es dabei endet, dass Frauenfußball irgendwann mal genauso attraktiv sein wird wie »die schönste Nebensache der Welt« als Spiel von Männern, sei dahingestellt. Möglich wäre es. Aber ich glaube es nicht.

Denn man darf nicht vergessen, dass jede kulturelle Leistung, auch die Selbstdarstellung der Geschlechter, auf einem Naturfundament spielt, das sich nur mit evolutionärer Langsamkeit und in manchen Hinsichten überhaupt nicht ändert. Wir Menschen können uns jeden Tag neu erfinden, uns im Reagenzglas fortpflanzen und mit künstlichen Flügeln über dem Boden fortbewegen – wir werden wahrscheinlich immer Luft zum Atmen brauchen, um überhaupt zu existieren. Auch dass die Natur bei der weiblichen Ausgabe der Spezies Homo sapiens eine Aggressionsbremse eingebaut hat, um das Überleben der Art, sprich die Pflege der allein nicht lebensfähigen Neugeborenen, abzusichern, lässt sich letztlich nicht hintergehen. Wozu auch? Im Kampf der Geschlechter hat ihre größere Kraft und physische Aggressivität den Männern bislang einen entscheidenden Vorteil verschafft. Das muss aber nicht so bleiben. Je mehr sich die Fundamente der menschlichen Gesellschaft von der Gewalt zum Recht und von der Natur zur Kultur verschieben, desto höher steigen die Chancen der Frauen auf einen Machtzuwachs.

Sexualität im Kontext von Männerbündelei

Einstweilen sieht sich der heranwachsende Knabe auf fast archaische, vorsintflutliche Weise mit der Imponiersucht seines reifenden Körpers konfrontiert: die breiten Schultern, der sich rundende Bizeps und Trizeps, die sich härtenden Oberschenkelmuskeln, die Fäuste, das Barthaar, all das will einschüchtern wie das gesträubte Fell eines Katers, der sich zum Angriff bereit macht.

Der erigierte Penis gehört nicht mehr zum Waffenarsenal eines Menschenmännchens, das gerade geschlechtsreif wird und sich im Schmuck seiner Kraft und seines Machtanspruchs auf die soziale Bühne begibt, aber die symbolische Bedeutung des männlichen Gliedes als Waffe und (einstiges) Abschreckungsinstrument ist jedem heranwachsenden Jungen auch heute noch unmittelbar klar. Er muss gar nichts darüber gelesen oder gehört haben, er fühlt es – und fühlt sich seltsam dabei. Sein Schwanz gehörte bislang allein ihm, war ein Körperteil in guter Griffnähe und von besonderer Empfindsamkeit. Jetzt plötzlich soll er mehr ausdrücken: die Kraft des Jungen, seine Fähigkeit, andere Jungen auszustechen und seine Chancen beim anderen Geschlecht. Den meisten Jungs sind diese Implikationen nicht geheuer, sie drängen sie zu Anfang einfach weg, prüfen sie dann angstvoll und beschämt. Aber keiner kommt darum herum, sie als solche zu akzeptieren; plötzlich ist der Penis ein Ding, das mit anderen zum Vergleich steht und bei Nichtgenügen das ganze Leben eines Jungen verpfuschen kann.

Die Nötigung zum Wettbewerb macht Schluss mit den hoffnungsvollen Erwartungen des Pubertierenden, die Adoleszenz sei seine ganz persönliche Privatangelegenheit; beschämt findet er sich auf einer Bühne wieder, wo Fremde seine Tauglichkeit für den Lebenskampf und die Ausmaße seines Gliedes gleichsam durch den Hosenschlitz hindurch abzuschätzen versuchen. Schamerfüllt und zornentbrannt bedeckt er sich mit irgendeinem viel zu weiten Kleidungsstück oder schließt sich in seinem Zimmer ein. Bis er merkt, dass sein Körper selbst ihn zum Paradieren, Auftrumpfen und Kräftemessen drängt. Es hilft nichts, er muss ihm gehorchen. Er spielt Fußball, Basketball, Billard, Tennis. Er begibt sich immer wieder in Wettkampfsituationen, mit und ohne Instrument, und auf der Klassenreise der 7b beteiligt er sich am Wettpinkeln der Jungen – oder war es ein Wettwichsen?

Auch die Sexualität wird, genauso wie bei den Mädchen, von Anfang an in ein Wettkampfmuster eingetragen. Sie ist noch gar nicht richtig aufgewacht, da steht sie schon im Dienste der Konkurrenz, der ewigen Fragen nach den Gewinnern und Verlierern, nach der Nummer eins und den »ferner liefen«, nach dem Alphatier und der Herde. Während bei den Mädchen der Schreck darüber, dass ihr Intimstes, ihre Erotik, nach außen gestülpt und den Blicken aller preisgegeben wird, die Pubertät so heikel macht, ist es bei den Jungen der Schock, dass ihr Persönlichstes, ihre Sexualität, der männlichen Rivalität untergeordnet werden soll. Diese Unterordnung gelingt nie ganz, sie hört aber auch nie ganz auf. Sie hat die bizarre Konsequenz, dass Sex überhaupt bei den meisten Jungen und Männern schon allein deshalb einen homoerotischen Unterton behält, weil er sich im Kontext der Rivalität unter Jungs erstmalig regt. Manche Jungen wehren sich entschieden gegen diese Verklammerung ihrer Sexualität mit Bildern von männlichem Ehrgeiz und Wettbewerb, indem sie sich von den Männerbündeleien der Jugend, wie sie üblicherweise rund um Fußballclubs, Amateurbands und Straßengangs entstehen, fernhalten und zielbewusst die Gesellschaft von gleichaltrigen Mädchen suchen. Aber nur wenige verfügen so früh über einen solchen Eigenwillen.

Die meisten Jungen also sind zu einer Art Homosexualisierung ihres noch unreifen Eros, mit der eine resolute Abwertung der Weiblichkeit einhergeht, regelrecht verdammt. Dass der Anteil männlicher Homosexueller an der Gesamtgesellschaft so viel höher ist als der entsprechende Prozentsatz lesbischer Frauen, hat bestimmt hier eine Ursache. Denn bei Mädchen ist die Subkultur, innerhalb derer sie sich unter gleichaltrigen Geschlechtsgenossinnen rivalisierend ihrer Sexualität vergewissern, sehr viel schwächer ausgeprägt und weniger mit der Kontrolle verbindlicher Normen beschäftigt.

Es gibt sie auch, die Subkultur der pubertierenden Mädchen, aber sie bleibt sozusagen im Vorfeld stecken. Denn zur Entscheidung einer erotischen Rivalität unter Frauen gehört der seine Wahl treffende Mann – wie einst Paris, der unter drei Göttinnen die schönste küren musste. Und der ist in der jeweiligen Alterskohorte seines Entwicklungsrückstands wegen noch nicht mit von der Partie.

Ist es bei Männern anders? Werden nicht auch sie, nach all dem Imponiergehabe, dem Pfauenradschlagen und den Dominanzgesten schließlich von einer Frau gewählt – oder eben nicht? Ja, es ist genauso. Aber es ist insofern komplizierter, als die Geschlechtsreife der Männer einen Umweg einschließt, der über das Sichmessen mit anderen Männern führt und selbst nicht unmittelbar erotisch konnotiert ist. Solange dieser Prozess der kämpferischen Standortbestimmung von Jungen unter Jungen noch nicht abgeschlossen ist, trauen sich die Jünglinge auch nur selten eigene erotische Wege zu. Es ist, als unterstellten sie sämtlichen für sie in Frage kommenden Mädchen, sie seien einzig und allein bereit, einen schon »kampferprobten« Jungen zu erhören. So mischt sich auf eine öfter mal unheilvolle Weise die soziale Reifeprüfung als Erlernen eines erwachsenen »Miteinander« unter Männern mit der sexuellen Reifung als Bereitschaft, das andere Geschlecht zu verstehen, zu umwerben und für sich zu gewinnen.

Bei manchen Männern bleibt die sexuelle Erregung bis zum Ende ihrer Tage mit der – wirklichen oder imaginierten – Situation der Rivalität verknüpft. Eine Frau, die sie nicht wenigstens in ihrer Phantasie einem anderen wegnehmen oder deren Willen sie nicht brechen, entflammt sie auch nicht. Es war insofern keine gute Idee der Evolution, die männliche Pubertät mit einer Doppelaufgabe zu belasten: der kämpferischen Auseinandersetzung mit der »Brüderhorde« um Anerkennung, Ressourcen und – in letzter Konsequenz – um die Frauen einerseits und andererseits mit der sexuellen Reifung als Sehnsucht nach dem weiblichen Geschlecht und als Vorbereitung auf die Erzeugung einer neuen Generation und der Fürsorge für sie.

Die Mischung zwischen Kampf und Eros, mit der sich die Jungen herumplagen müssen, lässt ihnen in ihrer Scheu vor Sex und Erotik immer den Ausweg in Kampf, Spiel und Sport, sprich zu den anderen Boys; insofern haben sie es besser als die Mädchen. Es bleibt ihnen dann aber die Extraaufgabe, die »Erotik« des Kampfes von der Erotik des Geschlechtes wieder zu scheiden und die getrennten Impulse als zwei *verschiedene* Bereiche in ihrem seelischen Erleben und ihrem Tun und Trachten unterzubringen. Das ist gar nicht so leicht, denn während der männlichen Pubertät sind beide Formen von Erotik, die homosexuelle des Kampfes und die heterosexuelle der Werbung, heillos miteinander verstrickt, und auf der Bühne, auf der die junge

Generation ihre Männlichkeit inszeniert (und inszenieren muss), dominiert, je jünger der Novize noch ist, die Kampfeslust. Je älter die Jungen werden, desto unbeirrter und selbstbewusster tritt (bei den meisten) die heterosexuelle Erotik in den Mittelpunkt und zähmt und zivilisiert die Kampfeslust.

Wer definiert Männlichkeit?

Der Film »Billy Elliot« ist ein sprechendes Beispiel für die Härte des Weges zur Reife, den ein Junge entlangwandern muss. Billy, zwölf, will tanzen. Nicht einfach so und irgendwie, sondern professionell, klassisches Ballett. Eine Lehrerin entdeckt zufällig sein Talent und unterrichtet ihn heimlich. Als der Vater dahinterkommt, gibt es ein Riesendonnerwetter. Billy ist der Sohn einer englischen Bergarbeiterfamilie, hier herrschen strenge Regeln. Ballett, belehrt ihn der Vater, ist etwas für Mädchen. Ein Junge spielt Fußball oder er boxt. Wer als Junge Ballett macht, ist schwul, basta. Billy kämpft heldenhaft für seinen Weg. Als sein Vater ihn erstmals tanzen sieht, ein Furioso aus wilden Sprüngen und Figuren, gibt er nach. Später ist die ganze Familie stolz auf den Tanzstar, den sie hervorgebracht hat. Zuerst aber muss Billy den geballten Widerstand von Vater und Bruder durchbrechen. Ein Mädchen kommt auch vor. Die Tanzlehrerin hat eine Tochter in Billys Alter, und die hat es auf ihn abgesehen. Aber Billy weist sie zurück. Man spürt, dass es ihm leidtut. Eigentlich hätte er schon Lust, mit der Kleinen ein bisschen was anzufangen, aber etwas anderes ist wichtiger: Er muss erst den Männern seiner Familie klarmachen, dass Tänzer ein männlicher Beruf ist …

Was dieser Film lehrt, ist, dass die Pubertät eines Jungen in unserer Kultur Männersache ist. Erst muss der Pubertierende den anderen Jungs und Männern seine Männlichkeit beweisen, bevor er sie den Mädchen beweisen darf. Diese »Doppelbelastung« ist für die männlichen Heranwachsenden keine Kleinigkeit.

Alle Rituale, die wir als Formen der Initiation für Jungen kennen, sprechen davon, dass Männlichkeit etwas ist, worüber andere Männer entscheiden und was der Natur und dem durch sie erneuerten und verwandelten Körperausdruck allein nicht überlassen werden darf. Der Forscher David Gilmore hat in seinem Buch »Mythos Mann. Wie Männer gemacht werden. Rollen, Rituale, Leitbilder« den Schluss gezogen, dass »wahre Männlichkeit ein unsicherer und künstlicher Zustand ist, ständig bedroht und nur durch harte Prüfungen zu erkämpfen.«

Viele Initiationsrituale in primitiven Gesellschaften sind lebensbedrohlich – und ob es »bei uns« so völlig anders ist, muss man bezweifeln, wenn man das Pathos in die Betrachtung einschließt, mit dem die männliche Jugend seit der Neuzeit zu den Waffen gerufen wurde und wie riesig die Menschenopfer waren, welche die großen Kriege des letzten Jahrhunderts insbesondere unter der jungen männlichen Bevölkerung gefordert haben.

Heutzutage sind es die wilden und blutigen Rituale, denen die Jugendlichen aus eigenem Antrieb frönen, der Extremsport, die Hooligan-Szene, Mutproben wie Bungee-Springen und S-Bahn-Surfen, die gewollten Stigmatisierungen in der Jugendkultur durch Piercing, Branding etc.

Die Religionswissenschaftlerin Ulrike Brunotte stellt in ihrem Text »Ritual und Gesellschaft« die Frage, »ob es sich bei der zunehmenden Attraktivität von Relikten aus dem Inventar der Initiationsrituale, die zum Teil mit dem Rückzug in exklusive Gemeinschaften, Stadtgangs und Banden einhergeht, vielleicht um eine dramatisch zugespitzte Form der Tendenz zur Tribalisierung (Aufbau einer Stammeskultur) handelt, eine Form meist männlich-jugendlicher Pseudo-Ethnisierung, die sich in den

modernen Urwäldern, Sportstadien und Freizeitarenen gut inszeniert zur Schau stellt.«

Die Verwandtschaft zwischen Moderne und vorgeschicht-
licher Zeit ist auf dem Felde der Pubertätsriten jedenfalls unver-
kennbar und nicht einmal verwunderlich, da der Zugriff der
männlichen Autorität auf die Knaben und die Vorbildfunktio-
nen des Kämpfers bis heute ungebrochen sind und fast in den
Genen zu stecken scheinen – so schwach fällt die Gegenwehr
der heranwachsenden Kinder aus. Billy Elliot immerhin hat seine Ballett-Option gegen den knallharten proletarischen Männ-
lichkeitskult seines Herkunftsmilieus durchgesetzt. Wenn man
ihn in der Schlussszene dann auf der Bühne sieht, erkennt man,
dass die Figuren, die ein Balletttänzer zu tanzen hat, nichts Weiches an sich haben, sondern die Männlichkeit als sprungbereite
Aggression sogar auf die Spitze treiben. Das ist so, obwohl viele
Tänzer in der Tat erotisch das eigene Geschlecht vorziehen.

Ritualforscher haben sich darüber gewundert, wie wenig
durchgeformt und »unsportlich«, das heißt fern von Gefahren-
herden, die Initiationen der Mädchen in primitiven Kulturen
ablaufen. Vielfach wird lediglich der Beginn der Menstruation
durch irgendeine Maßnahme, sei es durch ein Fest, eine Isolierung, eine Einkleidung, überhöht – viel mehr findet nicht statt.
Vielleicht ist der Grund ganz einfach: Was Frausein heißt, diese
Definition kann man der Natur überlassen. Sie lehrt das Mädchen genug. Wenn es sein erstes Kind geboren hat, weiß es alles,
was es wissen muss. Die Kultur fügt einen ästhetischen und moralischen Überbau hinzu, den sich das Mädchen während der
Pubertät aneignet. Inhaltlich aber braucht die Kultur über das
Frausein nicht viel auszusagen.

Anders bei der Männlichkeit. »Bedroht« und »künstlich« wie
sie ist, unterliegt sie auch ständigen Revisionen, Neudeutungen
und Wandlungen, und so muss die ältere, noch an der Macht
befindliche Männergenerationen mit drastischen Maßnahmen
(= lebensbedrohenden Initiationsriten wie Sprünge von einem

Wasserfall) dafür sorgen, dass das überkommene Männlichkeitsbild intakt bleibt. Der Anteil des Zwanghaften und Gewaltsamen in allen Männlichkeitsritualen, seien es überkommene primitive oder an alte Traditionen angelehnte moderne, erinnert daran, dass Männer eigens »gemacht« werden müssen, dass sich hier weit weniger von selbst versteht als bei den Frauen.

Schon der Bruch innerhalb der Familienkonstellation, den der Junge zu vollziehen hat – er muss sich von der Mutter lösen und sich der Männerwelt zuwenden –, ist viel schärfer als die vergleichsweise undramatische Ablösung beim Mädchen. Sie darf mit der Mutter identifiziert bleiben, muss nur statt Papa, Onkel und Bruder gleichaltrige Jungen begehren lernen. Der Junge muss sein erstes Liebes- und Identifikationsobjekt, die Mutter, ganz aufgeben, der Kampf mit den eigenen Gefühlen und die Notwendigkeit »rauszugehen« setzen ihm viel stärker zu. Er muss sich »immer regen und etwas tun«, heißt es in Thomas Manns Erzählung »Der Erwählte«. In »Billy Elliot – I will dance« wird dieser Aspekt der Abwertung mütterlicher Autorität gestreift. Als der Film beginnt, ist Billys Mutter lange tot. Was sie ihm immer noch bedeutet, zeigen Szenen, in denen sie ihm erscheint und er mit ihr in Gedanken spricht. Dann tritt, als mütterliche Ersatzfigur, die Ballettlehrerin in sein Leben und zeigt ihm den Weg. Sie wird vom Vater rüde beiseitegeschoben, erst recht, als der den anfangs als unmännlich verachteten Beruf für seinen Sohn mit anderen Augen sieht. Der Vater wird sich jetzt selbst um Billys Ausbildung kümmern, die Lehrerin, obwohl sie es ja war, die den Jungen die ersten Schritte lehrte und seinen Ehrgeiz weckte, wird regelrecht kaltgestellt.

Sexualität zwischen Herrschaft und Unterwerfung

Es ist ein Unterschied, ob ein Junge während der Pubertät lernt oder lernen soll, Männlichkeit zu inszenieren, als Mann zu posieren und zu überzeugen, oder ob er dazu gedrängt wird, die Weiblichkeit, die ihn geboren und geliebt und an die er sich angelehnt hat, zu negieren und abzuwerten. Häufig wird oder wurde das erste Ziel mittels des letzteren erreicht oder zumindest unterstützt: Der Knabe sollte durch eine betonte Abkehr von der Welt der Frauen seine Bereitschaft zeigen, ein Mann zu werden. Dazu passte nicht, dass er mit gleichaltrigen Mädchen poussierte, und wenn er noch so viel Lust dazu hatte. Die Zeit der Flirts und erotischen Spiele musste warten. Das alles ging leichter, wenn man sich sagen konnte: Mädchen sind eh nichts wert und Weiber generell unterbelichtet. Je roher und primitiver und gewaltverhafteter eine Kultur oder Subkultur ist, desto stärker verlässt sie sich auf diese Abwertungsstrategien.

In Billy Elliots patriarchalischem Milieu ist das Männlichkeitsideal noch ehern und die Neigung ungebrochen, Kunstformen wie den Tanz als weiblich abzuqualifizieren. Je pluralistischer eine Kultur ist, je mehr Abweichung und Individualität sie zulässt, desto leichter bröckeln auch ihre Männlichkeitsikonen. In der verfeinerten, urbanen Kultur von heute wird ein Junge, der Ballett lernt, fallweise spontan bewundert, und für die gesamte Population der heranwachsenden männlichen Jugend besteht heute keine mit Drohungen seitens der Väter gestützte Nötigung mehr, sich aggressiv von der Mutter abzugrenzen.

Trotzdem geben auch die sanftesten Jugendlichen ein paar Zeichen in Richtung traditioneller Männerwelt. Schließlich müssen sie sich tatsächlich aus der meist weiblich dominierten Familienwelt herausarbeiten und Eigenschaften erwerben, die es ihnen erleichtern, im männlich dominierten Berufsleben zurechtzukommen. Also geht es bei ihrer »Initiation« in der Pubertät nicht nur darum, auf den Spuren uralter Bräuche das eigene Geschlecht zu erhöhen und das andere zu erniedrigen, sondern auch um ein ganz praktisches Fitnessprogramm für das spätere Leben.

Was die Arbeitsteilung betrifft und die Chancen für junge Leute, durch Schule, Hobbys, Jugendclubs usw. ihre Neigungen zu entdecken und auszuprobieren, so finden sich vor allem in den großen Städten eine Menge Angebote; insofern allerdings die unterschiedlichsten Liebhabereien, denen Jugendliche frönen dürfen und sollen, den Geschlechtscharakter betonen oder konturieren sollen, sind diese Angebote diffus geworden. Ist Tischtennis männlich? Bei Fußball fällt die Antwort leicht, bei Ballett auch, aber wie wir gesehen haben, gibt es Ausnahmen, deren Akzeptanz außerhalb des britischen Bergarbeitermilieus mittlerweile hoch ist.

Schwieriger ist für die Jugendlichen, dass sie sich überhaupt bei der Entscheidung für irgendeine Aktivität immer fragen müssen, ob sie ihrer Männlichkeit damit einen Gefallen tun oder nicht.

Ein Junge, der tanzen will, will erst mal einfach nur tanzen, und plötzlich muss er sich damit auseinandersetzen, ob seine Lust, seine Begabung, sein Ehrgeiz, seine Träume zu seinem Geschlecht passen – ein Attribut seiner selbst, das eben erst dabei ist, ihm zuzuwachsen, das er noch nicht einmal richtig kennt und schon verteidigen beziehungsweise allem anderen überordnen soll. Mädchen haben es da leichter, weil man ihnen, wenn sie einen »männlichen« Zeitvertreib wählen wie zum Beispiel Bodybuilding oder Motorradfahren, ein solches Hobby als apartes Spiel doch eher zubilligt. Mädchen oder Frauen, die sich männliche Attribute zulegen, also zum Beispiel Krawatten tragen oder Zigarren rauchen, können durch so eine Maskerade sogar ihre Weiblichkeit gleichsam paradox unterstreichen, während Kerle in Röcken entweder nur derb-komisch sind wie Tony

Curtis und Jack Lemmon in »Some like it hot« oder als Schwuchteln gelten.

Der Abwehrzauber, der entfaltet wird, damit das Kind in sein biologisches Geschlecht hineinwächst und nicht etwa Eigenarten des »falschen« Geschlechtes in sich aufnimmt, ist jedenfalls bei den männlichen Jugendlichen ungleich ausgefeilter und obendrein stärker mit Gewalt legiert als bei den weiblichen. Wie kommt das?

Die Antwort ist einfach und verzwickt zugleich. Soweit wir kulturgeschichtlich zurückblicken können und das »Erbe« vergangener Traditionen in uns tragen, waren die Geschlechtertrennung, Geschlechterordnung und Geschlechterspannung immer auch eine Frage von Herrschaft. Der Geschlechtsakt selbst galt als Unterwerfungsakt der Frau durch den Mann, und all die komplizierten, gewaltgestützten Rituale zur Erzeugung und Vergewisserung von Männlichkeit sollten nicht nur sicherstellen, dass eine starke männliche Jugend den Feind von den Toren des Gemeinwesens vertreiben könne – sie dienten auch der Erneuerung einer Oben-unten-Struktur im Geschlechterverhältnis (dabei natürlich der Möglichkeit, die eigenen Gene weiterzugeben).

Wir sollten nicht glauben, dass uns das alles nichts mehr anginge, weil wir in einer neuen Zeit leben, in der Chancengleichheit ein wichtiger Wert ist. Vieles ist besser geworden, ein wahrer Fortschritt vor allem das inzwischen weit verbreitete Bewusstsein von der Gleichwertigkeit der Geschlechter.

Aber die Spuren des Herrschaftsverhältnisses, in das die menschliche Geschlechtlichkeit seit Äonen eingelassen war – und in mancher Hinsicht bis heute ist –, sind immer noch ersichtlich, gerade in den Lebensformen der Jugend, die aus der Kindheit in die Erwachsenenwelt hineinwächst. Dass der Geschlechtsakt einen Unterwerfungsakt darstellt, ist eine keineswegs ausgestorbene Vorstellung. Sie ist verantwortlich für die Verachtung der Homosexuellen in primitiv gestrickten Subkulturen wie etwa bei den Rechtsradikalen oder manchen Streetgangs. Sie ist auch der Grund für die Verachtung eines promisken Mädchens. Ein Mann, der sich »unterwerfen« lässt, also die »passiv«-weibliche Rolle während des Geschlechtsaktes einnimmt, kann nichts wert sein – genauso wenig wie ein Mädchen, das diese Rolle außerhalb der Obhut einer irgendwie legitimierten Beziehung zu einem Beschützer wieder und wieder spielt.

Die Verklammerung der sexuellen Reife mit den sozialen Anforderungen der Selbstbehauptung, der Reibung an Mustern von Herrschaft und Gewalt, macht die Pubertät insbesondere für Knaben so heikel, so überkompliziert und so wenig geeignet für ein glattes Durchkommen. Die Freude an der Erotik wird immer durch die Bitterkeiten der Rivalität gehemmt, der Spaß an der gelingenden Selbstbehauptung durch die Angst vor der unheimlichen Sexualität getrübt.

Wenn der Knabe zu Beginn der Pubertät vielleicht eine spontane Lust verspürt, ein Mädchen zu berühren, lernt er, dass er sich damit unmöglich macht, weil jemand ganz anderes dazu berufen sein soll, seine keimende Männlichkeit zu begutachten: die prüfende Väter-Riege und die johlende Brüderhorde. Und folgsam lässt er sich auf die zeittypischen Mutproben ein – zu denen vielleicht die Verächtlichmachung eines Mädchens, aber (noch) nicht deren Verehrung gehört.

Eigentlich will die männliche soziale Umgebung den pubertierenden Jungen nur der Obhut der Mutter entziehen – die ihm angeblich nicht zeigen kann, was es heißt, ein Mann zu sein.

Unter der Hand aber nehmen die Männer ihn damit auch den Mädchen seiner Generation weg und unterwerfen ihn einer lang anhaltenden Feuertaufe, während der er seine ersten pubertären Träume vergisst und es lernt, zu herrschen oder sich unterzuordnen. Gewalt oder die Drohung mit ihr ist dabei immer im Spiel. Und wenn der Junge Jahre später seine Nase wieder in die Mädchenzimmer stecken darf, kann er von Glück sa-

gen, wenn er seine Sexualität aus der Verklammerung mit den
Imperativen von Herrschaft und Unterwerfung gelöst hat.

Nur Gäste im Reich der Erotik?

Es ist eigentlich nicht recht einzusehen, warum diese urzeitli-
chen Muster immer noch herrschen. Tun sie es denn? Allgemein
ist ihre Verbindlichkeit nicht mehr. Die Zukunftsträume eines
Billy Elliot werden wahrscheinlich heute noch in der Mehrzahl
der Fälle mit ein paar Ohrfeigen erledigt. Der Billy des Films
immerhin überzeugt die väterliche Autorität und stimmt sie
um. Das ist ein gewaltiger Fortschritt. Den hat die westliche
Kultur auf vielerlei Feldern vollzogen. So wie sie den Mädchen
heute große Anteile der männlichen Berufswelt öffnet, gestattet
sie den Jungen »weibliche« Verhaltensweisen; dass männliche
Jugendliche zu Schminke und Parfüm greifen, gilt heute nicht
mehr als verwerflich oder »schwul« im Sinn von unmännlich,
was nicht nur die entsprechenden Industrien begrüßen, sondern
auch – die Mädchen. Denn dadurch, dass Jungen straflos ähn-
liche Strategien verfolgen, um beim anderen Geschlecht anzu-
kommen, werden diese Strategien aufgewertet, verliert sich der
Ruch der Oberflächlichkeit, Tändelei und Lüge, der den weiblichen Verführungskünsten so lange anhaftete. Allerdings weiß
niemand, ob diese Feminisierung der männlichen Adoleszenz
anhält oder ob dieser Trend schon bald wieder einer rigiden
Rollentrennung und Geschlechterordnung weicht. Immer wenn
die Zeiten unsicher werden, wächst das Bedürfnis nach Ordnung – und das kann sich sehr wohl auch auf das Geschlechterverhältnis auswirken.

Die magische Welt der Erotik, des Erlkönigs und seiner Töchter (vgl. Kapitel 1, S. 32 ff.), wird von beiden Geschlechtern be-

wohnt, sie ist eine Welt der Spannung. Den freien Eintritt während der Pubertät aber haben nur die Mädchen – wodurch sie sich oft genug überfordert und schließlich einsam fühlen. Die Jungen dürfen nicht einfach so hinein, wenn sie ihren ersten Samenerguss gehabt haben und ihnen gerade die Stimme bricht – sie müssen zuvor in einem anderen Sinne Männer werden: als Kämpfer. Folglich ist das Reich der Erotik weiblich. Männer, die ihr Leben der Liebe weihen, gelten als schwach, solche, die ihrer körperlichen Erscheinung ein hohes Maß an Aufmerksamkeit schenken, nach wie vor als weibisch oder schwul.

Dieser Appell der männlichen Autorität an die pubertierenden Knaben, der Männerwelt, die keine Welt der Erotik, sondern eine des Kampfes ist, zur Verfügung zu stehen und womöglich lebenslang in ihr zu verbleiben – nur höchstens mal als Gäste im Reich der Erotik vorbeizuschauen –, ist immer noch weltweit mächtig, so deutlich sich in den Metropolen des Westens schon alternative Spielarten der Inszenierung von Männlichkeit abzeichnen.

Im deutschen Fernsehprogramm, in der fiktionalen Abteilung, kann man fast jeden Abend eine Szene sehen, die diese Schieflage spiegelt.

Der Held einer Serie ist Kriminalkommissar, Bergführer, Unternehmer oder Unfallchirurg. Er hat eine Frau oder eine Freundin. Diese Frau beschwert sich in einer der ersten Szenen, dass er und sie kaum noch etwas zusammen erleben, dass beide schon dreimal ihren Urlaub verschoben hätten, weil er beruflich unabkömmlich sei. Der Held liebt seine Frau. Er beruhigt sie. Und er verspricht ihr eine großartige Reise und als Einstimmung ein Essen zu zweit. Heute Abend noch. Dann geht er – um Gangster zu jagen, Konkurrenten zu schlagen und Unfallopfer zusammenzunähen. Es wird ein harter Tag. Gerade als er nach Hause gehen will, wird noch ein Opfer eingeliefert. Nur er, als Spezialist, ist imstande, hier zu helfen. Daheim sitzt die Frau einsam an einem für das Candle-Light-Dinner hergerichteten

Tisch und weint. In derselben Nacht noch wird sie zu ihrer Mutter ziehen …

Diese Szene dürfte in hundertfacher Variation vorliegen. Sie spiegelt besser als viele Umfragen oder Statistiken, wie unterschiedlich sich Männer und Frauen an die Anforderungen ihres erotischen Lebens gebunden fühlen.

Diese Unterschiede prägen sich schon während der Pubertät aus. Die Art, wie die herrschende Männlichkeit dem Knaben während seiner ersten somnambulen Schritte auf das Reich der Erotik zu in den Weg tritt und ihn gleichsam abwirbt in die raue Welt des Kampfes, ihn wegzerrt von Venus zu Mars, hat Geschichte, Methode und Wirkung.

Es muss vielleicht nicht immer so bleiben. Je stärker eine pazifizistische Haltung unsere Gesellschaft durchdringt, desto permissiver könnte sie auch mit ihrer heranwachsenden männlichen Jugend umgehen, ihr desto direkter den Weg zum anderen Geschlecht zeigen. Auch dann wäre Pubertät nicht einfach. Denn Sexualität ist zunächst das große Unbekannte, und wie die Mädchen müssten die Knaben es ertragen, dass die äußeren Merkmale ihrer Geschlechtsreife gleichsam benotet und als Ausweise zukünftiger erotischer Macht abgeschätzt werden. Der Fluchtweg mitten hinein in die schützende, erotikferne Brüderhorde stünde nicht mehr offen. Dennoch wäre eine solche parallele Geschlechtsreife bei Mädchen und Jungen wahrscheinlich förderlicher für beide. Die Mädchen wären während ihrer Pubertät nicht so einsam und so heillos ihren Träumen überlassen, die Jungen hätten nicht mehr die Last mit dem Entwirren ihrer sexuellen von ihren Dominanzbestrebungen.

Aber wahrscheinlich ist so eine harmonische Vision ein pures Phantasma. Die Jugendlichen selbst bewegen sich nicht darauf zu. Sie bevorzugen sogar in Milieus, die ihnen jede Menge ziviler Selbstdarstellungsmuster nahelegen, vom Theaterspiel bis zur sozialen Aktivität im Stadtteil, mehrheitlich die kämpferische Pose – sei es in der Gang, durch Bevorzugung bestimmter

Filme oder Sportarten, sei es durch direkte Ausübung von Gewalt.

Während die Auspizien rein äußerlich günstig sind – relativer Wohlstand und innerer Frieden –, wenden sich viele Jugendliche den gewaltförmigen Ritualen primitiver Stämme zu und gefallen sich als Extremsportler und Hooligans. Sicher, es gibt auch die anderen, die sich schon früh eine Familie wünschen, den Wehrdienst verweigern und einen pflegerischen Beruf anstreben. Aber als cool gelten sie nicht. Und die Mädels laufen ihnen auch nicht nach. Sie bringen es nicht zum Leitbild. So sehr man es bedauert, man muss es zur Kenntnis nehmen. Und fragt sich dann mit einem gewissen Frösteln, ob die Zivilisierung der Kampfmaschine Mann durch die Zaubermittel der Erotik je gelingen kann.

Kapitel 7
Die Peergroup

Verlagerung des Lebensmittelpunktes

Es wird gern so getan, als sei die Gruppe Gleichaltriger, zu der sich pubertierende Kinder hingezogen fühlen und in der sie ihre Zukunftsvorstellungen entwickeln, ein Produkt unserer Zeit. Das ist aber nicht so.

Nur das Wort »Peergroup« ist neu, die Sache hingegen uralt. Seit es Schulen gibt, Internate, Konvikte, Lyzeen, Jugend- und Sportclubs, hatten Heranwachsende die Möglichkeit, sich mit anderen Jugendlichen zusammenzutun, um Sorgen und Nöte zu teilen, Freundschaften zu pflegen, Abneigungen zu entwickeln, sich in Hierarchien einzufügen und die allfälligen Wettbewerbe durchzustehen. In vormodernen Zeiten sorgten Zünfte, Klöster, Armeen und Kirchengemeinden für entsprechende Gelegenheiten. Jugendliche waren für Jugendliche stets hochwichtige Partner, so wie Kinder für Kinder. Und was die Eltern betrifft, so mussten sie immer schon die nachwachsende Generation als Konkurrenten um den Einfluss auf Herz, Sinne und Geist der Kinder anerkennen. Dabei waren die Möglichkeiten für Jungen, sich unter Gleichaltrigen zu tummeln und zu bilden, stets besser ausgebaut als für Mädchen. Erst heutzutage zeichnet sich annähernd Gleichheit ab.

Vor ein paar Jahren machte ein amerikanisches Buch Furore, in dem nachgewiesen werden sollte, dass es nicht die Eltern sind, die ihre Kinder erziehen, sondern die Peergroup. Da es sehr schwer ist, erzieherische Einflüsse zu messen, kann man auf diesem Felde alles Mögliche behaupten und belegen, ohne auf Plausibilität zu verzichten, aber auch ohne letzte Beweise vortragen zu müssen. Vielleicht ist es auch egal, wodurch die Kinder am nachhaltigsten geprägt werden – durch die Eltern oder die Kumpels. Das Wichtigste ist, dass sie lernen, ihr Leben zu lieben. Und da es Menschen gibt, die dieses »Erziehungsziel« trotz harter Entbehrungen in ihrem Leben locker erreicht haben, während andere, denen es nie an etwas mangelte, scheiterten, muss man schließen, dass Erziehungsabsichten und Peergroup-Prägungen nur Elemente sind aus einer unübersichtlichen Input-Menge, der die Seele eines Kindes ausgesetzt ist und deren Angebote sie nach ihren eigenen Gesetzten annimmt, ablehnt und verarbeitet. Man kann ein Kind nicht »erziehen«, so wie man aus einem Marmorblock eine Skulptur herausmeißelt. Was aus dem quirligen kleinen fragenden Etwas der ersten Jahre mal für ein Mensch wird, können weder Eltern entlang ihren Erziehungsprogrammen steuern noch die Peergroup entlang ihren Entwicklungsreizen. Insofern ist es egal, wessen Einfluss als der tiefer gehende gelten muss.

Die Pubertät ist eine Zeit, in der das »Neue«, die Sexualität, sich nur unvollkommen mit alten Erfahrungen abgleichen und insofern nicht sanft in die Persönlichkeit einbauen lässt. Es, das Neue, tritt schroff, überraschend, nicht selten überfallartig ins Leben, es führt das Kind nicht freundlich und bedächtig auf einen bislang unbekannten Pfad, sondern stößt es auf diesen Weg – mit einer zuweilen brutalen Plötzlichkeit und amoralischen Rohheit. Das ist meistens so, obwohl die Pubertät ja immerhin einige Jahre dauert und somit Zeit genug da sein könnte, um die Jugendlichen peu à peu in ihre neue Rolle hineinwachsen zu lassen.

Die Natur der Sexualität aber scheint einen bruchlosen Übergang zu verbieten – oder sagen wir lieber: Der Kontrast zwischen dem Trieb und der Kultur, welcher das Schulkind sich zugehörig fühlt, macht den Schock unausweichlich, mit dem es zumindest phasenweise seine Geschlechtsreife erlebt. Es spürt meist sehr genau, dass die ersten ambivalenten Regungen und

Bewegungen des Eros kein geeignetes Thema sind, das es mit seinen Eltern besprechen könnte und sollte. Es fühlt, dass diese Erfahrungen es von seinen Eltern weg in sein unabhängiges Leben führen, und mag sich ihnen deshalb auch nicht offenbaren. Es geht ihm wie dem Mädchen, das seinen Freund verlassen hat, weil es nicht mehr mit ihm leben will: Das Mädchen verspürt Mitleid mit dem Verlassenen und würde ihn gar zu gern trösten, weiß aber, dass es selbst die letzte Person ist, die dazu imstande wäre ... Also zieht es sich stumm zurück. Geradeso verhalten sich die Jugendlichen, wenn sie merken, dass ihre Kindheit zu Ende ist. Andererseits können sie unmöglich mit all den ungeahnten Gefühlen, verstiegenen Hoffnungen, bedrängenden Lüsten, schwarzen Gedanken, trüben Ängsten und Selbstquälereien, die jetzt über sie kommen, alleine bleiben. Da bietet sich die Peergroup als soziale Heimat, als Kreis von Mitmenschen, die einen verstehen, weil sie Ähnliches durchmachen, ganz von selber an.

Sicher gibt es Eltern-Kind-Verhältnisse, die auch während der Pubertät vertrauensvoll bleiben. Typischer aber ist ein Vertrauenseinbruch, ein Versiegen der kindlichen Mitteilungslust, eine Entfremdung. Die Eltern meistern diese Phase umso besser, je weniger sie die Beherrscher ihrer Kinder waren und sein wollten, je freier sie den Nachwuchs sich entfalten ließen. Und für die Kinder ist in der Pubertät eine verlässliche »Clique« ein guter Schutz und ein wichtiger Anreger. Freundschaften, die in jener Zeit geschlossen wurden, halten oft trotz gegensätzlicher Lebensentwürfe jahrzehntelang.

Aber Peergroups sind niemals von sich aus die reine Freude. Schon weil es die Träume und Nöte der Pubertät in all ihrer Zweischneidigkeit sind, die den Zusammenhalt der Peergroup garantieren, leiden diese Cliquen sozusagen unter der dunklen Seite dieser Zeit und werden von ihren Skrupeln, Schwächen, Angstattacken und Aggressionen angesteckt. Der übelste Schrecken der Pubertät ist die *Unsicherheit*. Das kindliche Weltbild zerbricht, das erwachsene ist noch nicht fertig, und diese Verlorenheit zwischen den Welten teilt sich auch der Peergroup mit.

Man möchte »Spaß haben« und »cool sein« und weiß im Grunde nicht, wohin mit sich. Unsicherheit auszuhalten ist sehr schwer, die wenigsten Menschen sind dazu imstande, Pubertierende sind es zuallerletzt – schon weil sie ihre Unsicherheit nicht Unsicherheit nennen wollen und sie konsequent verleugnen. So retten sie sich in eine falsche und gespielte Sicherheit, die sie beim »Spaßhaben« und »Coolsein« hervorkehren, und da eine Peergroup immer beides verlangt: dass ihre Mitglieder angeben und bluffen, was das Zeug hält, dass sie aber zugleich »echt« ihre Rollen durchhalten und »wirklich« einlösen, was sie vorgeben, sind Katastrophen programmiert.

Die Fälle von durch Gruppendruck zu Schaden gekommenen Kindern – beim Rennen mit geklauten Autos, bei Schlägereien, beim Drogenkonsum – sind Legion. Vielleicht hilft es ja den Eltern, die sich in solchen Fällen immer schuldig fühlen, weil sie das Schlimmste nicht verhüten konnten, wenn man ihnen mal sagt, dass sie wenig Möglichkeiten haben, einzugreifen, und dass sie durch Druck und Zwang ihr Kind erst recht in die Arme der Peergroup treiben.

Was sie bis zum Beginn der Pubertät nicht hergestellt haben – an Liebe, Vertrauen, Gemeinsamkeiten und meinetwegen auch Vorbildqualitäten auf ihrer Seite –, das werden sie jetzt, wo das Kind das Zentrum seines Wirkens in die Peergroup verlegt, auch nicht mehr nachholen können. Insofern ist die Pubertät auch eine Probe auf das Eltern-Kind-Verhältnis aus der Zeit, als die Kinder wirklich Kinder waren. Es gibt allerdings auch schlimme Entgleisungen Jugendlicher in und mit Peergroups, wenn dieses Verhältnis gut war. Im Grunde ist kein Elternpaar, wie aufopfernd es auch immer für seine Kinder da gewesen sein mag, gegen böse Überraschungen gefeit, wenn die Pubertät beginnt. (Wann es für Eltern dann doch unbedingt nötig ist, einzugreifen, darüber mehr in den Kapiteln »Rausch«, ab S. 225 und »Die Eltern«, ab S. 246.)

»Ich fühle und weiß nicht, was«

Robert Musils berühmte Erzählung »Die Verwirrungen des Zöglings Törleß« (1906) schildert ein Peergroup-Abenteuer der finstersten Sorte, in das der junge Törleß hineingerät, obwohl er ein braves Kind und seinen Eltern liebevoll verbunden war. Internatsschüler Törleß ist hypersensibel und seelisch geschwächt durch den verfrühten Abschied von zu Hause, als ihn seine beiden Freunde in eine Art Verschwörung gegen einen Mitschüler hineinziehen, der Geld gestohlen hat und nun dafür, wie alle drei finden, büßen soll. Anzeigen wollen sie ihn nicht, stattdessen lieber selber bestrafen. Törleß ist die Sache nicht geheuer, aber er geht mit und macht auch mit: Die Freunde verschleppen den diebischen Jungen, sie demütigen ihn und »missbrauchen« ihn, wie man heute sagt, sexuell. Die sadistisch-homosexuellen Exzesse setzen sich über Wochen fort – bis das Opfer ausbricht. Törleß wird aus der Schule hinauskomplimentiert. 1966 wurde der Stoff von Volker Schlöndorff verfilmt.

Ohne Scheu verknüpft Musil die erwachende Sexualität der Jungen mit ihren Wünschen nach Oberherrschaft in der Peergroup; ernst zu nehmen ist, wer Sex hat, und zu fürchten, wer den sexuellen Akt mit Unterwerfung zusammenbringt. Die homoerotische Atmosphäre in dem abseits gelegenen Konvikt – in dieser Erziehungsanstalt gibt es ausschließlich Knaben – trägt das Ihre dazu bei, dass sich Sexualität und Dominanzstreben mischen und bedingen.

Man könnte die Novelle historisch lesen als eine Studie über die Adoleszenz in einer patriarchalischen Zeit, die insbesondere in der katholischen K.-u.-k.-Monarchie hilflos vor den Eruptionen des Triebes stand und ihre männliche Jugend durch Dressur verdarb – und man macht damit auch keinen Fehler. Allerdings übersieht man dann die Aktualität der Geschichte: Musil hat in seinem »Törleß« etwas getroffen, was es auch heute noch gibt. Unerbittlich schildert der Romancier die »Verwirrungen« als Verhängnis, da die Sexualität sich nicht entwickelt, sondern ausbricht und die armen Schüler mit einer befremdenden Gewalt aus allen Sicherheiten stößt.

»Ich fühle«, schreibt Törleß in sein Notizbuch, »etwas in mir und weiß nicht recht, was es ist. Ich muss krank sein – wahnsinnig.« Törleß ist abgestoßen von den Strafaktionen, denen die Freunde ihren armen Mitschüler unterwerfen – und ist doch zugleich fasziniert. Die Faszination ist sexueller Natur, was Törleß völlig verstört, da er doch weiß, wie sehr ihn die Vergewaltigungen anwidern. Er schaut zu, wie die anderen ihr Opfer peitschen und schänden – und empfindet Ekel und Lust zugleich. »Törleß fühlte sich durch die klagenden Laute angenehm berührt. Wie mit Spinnenfüßen liefen ihm Schauer den Rücken hinauf und hinunter; dann saß es zwischen den Schulterblättern fest und zog mit feinen Krallen seine Kopfhaut nach hinten. Zu seinem Befremden erkannte Törleß, dass er sich in einem Zustande geschlechtlicher Erregung befand. Er schämte sich dessen, aber es hatte ihm wie eine mächtige Blutwelle daherflutend den Kopf benommen.«

Die Peergroup ist also keineswegs nur der Ort, an dem Jugendliche ihr Herz ausschütten können und Trost und Verständnis finden, sie ist viel öfter der Kontext, in dem all das zugelassen und ausagiert wird, was sich an Gewalt- und Sexphantasien in den Köpfen staut und was durch Verbote, Ängste und moralische Schranken daran gehindert wurde, sich in die ersehnte Erfahrung zu verwandeln. Insofern beargwöhnen die Eltern das Treiben der »Cliquen« und Gruppen völlig zu Recht. Aber tun können sie praktisch nichts. Außer darauf hoffen, dass in den Kindern aus der Zeit der häuslichen Geborgenheit doch die eine oder andere innere Bremse gegen die Verlockung zur Grenzüberschreitung wirksam wird. Törleß übrigens kommt noch glimpflich aus der Affäre heraus. Er ist ein intellektueller Typ, der alles verstehen und benennen muss, was mit und in ihm vorgeht, und von seinen sadistischen Wallungen sozusagen durch die Kraft des Gedankens und der ethischen Grundsätze, die er von zu Hause und von seinen Lehrern übernommen hat und jetzt überprüft, loskommt. Am Ende holt seine Mutter ihn ab, an der er sehr hing und die ihn ihrerseits ungern gehen ließ. Was man Törleß »angetan« hat, war wohl, dass man ihn zu früh aus dem Familienschoß und aus der Kindheit riss, um ihn im Konvikt einer strengen Erziehung – eben auch durch die Peergroup – auszusetzen.

Musil gestattet es sich, gegen Ende der Novelle von der normalen Erzählhaltung einmal abzurücken und kurz von Törleß' späterer Entwicklung zu berichten. Der zart besaitete Junge wird als Erwachsener seine Erlebnisse im Internat keineswegs verdammen oder als Trauma ansehen, sondern ihnen seine Gabe verdanken, die »Verwirrungen« anderer Menschen besser zu verstehen und sich vor ihrer vorschnellen Verurteilung zu hüten.

Nicht immer haben Rangkämpfe und Ausschweifungen in der Peergroup derart positive Spätfolgen – vielleicht aber doch häufiger, als man denkt. Die so genannten Jugendsünden, die oft im Peergroup-Rahmen begangen werden, finden sich im Erinnerungsschatz eines jeden Menschen, und sie nehmen dort einen besonderen Platz ein, auch wenn sie zu den Handlungen gehören, an deren Motive man sich später nur schwer erinnert, wahrscheinlich, weil diese Motive aus geistigen oder seelischen Zwischenlagen entstanden sind, die, einmal verlassen, für immer aus unseren Lebenszusammenhängen und unserem Gedächtnis verschwinden. So bleiben nur die Handlungen, ohne einsehbare Gründe; sie wirken grotesk und unwirklich wie ein Baum ohne Stamm. Doch wegen dieser sperrigen Gestalt sind sie lebenslang als Erinnerungspartikel spürbar, und die Erwachsenen können, peinlich berührt, von sich selber sagen: »Unglaublich – aber so war ich.« Und schon wird ihnen wieder klar, dass Menschen manchmal Unglaubliches tun. Auch die eigenen Kinder, wenn sie in die Pubertät kommen.

Musils Mut und seine Klarsicht führten ihn dazu, in der Sexualität den großen Desorganisator und Unruhestifter der Adoleszenz zu sehen – und folgerichtig verwickelte er seinen Helden in einen sexuellen Skandal.

Bei anderen Peergroup-Abenteuern, wie Autoklau oder Besäufnis, ist der Zusammenhang mit der Sexualität loser. Aber bei näherem Zusehen tritt er meistens zu Tage. Das Bedürfnis, eine Grenze zu verletzen oder ein Verbot zu übertreten, ist für sich kein sexuelles. Es ist aber, in den Mythologien der Menschheit und im praktischen Leben der Jugendlichen, mit der Sexualität legiert. Jüngste Exzesse sind die dokumentierenden Beobachtungen von Schlägereien per Kamera-Handy – die nur deshalb angezettelt werden, weil sie gefilmt werden sollen und diese Filme dann später als heißes Material herumgereicht werden. Es bleibt nicht bei Schlägereien; Vergewaltigungen sind noch »geiler« und auch schon verübt und mit dem Handy aufgenommen und weitergeschickt worden – von Jugendlichen.

Das Verbotene war in unserer Kultur über Jahrhunderte das Sexuelle: Wer außerhalb des dafür vorgesehenen Rahmens Sex hatte, musste Strafe gewärtigen. Ödipus brach – unwissentlich – sogar das Inzesttabu und bestrafte sich selbst durch Blendung. Umgekehrt vergewissert sich der Gesetzesbrecher seiner Freiheit dadurch, dass er verbotenen Sex hat. Törleß und seiner Peergroup genügte es nicht, den schwachen, irgendwie nicht dazugehörigen Mitschüler auszupeitschen – sie mussten ihn missbrauchen, um die volle Befriedigung der Anmaßung, die in der Selbstjustiz liegt, auszukosten. Und der tollste Coup unter Jugendlichen, die mit ihren Kamera-Handys auf Motivjagd gehen, ist die Aufnahme einer Live-Vergewaltigung. Kann das Sexuelle heute noch mit dem Verbotenen gleichgesetzt werden, wo es doch (im westlichen Kulturkreis) überall erlaubt ist, Sex geradezu anempfohlen wird? Interessanterweise haben die Lockerung der Sitten und die Permissivität auf dem Felde des Sexus wenig daran geändert, dass die Praktizierung von Sexualität bei Jugendlichen die größte aller Mutproben geblieben ist, für die Autorennen, Drogenrausch und selbst Bungee-Springen nur zweitrangige Platzhalter sind. Drakonische Strafen drohen einem Paar, das es vor der Ehe oder gar vor dem Ende der Pubertät »treibt«, nicht mehr, auch ist das Klima der Verleugnung verschwunden, das in Törleß' angeblich sexfreiem Konvikt einen Druck eigener Art erzeugt hat. All das ist eine wirkliche Befreiung. Dennoch lässt sich Sexualität offenbar schwerlich in ein lockeres, leichtes, spaßiges Spiel verwandeln – jedenfalls nicht für Anfänger. Es liegt etwas in der Sache selbst, das sie »schwierig« macht und Ängste weckt – nicht nur die Angst, zu versagen. Auch die Angst davor, was die Sexualität aus der Persönlichkeit macht, wenn sie sie durchdrungen hat.

»Ich fühle und weiß nicht, was!«, sagt Törleß. Denkfiguren und Vorstellungsinhalte von Herrschaft und Unterwerfung, Bemächtigung und Auslöschung, Demütigung und Schmerz werden immer wieder, vor allem im Prozess ihrer Entwicklung während der Pubertät, mit der Sexualität konnotiert. Der Trieb ist etwas »Wildes« geblieben, dessen Domestizierung im Kontext der Konsumgesellschaft bis auf weiteres scheitern musste: Das bedingt die Angst. Es mag sogar so sein, dass die Rückkehr besonders roher und archaischer Formen der Initiation im Rahmen der Peergroup einen unbewussten Einspruch formuliert gegen die Versuche der spätbürgerlichen Kultur, die Angst vor dem Trieb zu leugnen und die Sexualität in eine Art Spaßbad zu verwandeln.

Die Suche nach der Wirklichkeit

Gewalt als Erfahrung (aktiv und passiv) gehört zur menschlichen Entwicklung, kleine Kinder, auch Mädchen, holen sich diese Erfahrungen in ihren Rangeleien und Prügeleien. In der Latenz tritt die Lust am Schlagen und Geschlagenwerden zurück (wobei sie aber nicht verschwindet), um in der Pubertät aufs Neue mächtig auszubrechen, diesmal allerdings mit einer deutlichen Verschiebung von Intensität und Häufigkeit zugunsten der Knaben. Wer's in den Fäusten hat, steht in gewissen Kreisen oben.

Je weiter eine Kultur fortschreitet, desto entschlossener setzt sie andere Bewährungsfelder – geistige, ästhetische, moralische – neben die rein körperlichen und ordnet sie ihnen schließlich über.

Hier und heute gilt in der gebildeten Mittelschicht körperliche Überlegenheit nur noch in der sportlich sublimierten Form, ansonsten sollen Jugendliche als gute Schüler, feinsinnige Poeten, schlagfertige Diskutanten und »Jugend forscht«-Preisgewinner überzeugen. Das kümmert aber die jugendlichen Subkulturen nicht, in denen immer noch physische Kampfeslust dominiert; je reiner so eine Subkultur der Unterschicht zugehört, desto deutlicher tritt die Freude an der körperlichen Auseinandersetzung hervor. Allerdings hat der bekannte amerikanische Kriminalsoziologe Albert K. Cohen schon in den 1950er-Jahren bei seiner Untersuchung der »street corner societies« (Eckensteherbanden) festgestellt, dass selbst in einer kriminellen Clique »geistige Wendigkeit« einen höheren Stellenwert besaß als pure Körperkraft – wer führen wollte, musste vor allem schlau sein. Am besten war, wenn beides zusammenkam und der Leader auch noch Muskeln hatte. Umgekehrt verfallen sogar Schöngeister dem Reiz der körperlichen Überlegenheit. Von Bertolt Brecht, der selbst ein schmales Hemd war, ist bekannt, dass er den Boxsport liebte – inklusive Milieu, und er war nicht der Einzige seines Berufsstandes.

Körperliches Sichmessen wird immer eine Lustquelle bleiben, und dass durch die Popularisierung des Sports neue Erfahrungsformen dieser Lust jenseits des militärischen Drills zur Verfügung stehen, ist erfreulich. Indem der Sport die Kampfeslust mit Regeln umstellt, zähmt er sie aber zugleich; der nichtdomestizierbare sadistische Rest bleibt übrig. Offenbar bringt die Spezies Mensch dann und wann brutale Individuen hervor, denen die zivilen und sublimen Formen des körperlichen Sichmessens nicht genügen. Sie wollen »echte« Gewalt. Epochen der Regulierung erzeugen Unterströmungen der Deregulierung. Der Sport generiert mit seinem Regelwerk auch eine *Form* im Sinne von Förmlichkeit, innerhalb derer die Kampfeslust kontrolliert ausgeübt und so auch kanalisiert wird.

Wo der Hunger nach wirklicher Feindberührung übermächtig wird, pfeifen die Jungs auf die Angebote der Jugendkultur und stecken sich ihr eigenes Schlachtfeld ab – wie es die Straßengangs in der »West Side Story« (die ihrerseits auf Shakespeares »Romeo und Julia« zurückgeht) vorgemacht haben und wie es die Wirklichkeit kennt, seit es Menschen gibt. Peergroups kann man historisch als paramilitärische Kampfeinheiten verstehen, die sich ihren Platz in der Gesellschaft erobern wollen – und müssen. Heute heißen sie Straßengangs, Hooligans, Hells Angels oder Skinheads. Man kann auch Fan-Gruppen um Musiker, Rap-Sänger oder Straßentänzer hinzurechnen, ferner Schul-Terroristen, die Lehrer und Mitschüler gezielt schockieren und nach Art von Straßengangs mit Bandenchef und Gefolgschaft organisiert sind. Das Gefühl, »in echt« zu kämpfen, statt sich – wie im Sport – in einen vorgegebenen Kontext einzufügen, erhöht die Spannung bis zu jenen Graden, die der alterstypische Erlebnishunger verlangt. Eine (männliche) Peergroup, die nicht wenigstens hier und da eine Regel verletzt hat, ist keine.

Es gibt Forschungen zum Thema Wildwuchs spätmoderner

Pubertätsriten. Die Religionswissenschaftlerin Ulrike Brunotte
schreibt:»Von den Akteuren selbst, aber auch von literarischen
Autoren wie den jungen englischen Dramatikern Mark Raven-
hill und Sarah Kane hört man, dass es bei der Suche nach To-
desnähe, Schmerz und Gewalt vor allem darum gehe, sich überhaupt noch als ›real‹ zu erfahren. Die Implantation von
Eisenkugeln unter die Haut, das Einbrennen von Schmuck-
narben, der Sprung in den Abgrund oder das Schlagen eines
Körpers gegen Eisenwände sind dann zugleich Symptome auf-
gelöster symbolischer und sozialer Vermittlung und zirkulär-pa-
radoxe Selbstinitiationsversuche. In den erschütternden Darstellungen von Erfahrungen des Zerstückeltwerdens, des Tötens
und der Selbstverletzung, wie wir sie im Theater einer Sarah
Kane sehen konnten, wird dieser Zusammenhang reflektiert
und in schneidende Spannung zu sexuellen und erotischen
Wünschen gesetzt.«

Jetzt kommt Alex

Das Sexuelle war nicht nur das Verbotene, es war auch das Böse.
Deshalb war es verboten. In der christlichen Überlieferung ist
der Teufel ein wahres Sexmonster, und die Hexen, die ihm verfallen, sind ewiger Verdammnis sicher. Luzifer steht für die verbotene Fleischeslust, während der Erlöser und seine Familie vergeistigte Übergrößen darstellen, denen man keine sexuelle
Handlung zutraut. Nachdem die Rollen erst mal so verteilt waren, fiel es schwer, an der Sexualität ein gutes Haar zu lassen,
und man wagt nicht, sich vorzustellen, wie viele unglückliche
Jugendliche sich wegen nächtlichen Masturbierens oder begehr-
licher Blicke auf die Nachbarstochter während des Gottesdiens-
tes mit Gewissensbissen abgequält haben. Selbstbewusste,

kämpferische, lebenshungrige Jugendliche haben deshalb gern in bewusster Blasphemie ihre Lüste gefeiert.

Heute ist das alles nicht mehr nötig. Ein Orgasmus gilt als gesund, und die Jugendlichen werden dazu ermuntert, sich ihn zu verschaffen. Um böse zu sein und als Bösewicht aufzufallen, muss man mehr tun als einen Klassenkameraden penetrieren. Dieses Mehr heißt Gewalt. In seinem Roman »Clockwork Orange« hat Anthony Burgess vorgeführt, was eine zu allem entschlossene bestialische Peergroup vermag. Man neigt dazu, die Message dieses Buches als Ausfluss einer negativen Utopie abzutun, und es ist auch richtig, dass die Gewalt der Gang nur die Gewalt eines tyrannischen Überwachungsstaates reflektiert und ohne diese gar nicht denkbar wäre. Aber wir alle wissen, dass der entmenschte Oberteufel Alex, der zum Vergnügen mordet, zerstört und vergewaltigt, ab und an im Schutz seiner Peergroup auf die Erde heraufsteigt und ihr seine Fratze zeigt.

Der Teufel, »das Böse« und die negative Utopie, sie sind Symbolfiguren, Verallgemeinerungen und Phantasmagorien, mittels derer wir versuchen, uns vor der Einsicht zu schützen, dass »das Böse« menschlich, nah, wirklich und in uns ist. Kindern in der Pubertät fällt diese Einsicht naturgemäß besonders schwer. Sie verzweifeln an ihr wie Törleß, sie weisen sie von sich, oder sie verweigern alles Nachdenken und agieren aus, was in ihnen gärt. Nur sehr selten geht einer so weit wie Alex. In dem Film »Natural Born Killers« ist die hemmungslose Zerstörungswut noch einmal zurückgekehrt – in Gestalt von zwei unreifen Erwachsenen, die aus der Phase der Auflehnung gegen die Elternwelt nicht herausfinden konnten und deshalb diese Welt zertrümmern, soweit es ihnen möglich ist. Der große Erfolg von Büchern wie »Törleß« und »Clockwork Orange«, von Filmen wie ebenfalls »Uhrwerk Orange« und »Natural Born Killers« verdankt sich der Konsequenz, mit der die Autoren trotz der Notwendigkeit, in Abgründe der Grausamkeit und des Ekels hinabzusteigen, darauf bestehen, dass es in den Menschen ein mit

Lust legiertes Zerstörungspotenzial gibt, welches sich bislang als zivilisationsresistent erwiesen hat. Die Pubertät ist die Zeit, in der (ontogenetisch gesehen) dieses Potenzial in Erscheinung tritt.

Es ist vielleicht hilfreich, an dieser Stelle daran zu erinnern, dass Zerstörung nicht zu allen Zeiten in der Geschichte moralisch verurteilt wurde. Ganz im Gegenteil, große Zerstörer vom Schlage eines Dschingis Khan oder, näher an der Moderne, eines Napoleon, wurden als Helden verehrt, weil es ein Bewusstsein davon gab, dass der Gründung von Reichen und der Festigung von Macht und Wohlstand die Eroberung, mithin die Zerstörung voranging. Heute, wo es keine weißen Flecken auf der Landkarte mehr gibt und eine Eroberung mit der Waffe zu gefährlich wäre, ist dieses Muster obsolet geworden – das heißt aber keineswegs, dass es in unseren Vorstellungen von Männlichkeit nicht immer noch mitschwingt.

Aller Zivilität zum Trotz ist gerade der Westen ein riesiger Waffenpark und das männliche Selbstbewusstsein untrennbar von der Gewissheit, das eigene Territorium verteidigen zu können. Filme und Romane wie »Clockwork Orange« erinnern daran, wie dünn die Kruste ist, auf der unsere Zivilisation sich eingerichtet hat. Wie, wenn sie einbräche? »Könnte es nun sein«, fragt Ulrike Brunotte in ihrem erwähnten Aufsatz (vgl. das Kapitel: »Die Inszenierung der Männlichkeit«, S. 129 f.), »dass die jugendliche Faszination von Extremrisiko, Gewalt und Selbstverstümmelung nicht nur eine radikale Variante des allgemeinen Erlebnishungers ist, sondern darüber hinaus einen unbewussten Gewaltzusammenhang zum Ausdruck bringt?«

Die Zeit, in der rücksichtslose Zerstörer offen verehrt wurden, liegt noch nicht lange zurück. Ihre Ikonographie, die Rangfolge der Eigenschaften, die als verehrungswürdig galten, hat sozusagen ihren Abdruck im kollektiven Unbewussten der Menschen hinterlassen und beeinflusst sie dort, wo die Regie des Bewusstseins ohnehin in Frage steht: in ihrem sexuellen Leben. In den 1990er-Jahren schrak die Welt zusammen, als sie von einem besonders scheußlichen Peergroup-Verbrechen Kunde erhielt: den Massenvergewaltigungen in Bosnien. Massenvergewaltigungen! Das klang nach Mittelalter. Es waren nicht nur Massen von Frauen, die vergewaltigt wurden, sondern sie wurden seitens Massen von Männern geschändet, wobei die zivilisierte Frau von heute sich fassungslos fragt, wie denn Männer die für den Vollzug des sexuellen Aktes notwendige Lust aufbringen können, wenn sie konfrontiert sind mit einer sich wehrenden Frau, umringt von zuschauenden Kameraden und die ganze Situation statt von Intimität und Einverständnis von Öffentlichkeit und Brutalität geprägt, also dem normalen Kontext eines sexuellen Aktes entgegengesetzt ist? Die Antwort liegt bei Dschingis Khan und all seinen wackeren Vorläufern und Nachfahren: Frauen stehen bei den Zerstörern/Eroberern ein für den Ackerboden, in den der Samen des Siegers eingebracht werden soll. Die Massenvergewaltigung (oder der Raub) von Frauen in einem eroberten Land ist alter Kriegsbrauch – sie symbolisiert die Inbesitznahme des Landes und gilt, als finale Aktion des Niederringens, letztlich den *Männern* (wie Susan Brownmiller in ihrem Bestseller »Against Our Will« gezeigt hat): »Seht her«, rufen die Vergewaltiger den Männern ihrer Opfer zu, »wir machen mit euren Frauen, was wir wollen. Ihr seid nicht fähig, sie zu verteidigen.« Dieser Siegestaumel ist es, der ihnen die für den Vollzug des Koitus notwendige Erregung verschafft. Nicht etwa der Anblick der weinenden Frauen.

Es ist vielleicht nicht ganz richtig, eine viehische Soldateska wie die Eroberer Bosniens als Peergroup zu bezeichnen. Aber es ist auch nicht ganz falsch. Soldaten sind zwar nicht mehr in der Pubertät, fallen aber als dressierte Truppenteile häufig auf Reifestufen der Adoleszenz zurück. Sie müssen sich bewähren und beweisen, müssen gehorchen und die Hierarchie akzeptieren und – so ist es meist – abschätzig über Frauen reden. Ihre Mitglieder schützen und stärken einander und stehen einer für den anderen ein. Wahrscheinlich aber leitet sich die Moral der Peer-group vom Militär her – anstatt umgekehrt.

Mädchen in Uniform

Bis jetzt war fast nur die Rede von Jungen-Peergroups – und von solchen mit kriminellen Ambitionen. Selbstverständlich gibt es auch die aufbauenden Jungenfreundschaften, die ge-mischten Freundeskreise, die sich durch gemeinsame soziale oder Sportaktivitäten, durch Reisen oder Bildungsinitiativen konstituieren und sich über Jahre erhalten. Es gibt auch Jungen, die ohne Gruppe auskommen – im Zuge der »Individualisie-rung«, die jedem Gesellschaftsmitglied ihren eigenen Weg gönnt, wird es wahrscheinlich immer mehr Einzelgänger geben, die dennoch zwischenzeitlich Geselligkeit suchen und so auch soziale Kompetenz erwerben. Wenn sich aber Peergroups bil-den, so entsteht fast immer eine Art Untergrund, in dem mit dem Verbotenen geflirtet wird – und sei es nur der nächtliche Einbruch in Schwimmbäder oder das Rauchen auf dem Schul-klo. Ohne solche kleineren Verstöße gegen die bürgerliche Ord-nung kommt keine Peergroup aus.

Und die Mädchen?

Zum »Törleß« gibt es ein Pendant, das die Leiden eines weib-lichen Zöglings im Internat schildert: »Mädchen in Uniform« von Christa Winsloe, das in derselben Epoche spielt wie der »Törleß«. Auch dieser Stoff wurde (zweimal) verfilmt. Anders als der Titel zunächst suggeriert, handelt es sich nicht um eine Vorwegnahme der Öffnung des Militärs für Frauen; die »Uni-form« ist bloß die Schultracht, und die Mädchen sind ähnlich unglücklich, verloren und durch ein starres Reglement einge-schüchtert wie die Knaben bei Musil. Auch im Mädchenpensionat suchen sich die erotischen Strebungen mangels Alternative einen homosexuellen Ausweg. Allerdings fehlt die offene Gewalt. Deren Härte ist eher als atmosphärischer Druck, als strukturelle Gewalt eines autoritären Regimentes spürbar. Die Peergroup aber ist auch hier eine Notgemeinschaft, in der Intrigen, Klatsch und Gemeinheiten besser gedeihen als Solidarität.

In heutigen Mädchen-Peergroups geht es öfter auch mal derb zu. Nicht für jedes Mädchen ist eine »Clique« der förderlichste soziale Raum für die Entwicklung, weshalb sich viele Einzelgängerinnen finden; »beste Freundinnen« jedoch und Kontakte zu Mitschülerinnen spielen im Leben der meisten Mädchen eine wichtige Rolle. Während die Jungen sozusagen Sparringspartner brauchen, um die kämpferische Seite ihrer pubertären Entwicklung überhaupt betreiben zu können, benötigen die Mädchen eher einen Spiegel oder eine Vertraute, um all die Regungen und Wandlungen, die sich in ihnen vollziehen, bereden, begutachten und verstehen zu können – weshalb das Mädchenpaar, der Teeny im Doppelpack, eher typisch und passend für die weibliche Pubertät ist als die Peergroup.

Aber es existieren keine festen Regeln. Es gibt gemischte Peergroups, reine Mädchen-Peergroups, Einzelgängerinnen und Mädchen-Zweierbeziehungen, und alles geht irgendwie. Da die Entwicklung der Mädchen die kämpferische Seite nicht hervorkehrt, stattdessen die Erotisierung des Lebens geradewegs auf die spätere Rolle als Partnerin eines Jungen und eines Mannes bezieht, ohne den Umweg über den Kampf, verläuft die Pubertät eines Mädchens sozusagen individueller. Die Peergroup ist nicht so notwendig, und wenn sie existiert, nicht so stark hierarchisiert, was der Entwicklung des weiblichen Narzissmus breiteren Raum gibt. Allerdings ist ein Wandel spürbar.

Während dermaleinst in den Spinnstuben oder am Flussufer beim Bleichen der Wäsche die Mädchen ihre Köpfe zusammensteckten, um immer wieder nur das eine Thema zu besprechen: die Liebe – mit ihren Unterthemen, nämlich die Aussichten

Evchens bei Hansel, Hansel überhaupt, die Schönheit, die Mode, der nächste Feuerwehrball –, während also die Mädels in alten Zeiten *nur* Thema Nr. 1 variierten, kommt jetzt die neue Thematik der Selbstbehauptung, sprich Ausbildung und Berufstätigkeit hinzu. Je höher im sozialen Klassengefüge sie beheimatet sind, desto intensiver beschäftigen sich die Mädchen außer mit den üblichen Problemen des Aussehens mit ihren Aussichten.

Fasst man die »Kampf«-Thematik der Jungen-Peergroup ein wenig breiter und interpretiert sie als experimentelle Auseinandersetzung um Zukunftspositionen, so lässt sich behaupten, dass die Mädchen tendenziell gleichziehen: Seit für sie der Eintritt ins Berufsleben als Perspektive unverzichtbar geworden ist, müssen auch sie ihr »Revier« anpeilen, erobern, verteidigen und ihre Kräfte dafür üben. Gewaltspiele und körperliches Sichmessen sind dafür nicht nötig. Es reicht, dass die Mädchen Formen des Auftretens, Sichdurchsetzens, der Beharrlichkeit, der Entscheidungsfreude, aber auch Erfindungsgeist, Kombinationsgabe, Charakterstärke und spezifische Begabungen im Kontext weiblicher Konkurrenz durchprobieren. Alle Peergroups, die rund um die Ballettschule, den Tennisclub, die Film-AG oder den Ponyhof entstehen, dienen diesem Zweck. Sie sind und werden die sozialen Experimentierfelder der Mädchen mit sich selbst, der Bezugsrahmen, in dem sie ihre Fähigkeiten und Möglichkeiten testen. Diese Entwicklung war seit der Gleichstellung der Frauen und ihrer finanziellen und beruflichen Eigenständigkeit fällig, da nun ein zum »Kampf«-Platz der Jungen analoges Feld der Erprobung und Bewährung nichterotischer Potenzen sich auch für Mädchen eröffnen musste. Es versteht sich, dass auch Mädchen jetzt verstärkt Rangkämpfe durchzustehen haben und sich in der Gruppe meist nicht nur wohl fühlen.

Der weiblichen Peergroup also wächst ein neuer Sinn zu. Wird es auch in Mädchengruppen einen »Underground« mit

kriminellen Machenschaften und einer Tendenz zur Regelverlet-
zung geben wie bei den Jungen?
Wahrscheinlich. Schon jetzt ist abzusehen, dass sich Mädchen-Peergroups an den Gruppen der Jungs orientieren und
manches von dem kopieren, was dort »abgeht«. Es kann auch
sein, dass die Geschlechtertrennung in den Peergroups sich mit
der Zeit erledigt und gemischte Gruppen die Um- und Abwege
in der Entwicklung der Sexualität und der Vorbereitung auf die
erste Liebe verkürzen.

Die Schönheitsköniginnenschärpe

Wie steht es nun mit der erotischen Konkurrenz unter den
Mädchen? Ist sie nicht genauso stark wie die Bolz-Rivalität unter den Jungs? Gibt es nicht unter den Mädchen dieselben
Rangordnungskämpfe wie unter den kleinen Machos?
Eben nicht. Natürlich hängen die Befunde einer teilnehmen-
den Beobachterin immer von der Interpretation ab, entlang der
sie ihr Material anordnet. Man könnte die unglaubliche Investition an Zeit, Geld und anderen Ressourcen wie Leidenschaft
und Phantasie, die Mädchen an ihr Aussehen wenden, als das
starke Bedürfnis verstehen, die Geschlechtsgenossinnen in den
Schatten zu stellen und selbst als Schönheitskönigin ganz oben
auf der Siegerinnentreppe zu stehen. Dann hätte man ein analoges Modell zur »Kampf«-Phase der männlichen Jugend entwickelt.
Die Realität aber sieht so aus, dass die unzweifelhafte Rivalität der Mädchen um die Schärpe der Schönheitskönigin sich
mit ausführlicher Beratung und vertrauensvoller Gemeinschaft
durchaus verträgt. Da die Mädchen mit einer Probe aufs Exem-
pel ihrer Reize noch nicht (so richtig) Ernst machen können,

weil der potenzielle gleichaltrige Partner noch nicht so weit ist, bleibt die Rivalität der Mädchen uneigentlich und spielerisch – sicher nicht in jedem Einzelfall, aber im Großen und Ganzen. Bei den Jungen setzt nicht nur die körperlich-hormonelle Entwicklung später ein, sie müssen auch noch einen Umweg gehen, bevor sie ihre ersten erotischen Erfahrungen machen können, sie müssen sich erst in langwierigen kämpferischen Auseinandersetzungen mit anderen Jungen sozusagen fürs Erwachsenwerden qualifizieren. Die Mädchen sind schon bereit und warten, aber die Jungen gehen nicht zu ihnen, sondern zum Sportplatz. So stehen sie da, Natascha, Luise und Martina, wie bestellt und nicht abgeholt. Mangels Partner sind sie während ihrer Pubertät »einsam«; der Vorteil ist, dass sie auch noch keine allzu »ernsten« Rivalitäten bestehen müssen.

Vorerst fehlt Paris. Die Göttinnen sind allein. Während sie sich auf die Begegnung mit dem Mann vorbereiten, konkurrieren sie durchaus, aber sie nutzen die Virtualität ihres Frauseins zum zärtlichen Bündnis mit anderen Mädchen und zur Entwicklung einer Gesprächskultur unter Freundinnen. Die Telefonitis, das stundenlange Am-Telefon-Hängen Pubertierender, befällt vorwiegend Mädchen. Heute ist es um die Simserei erweitert, der sich allerdings auch Jungen gern widmen – schließlich muss man dafür nicht reden, darf aber schöne Worte setzen. Den meisten Eltern erscheinen die Probleme, die da in stundenlangen Gesprächen von ihren Töchtern gewälzt werden, nicht der Rede wert, und sie sehen in ihnen den reinen Verlust von Zeit und Geld (die neuen technischen Möglichkeiten schaffen mit der Telefonrechnung eine schmerzliche Klarheit). Sie, die Endlosgespräche, sind indessen Ausdruck und Grundlegung einer Fähigkeit, die Mädchen in dieser Zeit vertiefen und Jungen (oft) verlieren: über innere Befindlichkeiten zu kommunizieren.

Dass Männer über Gefühle nicht reden können und wollen, während es für Frauen kaum etwas Natürlicheres gibt, das ist ei-

ne Erfahrungstatsache, die beide Geschlechter in einen langen
und z.T. grotesken Diskurs über ihre Verschiedenheit gezogen
hat. Die Gründe für diesen einen bedeutsamen Unterschied sind
noch nicht recht erhellt. Vielleicht liegen sie hier: Gebunden an
ein archaisches Entwicklungsmuster der Selbstkonstitution in
kämpferischer Auseinandersetzung mit ihren Geschlechtsgenos-
sen meiden Männer instinktiv alles, was ihre Schwächen offenbaren könnte. Starke Affekte und tiefe Gefühle machen Menschen erpressbar, hilflos und weich – wer von ihnen weiß,
könnte hier einen Vorteil ausnutzen. Also lernen Jungen, wenn
sie in der Peergroup um ihren Platz kämpfen, das Schweigen
über ihre Befindlichkeit. Wollen sie es später, wenn es endlich
losgeht mit den Mädels, brechen und ihr Gefühl benennen, sto-
cken sie, weil sie nie geübt haben, über Empfindungen zu kommunizieren. Gefühle als solche haben keine Worte. Man findet
sie nur im Austausch. Dazu werden Jungen nicht ermutigt, im
Gegenteil. Dennoch holen diejenigen, die mit einer Liebe zur
Sprache aufwuchsen, später vieles nach und überflügeln bisweilen sogar die Frauen beim Wortefinden für Stimmungslagen.

Gleichwohl sind Frauen im Durchschnitt geschickter darin,
und deshalb haben sie auch mehr Lust dazu. Die Telefonitis, das
stundenlange Beieinanderhocken in der Nähe eines Spiegels,
das Köpfezusammenstecken auf dem Schulhof – all das befähigt
Mädchen nachhaltig, zu klären und mitzuteilen, wie es um sie
steht. Diese vielleicht wichtigste Fähigkeit unserer Kultur wird
oft verkannt, belächelt und als Schwatzhaftigkeit abgetan, dabei
ist sie der kostbare Grundstoff einer diskursfreudigen Zivilisation, und auch die Männer sind, wo sie weiterkommen und jenseits von Gewaltzusammenhängen als Intellektuelle, Führungs-
persönlichkeiten, Politiker und Diplomaten wirken wollen,
genötigt, sie zu erwerben und zu pflegen. Die Gewaltnähe der
männlichen Peergroups ist archaisches Erbe und zum Ausster-
ben verurteilt, in der Diskursnähe der weiblichen Peergroups
und Freundinnenkreise liegt die Zukunft.

Über die erotische Konkurrenz der Mädchen sei abschließend gesagt, dass sie ein Leben lang anhält, ganz wie die über Dominanzgesten vermittelte Rivalität der Männer um die Frauen. Es gibt Abweichungen, Mischungen und einen Wandel, im Wesentlichen ist es nach wie vor so, dass die Mehrheit der Männer ihre Frauen in erster Linie schön und die Mehrzahl der Frauen sich ihre Partner in erster Linie stark wünscht. Diese Präferenzen sind so alt und so mächtig, dass sie immer noch als archaische Steuerungsinstanzen das Verhalten von Jungen und Mädchen in der Pubertät und die Konstitution ihrer Peergroups bestimmen.

Es bleibt aber dabei, dass die erotische Rivalität der Mädchen im Allgemeinen auf überraschend kultivierte, freundschaftlich abgefederte Weise verläuft und die weibliche Peergroup mit ihrem Dauergespräch statt des offenen Kampfes um den höchsten Rang eher den Ausgleich, den Kompromiss und die Verständigung lehrt. Es gibt Intrigen, Klatsch und Leid – dennoch: Der Umschlag in offenen Hass und bittere Zwietracht ist selten und eher eine Sache erwachsener Frauen, bei denen es schon ums Ganze geht. Die weibliche Pubertät bietet ihrer »Einsamkeit« wegen – die Jungs sind noch nicht da – einen Spielraum zur Besinnung, Analyse, Selbstvergewisserung, und es sieht so aus, als ob weibliche Peergroups diesen Vorteil nützten.

Kapitel 8

Die Schule

Naturgegeben wie die Pubertät?

Die Schule ist nicht zu retten. Sie gehört zu der Riege hierarchisch gegliederter, auf Disziplin und Unterordnung sich gründender Großinstitutionen, die im 19. Jahrhundert ihre Hochblüte hatten. Prägnantes Vorbild ist die Fabrik, aber auch die Kaserne und die Irrenanstalt wären zu nennen. Der Einzelne galt und gilt nicht viel – worauf es ankam, waren Geist und Produktivität des Ganzen. Inzwischen hat die »Individualisierung«, die, während sie bessere Chancen für die persönliche Entwicklung bietet, zugleich mit Vereinzelung droht, die alten Strukturen aufgebrochen. Auch in der Schule. Dennoch hat die Penne viele ihrer alten Zöpfe behalten. Es sind einfach zu viele Zwangsmaßnahmen und Nötigungen übrig geblieben, die der Individualisierung und dem Individuum entgegenstehen und die vor allem das Lernen behindern.

Es beginnt damit, dass der Unterricht um acht Uhr losgeht und Zuspätkommer bestraft werden. Das ist eine sehr harte Voraussetzung, bedenkt man, dass Kinder nicht freiwillig in die Schule gehen, sondern staatlicherseits dazu verpflichtet werden. Wie oft geschieht es, dass ein Kind morgens um sieben nicht aus dem Bett findet, dann eine Erkältung vortäuscht und sich an das Lügen gewöhnt, nur um zu seiner Bettruhe zu kommen. Pubertierende Kinder brauchen außerdem, so die Resultate neuerer Studien, den Morgenschlaf noch nötiger – er ist ein wichtiger Modus zur Verarbeitung des Hormon-Ansturms. Aber, so lautet das Gegenargument: Das Kind muss lernen, pünktlich zu sein. Seinen Job ist es später als Erwachsener schnell los, wenn es keine Disziplin gewohnt ist, und im Übrigen ist es ja nicht allein auf der Welt. Rücksicht und Eingliederung sind wichtige Lernziele. – Die Gegenrede fällt nicht schwer. Die meisten Berufstätigen tun ihren Job ganz gern oder sind wenigstens froh, dass sie ihn haben, denn sie werden dafür bezahlt. Sie sind *motiviert*, wenn sie morgens aufstehen. Die Kinder aber kriegen nichts dafür, dass sie sich in der Schule abquälen, und sie sind schließlich Kinder.

Es gibt keine Entschuldigung dafür, die armen, unreifen Wesen jeden Morgen aus ihren Träumen zu reißen und sie dazu zu zwingen, in alten, stickigen Gemäuern oder lieblos hingehauenen Beton-Neubauten einen Haufen überflüssigen Mist zu büffeln, den sie gottlob in kürzester Frist schon wieder vergessen haben. Was dieses morgendliche Rausmüssen und sich in den Moloch Schule mit seinen ewig brüllenden und drängelnden Gören, den (oft zu Recht) schimpfenden oder nörgelnden Lehrern, dem festen Stundentakt, dem Zwang zum Leistungsvergleich, Tag für Tag einfügen zu müssen, was das alles für eine Vergewaltigung der Kinder darstellt, darüber macht sich kaum jemand Gedanken – wenn man absieht von Gegenstrategien gegen Amok laufende Schüler, die ihrem Hass auf die Lehranstalt mit scharfen Waffen Ausdruck verleihen. Schule gilt als Notwendigkeit. Als unbedingtes Muss. Als genauso naturgegeben wie Entwöhnung, Windpocken und Pubertät. Dabei ist sie eine von pädagogisch engagierten Erwachsenen (auch Staats- und Industrieinteressen fehlen nicht) zurechtgezimmerte Institution, deren Nutzen für die Kinder stets infrage stand und heute kaum noch festgestellt werden kann. Und deren Reformierbarkeit sichtlich an ihre Grenzen stößt.

Wie bitte, fragen jetzt verstörte Eltern und Bildungspolitiker. Sind wir nicht stolz darauf, die Schulpflicht eingeführt und für alle Kinder die elementare Bildung obligatorisch gemacht zu haben? Wollen wir etwa hinter diese Errungenschaft, auf der all unser Wissen und Können und damit letztlich auch unser

Wohlstand beruht, zurück? Zurück – das wäre ein Missverständnis. Bildung ist wichtig und Lernen für Kinder ein starkes Bedürfnis. Aber weder befriedigt die Institution Schule dieses Bedürfnis, noch vermittelt sie ein Wissen und Können, das man Bildung nennen dürfte. Natürlich liegt das weder an den Lehrern und Lehrerinnen, deren Langmut man im Großen und Ganzen bewundern muss, noch (allein) an den Schulbürokraten, sondern an dem Charakter der Schule als Großinstitution. Ihr Kollektivismus und ihre notwendig kasernenartige Atmosphäre töten die Kreativität eines Kindes ab und lassen nur den robustesten eine Chance, sich einigermaßen zu entfalten.

Folgenreiches Blind Date

Ich habe mit dem frühen Aufstehen angefangen – ein scheinbar weiches und nebensächliches Argument, denn wenn ein Kind rechtzeitig ins Bett gesteckt wird, kann es auch um sieben Uhr aufstehen. Und schließlich gibt es die Großgruppe der Frühaufsteher, die gerne zeitig den Tag begrüßt und für die der Unterricht problemlos noch früher beginnen könnte. Okay. Es gibt dennoch eine, wie ich schätzen würde, Mehrheit von Kindern, denen es schwer fällt, morgens so früh aufzustehen – nicht nur, weil sie noch nicht ausgeschlafen haben, sondern weil sie sich vor der Schule fürchten. Wer aufstehen muss, um etwas zu tun, wovor er Angst hat, ist nie frisch. Und *Angst haben* die Kinder vor der Schule – wie man hört, in steigender Anzahl. Es geht so weit, dass Jugendliche die Schule für ihre Verzweiflung an der Welt verantwortlich machen und sich selbst töten – *in* der Schule und unter Mitnahme von möglichst vielen Lehrkräften ins Jenseits.

Die Verzweiflung an der Schule ist nachvollziehbar. Was schon von Zehnjährigen an spezialisiertem Wissen in Fremdsprachen, Naturwissenschaften, Geschichte usw. verlangt wird, ist grotesk und übersteigt den Horizont auch des begabtesten Strebers. Kein Kind kann in allen Fächern gut sein, und der oder die Beste in der Klasse hat dann vielleicht doch das Pech, in Sport durchzufallen – kurz: Für jedes Kind kommt der Moment, in dem es versagt, für viele kommt er täglich und dann noch mehrfach. Das Kind scheitert mitten in einem Kollektiv, unter aller Augen. Es weiß die Antwort nicht, es hat eine Fünf geschrieben, und alle hören es, alle wissen es. Wie soll es keine Angst vor diesen Augenblicken tiefer Beschämung haben?

Nur wer keine Ahnung von Kindern hat, kann vermuten, dass es ihnen wenig ausmacht, sich zu blamieren; Kinder sind sogar noch weit empfindlicher, was ihr Ego und dessen Beschädigung betrifft, als Erwachsene. Sie tun alles, um ihr Selbstwertgefühl zu schützen, sie schwindeln, bluffen, reißen aus. Es gibt für sie nichts Schlimmeres als eine Verletzung ihrer Würde, das gilt schon für die ganz Kleinen. Deshalb ist die Schule ein so übler Ort für Kinder: weil sie notwendigerweise ein Ort der Demütigung ist – für alle.

Muss man Demütigungen einstecken können, um zu lernen? Keineswegs. Es ginge ganz anders. Und die Kehrseite der Medaille, der Hochmut derjenigen, die (fast) alles wissen oder wenigstens gut durchkommen, ist auch nicht gerade charakterbildend. Gewiss gibt es nette Alleswisser, die ihren schwächeren Mitschülern helfen, und es gibt Schulversager mit Humor, die es irgendwie hinkriegen, nicht zu verzweifeln, und dabei für ihre Klassenkameraden sogar noch den Clown machen, aber das sind Ausnahmen. Das große Mittelfeld ist von ängstlichen Schülern beherrscht, die viel mehr Energie darauf verwenden, mit ihren Ängsten fertig zu werden und den Anschein zu erwecken, sie wüssten doch hier und da ein bisschen oder gäben sich wenigstens Mühe, als mit – Lernen. Für dieses schönste und wichtigste menschliche Vermögen gelten zwei Voraussetzungen, die in der Schule (meistens) gar nicht entstehen: Interesse und Selbstvertrauen.

Aber was ist mit der Legion von Erwachsenen, die, auf die Schule angesprochen, strahlend verkünden, sie seien gern hingegangen? Auch viele Kinder antworten so. Man darf dabei nicht vergessen, dass die meisten Menschen über die erfreuliche Gabe verfügen, sich Umstände, aus denen sie nicht herauskönnen, schönzureden. Besonders im Nachhinein fällt einem manches Gute ein – was aber nicht bedeutet, dass es nicht viel mehr Schlechtes gab. Bisweilen ist auch die Erleichterung darüber, die Schule endlich hinter sich zu haben, so groß, dass man alles verklärt. Und schließlich gibt es wirklich glückliche Fügungen: ein gutes Klassenklima, prima Lehrer und echte Möglichkeiten, trotz Schulbetriebs Talente zu entfalten und etwas über das Leben zu lernen. Aber eben immer nur trotz … Für die Mehrzahl der Zöglinge ist die Schule, einfach weil die Großinstitution darauf verzichten muss, auf jeden Schüler und jede Schülerin so individuell einzugehen, dass sich die Zentren ihrer Lernlust aufschließen, eine Plage – ein abschreckender Mischmasch aus Überforderung, Langeweile, Druck und Peinlichkeit.

Hinzu kommt die soziale Seite der Angelegenheit. Kein Schüler kann sich seine Klasse aussuchen (und könnte er das, wäre auch nichts gewonnen, denn man kennt sich ja nicht). Er wird einfach »hineingesteckt«, auf Gedeih und Verderb, und muss nun sehen, wie er mit den anderen zurechtkommt. Wo sonst gibt es das im Leben – ein so folgenreiches »Blind Date« wie die Einschulung, die Einpflanzung in einen Kreis von zirka zwanzig Mitschülern und -schülerinnen, denen man über vier bis sechs Jahre und dann auf den Oberschulen und Gymnasien für noch längere Zeit ausgeliefert ist? Auch die Lehrer und Lehrerinnen sind fremd, und es ist ein Glücksfall, wenn man sich verstanden fühlt. Klar, es gibt wunderbare Schülerfreundschaften und Lehrerinnen, die man ein Leben lang nicht vergisst, aber ich bleibe dabei, dass man Bekenntnisse über ersprießliche menschliche Beziehungen in der Schule mit einem starken »trotz« einleiten muss.

Rache der Eltern

Die meisten Eltern sind, meiner Erfahrung zufolge, nicht imstande, eine Alternative zur Schule auch nur zu denken. Kritik an der Institution als solcher liegt ihnen völlig fern. Im Einzelnen haben sie natürlich eine Menge Kritik: an Lehrern und Lehrplänen, am Verhalten der Mitschüler oder des eigenen Kindes, an der Mensa und den Sauberkeitsstandards der Klos ...

Es gibt, grob eingeteilt, zwei Gruppen von Eltern: die solidarischen, die alles von den Kindern her sehen und beurteilen, die sich darüber beschweren, dass ihr Kind während des Unterrichts nichts essen darf, und immer finden, dass es ungerecht beurteilt wird. Bei der zweiten Gruppe ist alles andersrum: Sie will unbedingt, dass der Sprössling in der Schule härter angefasst wird, dass er zur Konzentration und zum Maulhalten verdonnert wird, und wenn es einen Konflikt gibt, sind diese Eltern sofort auf Seiten der Lehrer. Die einen wollen, dass ihr Kind in der Schule verwöhnt wird, die anderen, dass es an Autorität gewöhnt wird – beide verlangen also, dass die Schule ihren eigenen Erziehungsstil fortsetzt. In der Regel erfüllen sich diese Erwartungen nicht, und das Kind sitzt angstvoll zwischen Baum und Borke, zwischen genervten Lehrkräften und besorgten Müttern. Alle Eltern jedoch paktieren mit der Idee von Schule – schließlich haben sie ja auch da durchgemusst. Man könnte den Eindruck gewinnen, sie wollten eine Last los werden, indem sie sie auf die Kinder weiterwälzen, oder aber sich für das eigene Schul-Ungemach durch dessen Perpetuierung schadlos halten.

Erstaunlich ist, dass sie alle davon überzeugt zu sein scheinen, die Schule sei unbedingt der Ort, an dem Kinder die wichtigsten Lernerfahrungen ihres Lebens machen, dass sie den unsäglichen Lehrstoff, den die bedauernswerten Kids in ihre Köpfe stopfen müssen, durch ihre Duldung absegnen. Mit großer Umsicht machen besonders Mittelschichteltern Schulen aus, auf denen ihr Nachwuchs angeblich besonders viel und besonders Wertvolles vermittelt bekommt. Ganz fern liegt ihnen die Vorstellung, dass der Schulweg (vor allem der Heimweg), die Pausen, die ganze Zeit außerhalb der Schule, das Kino, das Fernsehen, die Peergroup, der Sportclub, dass diese frei gewählten Aktivitäten viel mehr »lehren« in Sachen Fachwissen, Ethik, Fertigkeiten, Zusammenhänge und soziale Kompetenz als die Schulfachinhalte.

Ich persönlich kenne eine Reihe erfolgreicher, interessanter Menschen, die alle Schulversager oder -abbrecher waren. Sie mussten später – manche erst jenseits der Fünfundzwanzig – ihr Abitur nachholen, um studieren zu können, und haben das auch in Rekordzeit geschafft, immer mit einem spöttischen Lächeln auf den Lippen über die »Anforderungen« und die Vorstellungen der Lehrplanaustüftler betreffs der Wissensbestände, über die ein Abiturient verfügen müsse. Weil ihre Motivation hoch war, konnten sie all die Kröten schlucken bezüglich Grammatik, Mathematik, chemischer Reaktionen und Kunstübungen. Erwachsene können sich durch diesen Wust durcharbeiten, wenn sie weiterkommen wollen und das Abiturzeugnis als Türöffner brauchen. Aber Kinder und Jugendliche? Vor allem solche, die in der Pubertät sind? Für sie ist die Schule im Alter zwischen zwölf und sechzehn oft bloß eine Qual.

Horror der Bevormundung

Das wissen natürlich auch die Lehrer. Sie ziehen sich innerlich Boxhandschuhe über, wenn sie in die entsprechenden Jahrgangsklassen eintreten. Der jetzt erwachende Widerspruchsgeist der Jugendlichen, die sich nicht nur von ihren Eltern, sondern darüber hinaus auch von anderen Respektspersonen loslösen und alle kulturellen Standards hinterfragen müssen, macht sie zu harten Gegnern. Als Lehrer braucht man ein besonders tiefes Verständnis für diese Zeit, ein gutes Stehvermögen – und viel von dem, was die Schule den Kindern gewöhnlich raubt: Interesse (an den Jugendlichen) und Selbstvertrauen. Die Pubertät ist auch eine Zeit sich vertiefender Wissbegier, und deshalb gibt es für manche Vierzehnjährige enge Bindungen an einzelne Lehrer und gute Lernerfahrungen.

Voraussetzung ist aber immer, dass Schüler und Lehrer einen engen menschlichen Kontakt herstellen, und das ist nur in Einzelfällen möglich.

Kindergartenkinder traben noch brav in Zweierreihen hintereinander her – für sie ist das ein Spiel wie jedes andere, und wenn sie keine Lust mehr haben, brechen sie einfach aus. Viertklässler haben es nicht mehr so gern, wenn sie sich an den Händen fassen oder abzählen lassen sollen, aber sie fügen sich (meist), weil ihr Vertrauen in die Macht und die Übersicht der Großen noch relativ ungebrochen ist.

Pubertierende Kinder sind einem regelrechten Individualisierungsschub ausgesetzt. Sie ertragen es einfach nicht mehr, kollektiviert, eingeteilt, zusammengeschweißt, dirigiert, verwaltet, hier- und dorthin geschickt, in ihren Leistungen und ihrem Ausdruck quantifiziert und benotet zu werden – sie entwickeln einen starken Affekt gegen dieses In-Schubladen-gesteckt-Werden, gegen das Vergleichen und Begutachtetwerden, und das ist ihnen auch zuzugestehen. Wer sie jetzt werden, als wer sie sich entpuppen, jetzt, wo das Erwachsensein sich ankündigt, wo die Sexualität sich über ihren Körper hermacht und die erotische Spannung sich ihrer Sinne und ihrer Seele bemächtigt, das wissen sie doch selber nicht, das versetzt sie in Furcht und Erwartung. Wie sollen sie da Fremden, und dann noch Vertretern einer öffentlichen Institution wie der Schule, zutrauen, sie gerecht zu beurteilen und ihnen per Schulnote zu dokumentieren, was sie wert sind?

An pubertierenden Kindern, so wie sie heute im Zuge der »Individualisierung« als widerborstige und eigenwillige junge Menschen auftreten, beweist die Einrichtung Schule, dass sie total obsolet, dass sie völlig überholt ist. Und die Jugendlichen lehnen mehrheitlich die Schule während der Pubertät nicht deshalb ab, weil sie dort Dinge lernen sollen, die sie nicht interessieren, sondern weil sie sich in einem Entwicklungsstadium befinden, in dem jede Art von (gut gemeinter) Bevormundung und Gängelei für sie ein Horror ist.

Keineswegs wollen Jugendliche während der Pubertät immer nur auf dem Sofa liegen, kiffen, über Sex reden und fernsehen, wie es das Klischee will. Ihre eingeschworene Gegnerschaft gegen die Schule kommt nicht aus einem alternativen Lebensentwurf, und sie richtet sich auch nicht gegen Englisch und Mathe oder Deutsch und Chemie an sich, sondern gegen den kollektivierenden Rahmen, die Zwangskontakte zu Mitschülern oder Lehrkräften, mit denen sie nichts anfangen können, gegen diesen ganzen Laden Schule mit seinen gleichförmigen Pflichten, seinen Gehorsamsgeboten, seinen nervtötenden Routinen. Da auch Jugendliche sich in der Regel keine Alternative zur Einrichtung Schule denken können, schieben sie langweilige Lehrstoffe vor, wenn sie gefragt werden, warum sie schwänzen. Man sollte sich davon nicht in die Irre führen lassen. Es ist nicht die Integralrechnung, die Jugendliche abschreckt, sondern die Notwendigkeit, sich in einen Klassenkörper zu integrieren, den sie nicht als den ihren empfinden.

Aber die Peergroup? Die Freundeskreise? Die Basketball-AG?
Der Computer-Club? Die Rockband? Die ganze Jugendkultur,
die sich rund um die Schule, unter der Regie der Schule und
unter Nutzung schulischer Räume und anderer Ressourcen herstellt und durchhält? Will man das denn alles abschaffen? Keineswegs. Natürlich versucht das hedonistische Wesen Mensch
unter allen Bedingungen, für sich ein paar Freunde rauszuschla-
gen, auch Pubertierende versuchen das, auch im Kontext
Schule. Oft gelingt es sogar. Theatervorstellungen, Sportfeste,
Spendensammlungen, schulpolitische Aktionen – all das ist be-
wundernswert, und es gehört später zu den beglückenden Erinnerungen an die Schule. Doch im Grunde ist es müßig, die
Schule als solche mit den wenigen Sonderfällen gelungener Projekte zu verteidigen. Man sollte sich stattdessen eingestehen,
dass im Europa des 18. Jahrhunderts beschlossen wurde, die
junge Generation ab sechs Jahren (Sechsjährige sind hochemp-
findliche klitzekleine Persönchen mit allem Anspruch auf
höchst individuelle Förderung statt Disziplin im Klassenverband) gestuft bis zum Alter von vierzehn beziehungsweise achtzehn Jahren zu *kasernieren*, sie zum täglichen Besuch einer
Erziehungsanstalt zu *zwingen* und sie dort mit Inhalten zu kon-
frontieren, deren Relevanz von älteren Schulräten insinuiert
wird und im Wesentlichen kaum über das hinausgeht, was wir
»totes Wissen« nennen. Und man sollte zugeben, dass für diesen
ungeheuerlichen Akt der Unterwerfung jegliche Legitimation
fehlt.

Aber Lesen und Schreiben? Ist es nicht ein Riesenfortschritt,
dass heute alle über diese Basiskulturtechniken verfügen? Sicher.
Nur: Man braucht für diese Lehre keine Schule. Und dass die
Analphabetenrate in den alten Kulturländern wieder steigt,
könnte ein weiteres Indiz für die Überholtheit der Schule sein.
Es bleibt dabei: Die »Individualisierung« mit ihrem Anspruch
an persönliche Selbstverwirklichung reibt sich hart an der
Großinstitution Schule mit ihrer veralteten hierarchischen, kol-

lektivistischen Struktur – einer von beiden muss weichen, und das wird nicht die persönliche Freiheit sein (so steht zumindest zu hoffen).

Gute Seiten, Schattenseiten

Indessen: Vieles garantiert heute die Schule, was keinesfalls aus der gesellschaftlichen Wirklichkeit verschwinden darf. So ist zum Beispiel die *elementare Bildung für alle* (weitgehend) *kostenlos* – diese großartige gemeinschaftliche Investition in die Jugend darf natürlich nicht verschwinden. Zweitens ist die Schule trotz ihrer Dysfunktion, was ihre Hauptaufgabe, die Lehre, betrifft, für viele Kinder ein wichtiger Tummelplatz zur Befriedigung ihrer sozialen Bedürfnisse.

Besonders solche Jugendlichen, die sich zu Hause nicht richtig zu Hause fühlen, finden in der Schule oftmals eine Gegenwelt, in die hinein sie sich vor den häuslichen Spannungen flüchten. Und allen Kindern bietet sie den unbedingt notwendigen Anschluss an die eigene Generation. Mit einem Wort: Nicht alles an der Schule ist überholt, dysfunktional und quälend. Das, was sie an bedeutenden Versprechungen auch hält – freier Unterricht für alle, soziale Zuflucht für manche – sind Fortschritte, die erhalten bleiben müssen.

Wie dividiert man die Schule? So, dass ihre »guten Eigenschaften« gerettet und ihre Schattenseiten eliminiert werden? Reformbemühungen gab es in den letzten dreißig Jahren zuhauf. Man hat versucht, den Frontalunterricht abzuschaffen, und statt der festen Klassen lose Kurssysteme eingeführt; man hat die Gesamtschule erfunden, um die soziale Schichtung aufzubrechen und die Chancen gerechter zu verteilen. Man hat Integrationsklassen eingerichtet, um behinderten Kindern den Anschluss an die Normalität zu ermöglichen, man hat sich auf

Reformschulen und »Freien Schulen« bemüht, im Vertrauen auf den natürlichen Lerneifer des Kindes jeden Zwang zu eliminieren. Irgendwo bleiben all diese Ansätze stecken. Ganz ohne Druck und sanfte Nötigung scheint das Lernen nicht zu laufen, und die Schwerkraft der Verhältnisse, die Haushalte ohne Buch von bildungsbürgerlichen Familien scheidet und so die Karten beim Erwerb von Bildung schon lange vor den Schuleintritt ungleich verteilt, schlägt wieder stärker durch. Offenbar ist wirkliche Gleichheit schwer zu realisieren (der Anteil von Arbeiterkindern an den Universitäten geht zurück) und Lernen ohne nicht wenigstens ein Minimum von Zwang nicht effektiv.

Heute dominiert eine eher konservative Haltung: Als gut gilt eine Schule, in der die Schüler ordentlich gefordert und die »Minderbegabten« ausgesiebt werden. Die Verschärfung der Konkurrenz in allen Arbeits- und Lebensbereichen hat auch vor der Schule nicht Halt gemacht. Denkt man an ein Land wie Japan, wo schon Krabbelkinder vor Englisch-Lehrkassetten gesetzt werden, kann man über europäische Zustände ja noch froh sein. Aber warum soll man eine kritikwürdige Institution wie die Schule in Deutschland mit einer unmenschlichen wie der japanischen Paukschule vergleichen? Besser, man versucht es andersherum und vergleicht mit Modellen, die der Zukunft angepasst wären, also mit der »Individualisierung« Schritt halten könnten. Nur muss man, was die Lernfähigkeit hiesiger Schulbürokraten angeht, eher pessimistisch sein, wenn man die Reaktionen der Kultusminister auf die PISA-Ergebnisse betrachtet. Vor allem die mangelnde Bereitschaft, Schulen mit mehr Geld auszustatten, mehr Lehrer einzustellen und alle besser zu bezahlen, lässt Hoffnungen auf die Reformierbarkeit der Schule, wie sie der Nachweis ihrer Ineffektivität in Deutschland (PISA) geweckt hat, schnell wieder in sich zusammenstürzen. Es ist skandalös: Alle wissen, so geht es nicht weiter, und dennoch wird die Strategie der Kaputtsparerei eiskalt fortgesetzt. Die Eltern machen sogar noch mit, indem sie sich bereit erklären, die Klassenräume auf eigene Kosten und in Eigenarbeit zu renovieren.

Schulutopien

Es ist hier nicht der Ort, die Alternative zur Schule zu entwickeln, zumal es um Kinder in der Pubertät geht, also nicht um die Grundschule (deren zaghafte Reformansätze vielerorts zurückgenommen werden). Dennoch bin ich wohl wenigstens ein paar Stichworte schuldig – nach einem so fundamentalen Schul-Schmäh. Also gut. Der Unterricht der Zukunft kostet das Dreifache. Kinder werden in kleineren Gruppen unterrichtet (nicht mehr als sieben), und zwar projektbezogen – ohne die übliche Fächeraufteilung. Sie bauen zum Beispiel ein Haus, legen einen Garten an, schreiben ein Buch (beziehungsweise malen ein Bilderbuch) oder führen ein Theaterstück auf und lernen anhand ihrer Projekte und mit ihnen Rechnen, Biologie, Schreiben und Schneidern und Sichvertragen; es ist dafür gesorgt, dass eine Kerngruppe zusammenbleibt, damit Beziehungen sich vertiefen können (auch zu den Lehrern), aber es gibt auch immer wieder Berührung und Austausch mit anderen Lerngruppen.

Die Konkurrenz unter den Schülern kann minimiert werden, indem jeder eine Chance bekommt, zu entwickeln, was in ihm steckt. Das, was an Leistungsvergleich dann doch unverzichtbar bleibt, muss in jährlichen Prüfungen erhoben werden.

In Australien existiert ein vom Staat getragenes Homeschooling, da es zu viele abgelegene Höfe gibt, als dass alle Kinder einen zumutbaren Schulweg hätten. Manche werden von Hauslehren unterrichtet, und es hat sich gezeigt, dass Schüler mit solchen Lernerfahrungen regelmäßig zu den Jahrgangsbesten zählen.

Ganz sicher stellt die Institution Schule mit Stundentakt, Stoffvorgabe und Benotungszwang eine ausgesprochen mangelhafte Voraussetzung für kontinuierliche Lernerfolge bereit; an den guten Leistungen der im Homeschooling-Verfahren unterrichteten australischen Kinder sieht man, dass eine entspannte häusliche Umgebung und das Fehlen einer erdrückenden Anzahl von Konkurrenten um die Aufmerksamkeit der Lehrkräfte die Konzentration fördern. Dennoch können wir in unserem Land kein flächendeckendes Homeschooling einführen. Ein Lehrer pro Kind – wer könnte das bezahlen! Und doch muss es in diese Richtung gehen. Da ohnehin immer weniger Kinder geboren und unsere Gesellschaften immer reicher werden, dürfte sich die finanzielle Belastung, die ein erneuertes Lernsystem der Allgemeinheit aufdrückte, in Grenzen halten.

Schülerlieben

Jugendliche möchten, anders als Abc-Schützen, unbedingt selbst entscheiden, was und wie sie lernen. Sie sind nicht mehr für alles offen wie die Kleinen, sie haben dezidierte Vorlieben und Abneigungen, und in ihre Köpfe haben sich bereits Muster eingeprägt, anhand derer sie geistige Inputs auswählen und verarbeiten. Dass die Schule hierauf keine Rücksicht nehmen kann, ist besonders bitter für sie. Die Geschlechtsreife begünstigt ja auch die Ausdifferenzierung der Individualität, denn Weiblichkeit und Männlichkeit durchdringen jetzt auch so scheinbar erotikferne Persönlichkeitszonen wie Geschmack, Humor, die Bereitschaft, widerspruchsvollen Anforderungen zu genügen oder in einer Zwangslage Geduld zu bewahren. All diese Eigenschaften und Charaktermerkmale, die ja vorher schon da waren, werden jetzt mit einem geschlechtlichen Index versehen und verändern sich in ihrer Stärke und in ihrem Ausdruck.

Just in dieser Phase, in der sie so ganz anders werden, als sie vorher waren und als die anderen sind, müssen die Jugendlichen sich anpassen, sich vergleichen und über einen Kamm scheren lassen, müssen in den meisten Bundesländern die Zehn- bis Zwölfjährigen die Schulklasse oder den Schulort wieder wechseln – nein, wenn irgendetwas nicht zusammenpasst, dann sind es Pubertät und Schule. Hinzu kommt, dass die aufkeimenden erotischen Interessen im kasernenartigen Ambiente der Anstalt sozusagen die schlechtestmögliche Umgebung vorfinden. Da sie sich weder unterdrücken noch abschrecken lassen, wallen und lodern sie auch in der Schule – wo sie nicht hingehören und auch nicht gern gesehen sind. Den Jugendlichen ist das bewusst, aber sie können nichts daran ändern. So ist Nico gewissermaßen gezwungen, sich in Dorothee aus der Parallelklasse zu verknallen; schließlich sieht er sie täglich, und sie ist so wunderhübsch. Aber der Physikraum, das Landkartenzimmer, der Tafelkreidestaub in der Luft und der Lärmpegel auf dem Schulhof – all das konstituiert für eine erste Liebe ein so wenig förderliches, so keinesfalls sinnlich einladendes Klima, zu schweigen von den konkurrierenden Affekten wie Angst vor einer Fünf in Englisch oder Schiss wegen nicht geleisteter Vorarbeit für das Geschichtsreferat, dass Nico seine Gefühle für Dorothee lieber für sich behält oder unterdrückt, als ihnen freien Lauf zu lassen. Schülerlieben werden sozusagen von dem schrecklichen Schweiß- und Bohnerwachsgeruch, der in allen Schulen vorherrscht, angesteckt und gestalten sich, wenn sie doch ausbrechen, häufig schwierig.

Letztlich aber ist Eros stärker als jede Schule, und selbst eine Sporthalle oder ein Waschraum mögen als Schauplatz für eine erste Umarmung herhalten – Verliebte vergessen bekanntlich, was um sie herum passiert. Was sie aber nicht vergessen können, ist, dass die Schule die erotische Annäherung nicht nur nicht lehrt oder fördert, sondern eigentlich untersagt. Wenn die Schule in einem Verhältnis zur Erotik steht, dann in dem des

Ausklammerns und Untersagens. Sie will die Kinder für sich und gönnt sie Eros nicht. Wer meint, das werde doch heute alles nicht mehr so eng gesehen, vergegenwärtige sich bitte, dass ein verständnisvoller Lehrer, beispielsweise auf einer Klassenfahrt, mit einem Bein im Gefängnis, zumindest aber vor einer Disziplinarstrafe steht.

Eros siegt auf lange Frist dann doch. Aber solange die Schule noch mit der »Pflicht« herumfuchteln darf, derzufolge der Schüler ihr gehört, stört und zerstört sie nach Möglichkeit die ersten Liebesunternehmungen der Jungen und Mädchen. Es muss nicht gleich so hart kommen wie in den »Verwirrungen des Zöglings Törleß«, aber irgendeine ungute Spannung zwischen dem natürlichem Wunsch, Liebespfade zu gehen, und dem Zwang, Schulaufgaben zu machen, gibt es für alle Pubertierenden.

Wie Pubertierende lernen sollten

Da Kinder ab zwölf ein weit ausgeprägteres Bedürfnis verspüren, ihre Fähigkeiten gezielt und nachhaltig unter Beweis zu stellen, als Grundschulkinder, für die sich Spiel von Leistung noch nicht trennen lässt, sollte man ihnen eine ihrem Alter gemäße Arena für Selbstdarstellung, Wetteifer und Peergroupbildung anbieten. Spätestens Pubertierende müssen »projektbestimmt« lernen – also das berühmte Haus bauen oder den Film drehen; sie wollen nicht bloß nachvollziehen und rumprobieren und haben dazu auch keine Geduld – sie wollen gestalten. Vor allem sollte man sie nicht auf der Schulbank festnageln, sondern sie so unterrichten, dass Bewegung möglich ist. Einen Spielplatz anlegen, eine Deutschlern-Initiative für ausländische Nachbarskinder einrichten oder eine Internetverbindung zu einer brasilianischen Kinderhilfsorganisation mit Patenschaften und Austausch herstellen – solche praktischen, sinnvollen Aktivitäten, an die sich dann auch der entsprechende »theoretische« Wissenserwerb anschließen muss (Materialkunde, Bauzeichnen, Geometrie, Didaktik, deutsche Grammatik, Portugiesisch, Geographie) – das ist mit Sicherheit der beste Weg, heranwachsende Kinder zum Lernen zu bewegen und sie dabei zugleich Eigenständigkeit und praktische Entscheidungskraft zu lehren.

Wichtig ist auch, dass das Kompendium an Grundwissen, das heute viel zu viel überflüssigen und spezialisierten Stoff enthält, zurückgefahren wird. Besonders begabte Kinder sollten aus jedem Nebenfach *ihr* Hauptfach machen können, besonders desinteressierte Kinder sollten noch mehr Nebenfächer abwählen können. Die Wahlfreiheit, die es ihnen ermöglicht, so zu lernen, dass die eigenen Neigungen und Begabungen dabei im Mittelpunkt stehen, müsste ausgedehnt werden. In diese Richtung führen schon allerlei Reformen und manche Modellschule – es müsste mehr geschehen.

Ein amerikanischer Computerexperte wurde einmal gefragt, ob er sich einen Unterricht ganz ohne Lehrer, dafür mit ausgebufften Computerprogrammen vorstellen könne. »Nein«, antwortete er überraschenderweise, ein menschlicher Lehrer sei unverzichtbar, der Computer hilfsweise einsetzbar, doch im Grunde nicht wichtig. Aber, so der Interviewer, am Computer hätten die Kids wenigsten ihren Spaß und könnten sich deshalb eher mit der Schule aussöhnen. Darauf erwiderte der Experte trocken: »Lernen macht keinen Spaß.«

Man zuckt zusammen, wenn man so was hört, nicht wahr? Meine Generation, soweit sie versucht hat, vom Kinde her zu denken und die Ordnungs- und Herrschaftsinteressen der Erwachsenen-Generation zurückzuschneiden, hat die These, dass Lernen eine wundervolle Erfahrung sei und alle Kinder von selbst dahin strebten, zum Dogma erhoben. Nun ist die Idee Jean-Jacques Rousseaus vom gern lernenden Kind auch nicht falsch – aber sie ist einseitig. Der Prozess des Lernens ist komplex und beinhaltet Phasen saurer Anstrengung.

Ein Mensch, der unbedingt etwas lernen will – nehmen wir einen jungen Mann, der sich in eine Französin verliebt hat und nun deren Sprache büffelt –, stürzt sich mit Feuereifer auf den Stoff. Um seines Ziels willen ist er sogar mit Freuden dabei. Aber es warten auf ihn Phasen, in denen der Stoff sich als widerständig erweist, er »im Schweiße seines Angesichts« ackern muss und nicht mehr von Spaß reden würde. Ist seine Motivation stark genug, so steht er diese Phasen durch und ist hinterher stolz auf seine Ausdauer. Verschwimmt sein Ziel – etwa weil die Pariserin sich einem anderen zuwendet und er kaum noch darauf rechnen kann, sie zu gewinnen –, wägt er spätestens beim französischen Konjunktiv Kosten und Nutzen des harten Lernparcours noch einmal ab und revidiert unter Umständen seine Entscheidung, das heißt, er schmeißt den Kram hin.

Lernziel und Lernaufwand also müssen in einem Verhältnis zueinander stehen, das subjektiv vertretbar ist, und wenn es so ist, lernt jeder gern weiter. Eine Fortbildung zum Beispiel, die später einen interessanten Job mit gutem Gehalt garantiert, wird bereitwillig durchgestanden, auch wenn es Strecken gibt, die zu bewältigen enorme Mühen kostet. Sind aber die Jobaussichten fragwürdig, wird derselbe normal begabte Fortbildungsschüler, der im Falle garantierter Aussichten die Hürden genommen hätte, den Kurs entnervt verlassen, sowie der Stoff sein spontanes Verständnis übersteigt und er wirklich arbeiten muss, um mitzukommen. – Es versteht sich, dass alle genommenen Hürden und die mit viel Fleiß und Extramühe angeeigneten schwierigen Inhalte im Rückblick glücklich machen: Man hat sich angestrengt und »es« geschafft, und nun winkt der Lohn in Form des Aufstiegs oder wenigstens eines Diploms. Dennoch war der Lernprozess selbst gemischt: aus Etappen, in denen es leicht ging und Spaß machte, und solchen, in denen er eine Last war.

Für Kinder nun ist die Situation deshalb besonders schwierig zu meistern, weil ihr Lernziel das Lernen selbst sein soll – beziehungsweise »das Leben« –, eine ferne Bühne späterer Erfolge, deren Prämienqualität einstweilen noch viel zu abstrakt ist, um die Kinder schon zu motivieren. In der Pubertät kommt erschwerend hinzu, dass die Kids eigene Ideen von ihren Lebenszielen entwickeln und so bei den Mitteln und Wegen ihrer Ausbildung mitreden wollen. Jetzt ist die Schule mit ihrem Schematismus und ihren »von oben« diktierten Lehrplänen vollends eine hohe Hürde bei dem Versuch der Jugendlichen, trotz Pubertät gern und freiwillig zu lernen.

Im Grunde liegt der Knackpunkt bei allen Formen von Schuldidaktik in der Motivation: Wie kriegt man die Jugendlichen dazu, trotz fehlenden Interesses an einem Stoff sich diesem dennoch zuzuwenden und den Lehrern zu glauben, dass sie »später« oder mittelbar doch einen satten Nutzen von seiner Beherrschung haben werden?

Wenn der innere Antrieb fehlt und dennoch gearbeitet werden muss, hilft nur eins: Disziplin. Oder Gehorsam. So nennt man es, wenn Kinder oder Jugendliche (oder Erwachsene) Dinge tun, die sie von sich aus nicht tun würden und die sie nur einer übergeordneten Instanz zuliebe tun (beziehungsweise aus Furcht vor Sanktionen) – und sei diese Instanz der eigene Glaube, »später« oder mittelbar die Früchte dieses Tuns doch profitabel ernten zu können.

Disziplin und Gehorsam sind seit einem Menschenalter als Werte in einer tiefen Krise. Zu sehr gemahnen sie an den »autoritären Charakter«, zu sehr reiben sie sich an den Erfordernissen und Versprechungen der »Individualisierung«. Man kann sie genauso wenig retten wie die Schule – obwohl es ja solche Versuche immer wieder gibt (jüngst: Bernhard Bueb mit seinem Buch »Lob der Disziplin«).

Natürlich ist auch etwas dran am Ruf nach Disziplin. Kindern muss erklärt werden, dass ein Lernen, das »keinen Spaß macht«, zum Großwerden dazugehört. Dass diese Art »saures Lernen« niemandem, auch den Erwachsenen nicht, erspart bleibt. Wer nicht fähig ist, dazuzulernen, kommt nicht weit und erfährt weder Sinn, noch hat er Spaß. Kinder merken das manchmal selbst. Das Baumhaus zu bauen hat zwischenzeitlich wirklich Arbeit gemacht. Aber jetzt, wo es fertig ist und man darin spielen kann, sieht man: Es hat sich gelohnt. Geht ein Kind erst mal zur Schule und sind die ersten freudigen Erregungen der Einschulung vorbei, muss man es dann doch öfter mal daran erinnern, dass es wichtig ist, das Abc zu können. Für den Augenblick und für später.

Die meisten Menschen sind dann tief befriedigt, wenn sie etwas (Besonderes) geleistet haben, wenn sie von sich sagen können: »Seht her, das habe ich geschafft«, wobei es egal ist, ob ein Kuchen gebacken, ein Garten bestellt, ein Kind geboren oder ein Buch geschrieben worden ist. Um also Kindern und Jugendlichen dazu zu verhelfen, dass sie (später) Glücksmomente erleben, muss man ihnen Wege zeigen, auf denen sie – im Rahmen ihrer Möglichkeiten – etwas Gutes zuwege bringen. Dazu gehört auch Disziplin.

Ohne die Bereitschaft, der natürlichen Trägheit zu widerstehen und Phasen der Langeweile, der Widerständigkeit einer Aufgabe, des Überdrusses und der Selbstzweifel zu besiegen, sind gute Leistungen nicht zu erbringen. Jugendliche verstehen das, und sie sind auch zu großer Beharrlichkeit fähig, wenn es um Projekte geht, an denen ihr Herz hängt. Was ihnen jedoch fremd und überflüssig erscheint, dagegen sperren sie sich mit der ganzen Inbrunst ihrer überschießenden Emotionalität. Oder auch mit der dumpfen Lethargie eines passiven Widerstandes. Hier Disziplin im Sinne von Selbstverleugnung zu erzwingen ist nicht nur eine Überforderung, sondern auch ein Fehler. Diese Art oktroyierte Disziplin stirbt (hoffentlich) aus. Die andere Variante jedoch, ein Selbstzwang, der weiß, dass Lernen manchmal weh tut, und der diesen Schmerz um des Lernziels willen akzeptiert, der darf, ja muss kräftig wiederbelebt werden. Durch Überzeugung, Überredung und Vorbild müsste es zu schaffen sein.

Daphne hat mit sieben Jahren angefangen, Klavier zu spielen. Mit zehn konnte sie den ersten Teil von »Für Elise«, beim zweiten, schwierigeren jedoch häuften sich die diffizilen Stellen. Daphne versagte und gab ganz auf. Das Glück jedoch, das sie beim Vorspielen des ersten Elise-Teils und der wehmütig-träumerischen Melodie durchströmt hatte, vergaß sie nie. Zwei Jahre später nahm sie den Unterricht wieder auf – freiwillig, ohne elterlichen Druck. Sie fand den Anschluss, übte den zweiten Teil, meisterte ihn und genoss die Befriedigung. Sie war jetzt zwölf und saß oft stundenlang am Klavier. Es kostete sie viel Disziplin, zu Chopin vorzustoßen, aber die brachte sie auf – nicht gerade gerne. Lieber hätte sie es gehabt, wenn ihr alles zugeflogen wäre. Aber so war es nicht. Sie musste kämpfen. Und sie lernte, dass der Kampf, die Angst vor dem Versagen, die Mühen der Aneignung, dass dieses ganze »Lernen macht keinen Spaß« zum Erfolg dazugehört. Sie wollte nicht etwa Pianistin werden. Nur Klavier spielen. Das sanfte, reine Glücksgefühl der Elisen-Zeit bewahren. Und immer wieder abrufen … Diese Erfahrung mit den Herausforderungen der Disziplin hilft ihr auch in der Schule.

So ein eigenes Bewährungsfeld, auf dem Disziplin, während sie weh tut, klaglos aufgebracht wird, da nun mal Leistungen (fast) immer gegen (innere und äußere) Widerstände durchgesetzt werden müssen, tut jedem Kind gut. Für viele ist es der Sport. Für andere eine künstlerische Betätigung, die als Hobby begann. Für wieder andere eine soziale Arbeit, wie zum Beispiel Nachbarschaftshilfe oder Jugendpolitik. Für viel zu wenige ist es die Schule. Schon das spricht gegen diese Institution. Das Bildungsprogramm für die Jugend sollte den Kids mehr Leidenschaft abverlangen. Freiwillige Disziplin kommt dann schon hinzu.

Kapitel 9
Die Generationenspannung

Forever young

Erwachsene machen kleinen Kindern Angst, weil sie so groß sind – aus demselben Grund aber wecken sie Vertrauen: Es tut gut, zu wissen, dass es jemanden gibt, der die Welt kennt und die Kleinen beschützt. Erwachsenwerden heißt dann, beides (zu großen Teilen) zu verlieren: die Angst – und das Vertrauen. Was passiert nun, wenn die Eltern gar keine Angst mehr einjagen – weil sie alles verstehen und selbst Kind geblieben sind? Und wenn sie auch kein Vertrauen mehr vermitteln: weil sie ihre Kinder früh zum Selbstschutz anleiten und ihre eigene Unsicherheit nicht mehr verstecken? Wie soll das Erwachsenwerden dann vor sich gehen? Können Kinder sich überhaupt noch zu reifen Menschen entwickeln, wenn das bedrohliche und das beschirmende Gegenüber fehlen?

Diese Frage beschäftigt Wissenschaft, Kulturkritik und Medien seit längerem, denn es lässt sich nicht übersehen: Die Generationen werden einander ähnlicher. Kinder drängen immer früher aus dem Schutzraum ihrer Spielzimmer in die Welt, wie sie für die Großen eingerichtet ist, und die Eltern verweigern die althergebrachte Würde von »Paterfamilias« und »Mutter der Kinder« und fahren neben ihrem Nachwuchs auf Rädern, Rollschuhen und Skateboards einher, hören Popmusik wie sie und tragen identische T-Shirts. Welche Kosten fordert dieser Angleichungsprozess? Was muss die junge Generation zusätzlich leisten, um aus den Kinderschuhen herauszufinden?

Es ist interessant, dass immer nur nach den Kosten gefragt wird, ja, dass man sich vorab über eines einig zu sein scheint:

Die Angleichung der Generationen ist ein Übel. Viel zu wenige kommen auf die Idee, nach den Gewinnen zu fragen und sich zu überlegen, dass es die Jugendlichen heute in vielem leichter haben, weil ihre Eltern und Erzieher sich um Verständnis bemühen und ihnen nicht mehr so viel verbieten. Nein, man geht davon aus, dass Kinder einschüchternde Vater- und Mutterfiguren *brauchen* und dass sie deren Abdankung mit einer verzweifelten *Unsicherheit* bezahlen. Aber unsicher sind erst mal die Erwachsenen, die solche Fragen aufwerfen. Und phantasielos sind sie auch, weil sie sich nicht vorstellen können, dass nachgeborene Generationen einen weniger dornenreichen Weg ins Erwachsenenleben erfreut begrüßen.

Interessant ist ferner, dass die Erwachsenen die Konsequenzen des Wandels erst mal auf die Unmündigen projizieren, die ja noch keine rechte Meinung dazu haben können, anstatt bei sich selbst anzufangen und sich ganz unverstellt zu fragen, wie es eigentlich kommt, dass sie heute so viel länger jung bleiben als ihre Altvordern. Warum haben sie deswegen ein schlechtes Gewissen, warum sind sie so überzeugt davon, dass es ihren Kindern zum Übel ausschlägt, wenn sie selbst sich weigern, die unbefragbare Autorität des Haushaltsvorstands oder Schulmeisters seligen Angedenkens auszustrahlen?

Seit Menschengedenken hat die Elterngeneration in einer gewissen Furcht vor ihren Nachkommen gelebt – ja, nicht nur die Kinder haben vor ihren Eltern Angst gehabt, umgekehrt galt es auch. Das ungebärdige, frische, freche Leben der Kleinsten galt Eltern und Erziehern stets als mit einem Übermaß an Vitalität ausgestattet, das irgendwie gedämpft werden musste. Ungute Erinnerungen an eigene Einschränkungen und Enttäuschungen der frühen Jahre spielen auch mit – Erwachsene, die Eltern geworden sind, wussten dies eine genau: Kinder müssen gezähmt werden. Sie müssen mit Grenzen, Versagungen und Abstrichen konfrontiert werden, möglichst auch noch mit Angst und Schrecken, sonst werden sie nicht auf die richtige Art groß.

Ob das wirklich stimmt, diese Frage wurde vergleichsweise selten gestellt. Während der 1968er-Jahre kam sie als Konzept der »antiautoritären Erziehung« zu Ehren, blieb für einige Jahre lebhaft in der Diskussion, generierte den so genannten permissiven Erziehungsstil und wich schließlich in den 90er-Jahren einer skeptischen Rückbesinnung auf die Vorteile der Autorität. Aber keiner der Skeptiker und jung gebliebenen 68er, die sich jetzt *gegen* die Ideale einer repressionsfreien Erziehung aussprachen, zog die Konsequenz, sich selbst in einen rohrstockschwingenden, zottelbärtigen Pädagogen alter Schule zurückzuverwandeln oder danach zu trachten, als Endvierziger so auszusehen wie die Generation seines Opas.

Fangen wir also bei den Erwachsenen an, denn *sie* haben den Wandel herbeigeführt. Die 1968er waren die Ersten, die die falsche Würde herkömmlichen Erwachsenseins abstreiften und einfach Mensch blieben, auch wenn sie ihren Doktor gemacht, es zu einer Chefposition gebracht und Kinder in die Welt gesetzt hatten. Das »forever young« ihrer Musik und ihres Lebensgefühls wurde ihnen gern zum Vorwurf gemacht, oft vermischt mit vorgeblicher Empathie für die nachrückende Jugend, die nun niemanden mehr hätte, an dem sie sich reiben könnte, weil Ma und Pa (die jetzt mit Vornamen angeredet wurden) keine Autorität mehr sein wollten. Aber die nachfolgenden Jahrgänge blieben ebenfalls jung, niemand korrigierte den Fehler des angeblich so lächerlichen »forever young«, und bis heute tragen *alle* Generationen einmütig dieselben Jeans. Wie kam das?

Bei solcher Art Wandel sind meistens mehrere Gründe maßgeblich; nennen wir die wichtigsten.

Da ist die Flexibilisierung in der beruflichen Ausbildung, Ausrichtung und Praxis, die von den Erwerbstätigen *verlangt*, die einst der Jugend vorbehaltene Anpassungsbereitschaft an veränderte Arbeits- und Lebensumstände immer wieder zu reproduzieren. Und dieser Trend verstärkt und beschleunigt sich – natürlich hat das Konsequenzen für die Mentalität der Leute:

Es wird immer wichtiger, unter der Perspektive von Veränderlichkeit und Vorläufigkeit zu leben – die Fähigkeit dazu ist ein Synonym für Jugendlichkeit im Sinne von Nicht-festgelegt-Sein, von Offenheit und Beeinflussbarkeit. Psychische Lagen und Befindlichkeiten streben nach sichtbarem Ausdruck. Die heutige Eltern- und Großelterngeneration sieht nicht nur jünger aus als die Väter und Mütter zu Beginn und in der Mitte des 20. Jahrhunderts; sie *ist* es, was das Lebensgefühl betrifft, nolens volens wirklich.

Die Frauenemanzipation gehört auch in diesen Kontext. Sie löste die starren Geschlechterrollen in immer größere Fächer von Möglichkeiten auf, die Männern *und* Frauen offenstehen sollten, und reduzierte deshalb noch einmal Sicherheit, Voraussehbarkeit und Planbarkeit von Lebensabschnitten. Wo ständig neu improvisiert werden muss – mit den Wohnformen, den Halbtagsstellen, der Kinderbetreuung –, erhalten sich die psychische Geschmeidigkeit und die Freude am Wechsel, wie sie für die Jugend kennzeichnend sind, länger, auch wenn die Härten durchaus als solche empfunden werden und man sich manchmal nach den Gewissheiten alter Zeiten zurücksehnt. Aber diese Gewissheiten sind nicht mehr zu rekonstruieren – und ihre Reste zerfallen immer schneller.

Die Segnungen der Medizin müssen ebenfalls genannt werden. Nicht nur die Kindersterblichkeit hat sich enorm vermindert – auch die Erwachsenen leben immer länger. Dass dieser Fortschritt nur etwas taugt, wenn die Jugendjahre sowie die Reifezeit sich ausdehnen, versteht sich von selbst. So haben wir heute nicht nur deshalb eine verlängerte Adoleszenz, weil die Ausbildungszeiten anwachsen, denn die müssen als Park-Phase den Arbeitsplatzmangel kompensieren, sondern weil das Leben länger währt und sich die einzelnen individuellen Altersstufen sozusagen verbreitern. Aus demselben Grund verlängert sich die Reifezeit. Eine fünfzigjährige Frau war vor zwei Generationen eine verbrauchte Großmutter im Silberhaar. Heute ist sie eine

Dame auf dem Höhepunkt ihres beruflichen Erfolges, fit, schlank, mit getöntem Lockenhaar und im Zweifelsfalle frisch verliebt.

Als letzter Grund für die Jugend der Alten sei die *Demokratie* genannt. Demokratie? Da wundert man sich – was hat die mit dem Jugendkult zu tun? Eine Menge. In Deutschland (Westdeutschland) hat sich eine lebendige, von der Bevölkerung gewollte Demokratie erst nach dem 2. Weltkrieg durchgesetzt; 1968 gab es diesbezüglich dann noch mal einen Schub.

Demokratie heißt ja nicht nur Kontrolle der Regierung durch das Parlament – Demokratie heißt tendenziell die Kontrolle einer jeden Hierarchie durch deren untere Ränge, jedenfalls kann es das heißen, und wenn der basisdemokratische Bazillus die Gesellschaft erst mal durchseucht hat, ist er sehr schwer wieder loszuwerden. In der Bundesrepublik grassierte er nach '68 ganz gewaltig; Boss-Allüren und freiwillige Unterordnung waren mega-out, und obwohl man inzwischen weithin akzeptiert hat, dass es funktionelle Eliten geben muss und Überlegenheit nicht immer vorgetäuscht ist, hat sich doch in Deutschland ein gewisser antiautoritärer Kontrollimpuls erhalten, natürlich nicht überall, aber doch in den wichtigsten Instanzen der Sozialisation, wie etwa der Mittelschichtfamilie (die normsetzend wirkt), den Schulen, Universitäten und anderen Bildungseinrichtungen und selbst in Vereinen, in manchen Betrieben und in der Lokalpolitik.

Dass auch Anfänger, Lehrlinge, kleine Leute von der Straße, Dummköpfe und Unmündige ihre Rechte haben und ihre Meinung sagen und Einfluss nehmen sollen, ist heute Allgemeingut – besonders in Deutschland, das spät zu dieser Einsicht kam und heute in Sachen Partizipation europaweit einen der vordersten Plätze belegt. Autoritäten, die sich kritisieren lassen, Würdenträger, deren Kompetenzen angezweifelt werden können, Spitzenpolitiker, die mit Lehrlingen diskutieren, sind und wirken unbedingt jünger als die marmornen Respektspersonen des 19. Jahrhunderts.

Werden Grenzen wirklich »gebraucht«?

Wenn Hierarchien nicht mehr als gottgegeben gelten, ändert sich die Position des Kindes in der Familie. Es hat nicht mehr so viel Angst vor seinen Eltern, die jetzt nicht mehr so hoch über ihm stehen, kann aber auch nicht mehr auf so viele Garantien für ein geschütztes Aufwachsen zählen – die im Übrigen nie so felsenfest waren, wie ihre Agenten, die verantwortungsbewussten Eltern, einst gern vorgaben. Die Kindheit rückt aus dem separaten Reich, in das die klassische bürgerliche Gesellschaft sie eingehegt hatte, heraus, sie wird durchlässiger, sie nimmt mehr auf aus der Welt der Großen, die ihr früher fester verschlossen geblieben war und der alle Kinder mit einer Mischung aus Schrecken und Erwartung entgegenfieberten.

Aber ob nun dieses »Verschwinden der Kindheit« mehr Fluch oder mehr Segen ist – das ist noch längst nicht ausgemacht. Und wenn wir uns mit viel Zeit und wenig Vorurteilen in diese Frage vertiefen, kommen wir wahrscheinlich zu dem Schluss, dass der Segen den Fluch weit überwiegt.

Niemand von uns Heutigen war vor hundert Jahren Kind – es fehlt also der Vergleich aus der Anschauung, wir sind auf mittelbare Erfahrungen, auf die Literatur, angewiesen. Die immerhin bietet reichlich Stoff; wer wissen will, wie es war, vor hundert Jahren Kind gewesen zu sein, hat die freie Auswahl, er wird nicht enttäuscht. An »Frühlings Erwachen« von Frank Wedekind habe ich schon erinnert. Als ein weiteres prominentes Beispiel seien die Lebenserinnerungen von André Gide genannt. Wer dieses Werk liest, kann einen Seufzer der Erleichterung darüber, dass Kindheiten im Schatten von so viel Heuchelei, Verboten und Verständnislosigkeit heute in der westlichen Welt zur Ausnahme geworden sind, kaum unterdrücken.

Wir sind einen ordentlichen Schritt weitergekommen im »Jahrhundert des Kindes« – wenn auch erst in dessen zweiter Hälfte –, und wer sich heute, zu Beginn des nächsten Jahrhunderts, allen Ernstes hinstellt und behauptet, der Jugend ginge es so schlecht wie nie, weil sie sich von ihren Eltern nicht mehr richtig unterscheide, der hat einfach den Sinn für Maßstäbe verloren.

Bleibt die Frage, ob nicht gerade die pubertierende Jugend sich an einer strengen Elterngeneration reiben können müsse, ob sie nicht am Erwachsenwerden scheitern werde, wenn ihr alles entgegenkommt und Ma und Pa dieselben Spiele spielen. Der Satz »Kinder brauchen Grenzen« – sprich: nein sagende Eltern, Verbote und Schwierigkeiten aller Art – ist streng genommen falsch, weil er eine Gegebenheit, nämlich die *Existenz* von Grenzen und die Schwierigkeiten bei ihrer Überschreitung, in ein Bedürfnis umdeutet. Kein Kind wünscht sich Grenzen und Schwierigkeiten, und ob es sie und darüber hinaus Eltern, die das Neinsagen für ihre besondere Pflicht halten, wirklich *braucht*, möchte ich bezweifeln.

Tatsache ist doch, dass Kinder und Jugendliche immer wieder an Grenzen *stoßen*, auch ohne dass Eltern und Erzieher eigens darauf achten oder sogar ihrerseits Grenzen ziehen, wo sonst keine wären. Da Kinder in eine Welt hineingeboren werden, von der sie erst einmal nichts wissen, deren Geist und Materie, Regeln und Gegenstände, Menschen und Tiere ihnen so neu und fremd sind wie das eigene Ich, werden sie mit Notwendigkeit immer wieder gegen Grenzen anrennen und riesige Schwierigkeiten auszustehen haben, wenn sie darangehen, die Bedürfnisse ihrer eigenen kleinen Person mit den Gegebenheiten der Außenwelt in Einklang zu bringen. Sie brauchen bei diesem Prozess des Weltverständnisses und der Selbstbehauptung elter-

licherseits so viel *Unterstützung* wie irgend möglich, dazu liebevolle Einfühlung und freundliche Begleitung. Dass hiervon sehr
viel seltener die Rede ist als von dem weitgehend überflüssigen
»Grenzensetzen« seitens der Eltern, zeigt, dass die zeitgenössische Erwachsenengeneration sich immer noch nicht von der
Idee verabschiedet hat, Kinder müssten gezähmt werden wie
junge Raubkatzen und seien, wenn man sie gewähren lässt, vor
allem dazu gut, ihre Eltern zu verschlingen.

In Wirklichkeit ist die Übermacht – im materiellen, geistigen
und sozialen Sinn – *immer* auf Seiten der Erwachsenen, auch
heute, wo Eltern länger jung bleiben. *Sie* sind es, die die Ressourcen kontrollieren, die Posten besetzt halten und die Regeln
der diversen Spiele formulieren, die in den verschiedenen Frak-
tionen des sozialen Lebens gespielt werden, egal, wie jugend-
frisch und kindlich sie dabei ausschauen.

Jede Jugend muss also in gewisser Hinsicht auch mit der Elterngeneration kämpfen, um sie irgendwann zu verdrängen und
ihren Platz im gesellschaftlichen Gefüge einzunehmen – das ist
ein Gesetz, das sich aus der Endlichkeit der menschlichen Existenz ergibt und gegen das kein Kraut gewachsen ist. Die Gel-
tung dieses Gesetzes impliziert, dass sich eine gewisse Reibung
zwischen den Generationen *von selbst* einstellt, dass man sie
nicht eigens befördern, sondern sich nur ihrer Unausweichlich-
keit bewusst sein muss. Man erkennt dann, wie überflüssig die
Sorge ist, es könnte der Jugend zu leicht gemacht werden und
sie würde nicht erwachsen, weil ihre Eltern sich die grauen Haare rot färben und mit fünfzig noch auf Rockkonzerte gehen. Es
ist doch prima, wenn die Verständigungsräume zwischen den
Generationen größer werden. Kampfzonen bleiben eh bestehen,
ob man das aus pädagogischer Besorgnis wünscht oder nicht.
Für die Normalität des Zusammenlebens aber sind ein Mehr an
Übereinstimmung und Harmonie und ein Weniger an Konflikt
und Spannung nur förderlich.

Man kommt andrerseits nicht daran vorbei; zu bedauern,

dass die ästhetischen Räume, in denen die Jugend etwas ganz
Eigenes erfinden und präsentieren könnte, immer enger werden
– was die Kids auch ersinnen, sei es das grüne Haar oder der
Maschinenrhythmus des Techno, es wird ihnen von der Industrie (Stichwort: Trendscout) gestohlen und über die Märkte erneut zugespielt, so dass sie geradezu gezwungen sind, zu extremen Varianten zu flüchten und sich beim Sprühen von
Wandbildern auf Brandmauern in Lebensgefahr zu begeben,
um überhaupt noch »ihr Ding« in die Welt zu setzen.

Getrennte Wege

Und was ist mit dem Kumpel-Vater, der der »beste Freund« seines Sohnes sein möchte, sich vor aller Augen bei ihm anbiedert,
was dem Zwölfjährigen schrecklich peinlich ist? Was mit der be-
rufsjugendlichen Mutter, die ihrer Tochter in die Disco folgt,
mit knallengen Jeans und Kreolen in den Ohren, so groß wie
Untertassen? Es mag ja sein, dass es diese Karikaturen hin und
wieder wirklich gibt. Ihnen kann man nur sagen: Kumpanei mit
Kids ist eine feine Sache, solange die Kids noch Kinder sind. In
der Pubertät der Söhne und Töchter erledigt sich dann für Eltern diese nette Art und Weise, noch einmal in die Kindheit zu-
rückzutauchen – jetzt ist es aus damit. In den meisten Müttern
und Vätern existiert ein Instinkt, der es ihnen untersagt, ihre
heranwachsenden Kinder auf ihren ersten Liebespfaden – oder
der Vorbereitung dazu wie Tanzboden und Cliquen-Treffs – begleiten zu wollen. Wo dieser Instinkt verkümmert ist, müssen
die Jugendlichen Klartext reden und den Eltern die Tür vor der
Nase zuschlagen.

Mit dem »forever young« der älteren Generation aber hat
solch elterliches Fehlverhalten dann dem Anschein zum Trotz

gar nicht so viel zu tun. Wie jung auch immer sich die Väter und Mütter heutiger Teenager fühlen mögen – sie *haben* Kinder, sie *sind* Eltern, und das bedeutet, dass sie mit der Ausbildung ihrer sexuellen Persönlichkeit zu irgendeinem Ergebnis gekommen sind.

Die Jugendlichen sind in einer völlig anderen Situation. Sie sind voller Erwartung (und Furcht), was passieren wird, wenn die Sexualität ihre Sinne, ihre Leiber und ihre geistigen Potenzen unterwandert haben wird, wenn sie Frauen und Männer geworden sein werden. Einstweilen können sie es sich noch gar nicht recht vorstellen; und die ersten Erfahrungen sind häufig eher verwirrend als beglückend. Dieser Unterschied trennt Eltern und Kinder in Bezug auf ihre Erfahrungsfähigkeit, ihren Stand in der Welt und ihr Ich-Gefühl fundamental, und kein Jugendlichkeitstheater auf Seiten der Eltern, kein Erwachsentun auf Seiten der Kinder überbrückt diese Kluft. Eltern können noch so penetrant auf Kamerad machen – sie erlangen dadurch ihre Unschuld nicht zurück, und sie werden nie erfahren, wie es ist, *heute* in die Pubertät zu kommen. Umgekehrt können auch heranwachsende Kinder, die sich eng an die Eltern anschließen und sich darum bemühen, deren Erfahrungen zu teilen, ihren Entwicklungsprozess auf diese Weise nicht abkürzen. Es ist das Beste für Eltern und heranwachsende Kinder, wenn sie einsehen, dass sich ihre Wege nun (partiell) trennen – was nicht heißt, dass sich auch die innere Verbundenheit auflösen muss. Aber dieses Nebeneinanderstehen und -gehen, wie es für Eltern und (kleinere) Kinder typisch ist, das hört jetzt auf.

Frühes Leid

Man liest öfter, dass Eltern unter anderem deshalb mit der Geschlechtsreife der Kids so ihre Schwierigkeiten hätten, weil sie an ihre eigene Pubertät denken müssten und sich, darüber hinaus, mit ihrem Sexualleben aufs Neue beschäftigten, weil also die Kinder in ihnen die Erinnerung daran weckten, dass sie sexuelle Wesen seien. Die »Forever young«-These steht dem entgegen, denn sie impliziert ja, dass die jung gebliebene Elterngeneration an Sex und Lust nicht erinnert zu werden braucht.

Die Irritation, die Fremdheit und die Peinlichkeit, die zwischen den Generationen aufbricht, wenn die Kinder heranwachsen, entstammt mit Sicherheit weder der Angst von Mutter und Vater vor ihren eigenen Sexualität noch einer aktiven sexuellen Rivalität von pubertierenden Kindern und ihren Eltern, sondern dem Schmerz der Älteren angesichts der Herausforderungen und Überlagerungen einer im Kern gerade nichtsexuellen Liebe, wie es die Bindung von Eltern an die Kinder und von Kindern an die Eltern ist, durch die jetzt stärkeren und tiefer greifenden Ansprüche und Lockungen des Geschlechts. Die sexuellen Interessen der Kinder fegen sozusagen all die liebreizenden Devotionalien der Elternliebe beiseite.

Plötzlich ist, was gestern noch viel galt, nichts mehr wert. Der von der Oma gestrickte Pullover, der von der Mutter ausgesuchte Anorak landen im Altkleidersack, obwohl beide noch passen, Familienfotoalben werden als peinlich empfunden, ebenso die kleinen Anekdoten aus der Frühgeschichte der Eltern-Kind-Bindung, die einst so viel Anklang fanden. Die Eltern werden in den Herzen ihrer Kinder entthront, und als ob dieser Schaden nicht schon schlimm genug wäre, müssen sie auch noch reichlich Spott über sich ergehen lassen.

Dass diese Trennungsphase mit der Geschlechtsreife der Kinder zusammenfällt, ist natürlich kein Zufall. Dennoch ist die

Erotisierung der kindlichen Persönlichkeit nicht als solche der Grund für den Schmerz der Eltern, und die Konsequenz ist nicht deren Eifersucht und Neid auf die nachwachsende sexuelle Potenz einer jungen Generation, obwohl es so aussehen mag. Was die Eltern bedauern, ist ihre Verstoßung aus dem Lebensmittelpunkt der Kinder, häufig auch die mitleidlose oder herausfordernde Geste, mit der sie seitens der Kids exekutiert wird (vgl. Kapitel 12: Die Eltern, S. 246 ff.). Dieses Bedauern und dieser Schmerz können sich mit einem gewissen Misstrauen gegen die neuen Prinzen und Prinzessinnen, die in die Vorstellungswelten ihrer Kinder einziehen (Popstars und so weiter), mischen – und dann sieht alles nach Eifersucht aus, so, als wollten die Eltern auch die erotischen Bedürfnisse ihrer Kinder befriedigen oder als gönnten sie ihnen die sexuelle Erfüllung nicht. Das ist aber nur der Anschein.

In Wahrheit wissen alle Eltern, dass ihre Liebe zu den Kindern nichtsexueller Natur ist, und sie wollen es auch nicht anders haben. Wenn die Kinder in die Pubertät kommen und sich das erste Mal verlieben, werden die Eltern nicht etwa an ihre eigene Sexualität erinnert – die vergisst kein Mensch so bald – als vielmehr an den unendlichen Kummer, den Liebschaften im Gefolge haben können und vor dem sie ihr Kind nicht schützen können. Auch an die starke Farbe, die die sexuelle Leidenschaft der Liebe verleiht, werden sie erinnert, an den Glanz, in den das Begehren die Gefühle taucht und den sie ihrer Zuneigung zu Sohn und Tochter gerade nicht mitgeben konnten. Kinder, die groß werden und die Eltern verlassen, um einem Liebespartner zu folgen, begeben sich in ein Abenteuer mit offenem Ausgang: Sie können das entsetzlichste Leid erleben, und die Eltern können nichts dagegen machen. Sie können das höchste Glück finden, und die Eltern können damit nicht konkurrieren. In beiden Fällen stehen sie mit leeren Händen da. Der Verlust ist bitter für sie. Und es ist nur natürlich, wenn sie (zunächst) mit Verleugnung oder Abwehr und schließlich mit trauender Distanz reagieren. Als Eifersucht, Missgunst oder sexuelle Rivalität aber sollte man diese Reaktionen nicht einstufen.

Stabilität der Eltern-Kind-Bindung

Heutzutage gibt es immer mehr Ein-Kind-Familien; deshalb nimmt die Zahl der Eltern ab, die aus Schaden klug werden, also hinzulernen. Dafür gibt es Ratgeber und Gespräche mit erfahrenen Eltern. Die von ihrem pubertierenden Sohn enttäuschte Mutter, der von der großen Tochter plötzlich ignorierte Vater müssen wissen: Ihre nichtsexuelle Liebe zu ihren Kindern und auch die (ebenfalls nichtsexuellen) tiefen Gefühle der Kinder zu ihren Eltern sind letztlich die dauerhafteren.

Natürlich können auch erotische Bindungen und Ehen ein Leben lang halten – sie tun das aber nur dann, wenn die nichtsexuellen Anteile der geistigen Attraktion und der Lust am gemeinsam geschulterten Alltag und an gegenseitiger Fürsorge sehr stark sind. Das muss nicht heißen, dass die Sexualität ganz erlischt, sie braucht aber, soll sie dauern oder immer wieder neu entflammen, eine Art Gerüst, das aus nichtsexuellen Gefühlen besteht. Auf sich selbst gestellt ist die sexuelle Beziehung ein Feuerwerk, das unweigerlich irgendwann zu Asche wird. Es lässt sich neu entfachen. Aber nur wenn die Neugier auf die Art, wie der oder die andere die Welt sieht, groß ist – so groß wie das Bedürfnis, für die oder den anderen da zu sein und für ihn oder sie einzustehen.

Eltern als die ersten Partner eines jeden Kindes, als Begleiter auch durch die ersten Jahre, in denen ein Kind alles und jedes sinnlich und körperlich auffasst, bleiben, wenn alles gut geht, lebenslange Liebespartner ihrer Kinder. Wie jede Liebe schließt auch diese Knatsch und Krisen ein – aber ihre Stabilität ist für die allermeisten Menschen verbürgt. Nicht immer zu ihrem Vorteil übrigens. Es gibt Menschen, die an übermächtigen Eltern festhängen und dadurch in ihrer Entwicklung beeinträchtigt werden – aber das ist nur ein anderes Wort dafür, dass Liebe nicht immer nur guttut. Auch Ehepartner können einander zum Verderben werden. Manche Kinder treiben ihre Eltern zur Verzweiflung – trotz oder wegen erwiderter Liebe. Aber es geht hier nicht darum, die zerstörerischen Potenziale der Liebe aufzulisten. Es geht um den Nachweis, dass die nichtsexuelle Liebe der Eltern zu ihren Kindern nach der Krise in der Pubertät in aller Regel wieder neu erwacht und spätestens, wenn die Kinder selbst Eltern geworden sind, eine gute Chance für neue Weiterungen hat.

Eltern sollten ruhig ihren Stolz dareinsetzen, dass sie *ohne* den entscheidend antreibenden Stachel der Erotik für andere Menschen, ihre Kinder, *da* sind, und in dieser Form einer hingebungsvollen Neigung eine besondere Stärke ihres Herzens sehen. Auch wenn es zwischendurch Enttäuschungen gibt. Ich glaube, dass die meisten Menschen sexfreie Gefühle der Zuneigung, ja Leidenschaft brauchen und suchen und dass Nichteltern diese Bedürfnisse in Bindungen an Jugendfreunde oder Kollegen ausleben.

Latenz ganz ohne Eros?

Stimmt es denn eigentlich wirklich, dass die Beziehungen zwischen Eltern und Kindern immer und überall, gleichsam gesetzmäßig, nichterotischer Natur sind? Die frühen Jahre von eins bis fünf haben wir eigens ausgenommen; diese Zeit versteht man am besten, wenn man das freudianische Modell vom aggressiv-sinnlichen Weltaneignungsmodus des Säuglings und

Kleinkinds zugrunde legt. Aber wie sieht es in der Latenz wirklich aus? Geschieht es nicht, dass sich ein Vater in die siebenjährige Tochter verknallt oder der neunjährige Sohn der Mutter verstohlen beim Ankleiden zusieht? Es gibt jede Menge Beispiele dafür: in der Literatur, im Film, in den Erinnerungen der meisten Menschen.

Ja, es ist richtig: Die Erotik ist immer da, vom ersten bis zum letzten Atemzug eines Menschen. Aber sie macht sehr verschiedene Entwicklungsstadien durch. Und genauso, wie es unsinnig wäre, die erotische Aktivität einer achtzigjährigen Frau mit der eines zwanzigjährigen Jünglings auf eine Stufe zu stellen, wäre es auch verkehrt, die Zärtlichkeit einer Mutter für ihren Sohn, der gerade in die Schule kommt, oder eines Mädchens von acht für ihren Papa mit der sexuellen Praxis eines dreißigjährigen Ehepaares gleichzusetzen.

Die Erotik ist eine Art Fluidum, das in stärkerer oder geringerer Konzentration ständig durch unser Leben wabert; auch eine Siebenjährige spürt etwas davon, wenn sie sich an die Brust ihres Vaters schmiegt, und der Vater spürt es, wenn er ihre Nasenspitze küsst. Und doch ist der Unterschied hier wichtiger als die Ähnlichkeit mit der erwachsenen Sexualität: Einer Erotik, die als atmosphärische Zutat zwischen Eltern und Kindern wirksam wird, fehlt doch das entscheidende Moment, das Männer und Frauen aufeinander zutreibt: die Zielgerichtetheit.

Sexuelles Verlangen *will* gestillt sein, und es wählt dafür manchmal verschlungene Pfade und bizarre Umwege. Sie dienen aber immer diesem einen Ziel: der Erfüllung im Geschlechtsakt. Diese Finalität fehlt zwischen Eltern und Kindern – nicht nur des Inzesttabus wegen, das die geschlechtliche Vereinigung verbietet. Sie fehlt auch als Wunsch. Eltern und Kinder (auch Geschwister) *wollen* nicht miteinander schlafen, ein solches Bedürfnis entfaltet sich einfach nicht. Es wird in den Kindern sozusagen aufgespart für die »Exogamie« (was ein Fachwort ist für die Heirat außerhalb des eigenen Sozialverbands) in der eigenen Generation. Dies gilt, obwohl es sexuelles Begehren auch über die Generationengrenzen hinweg gibt und obwohl die Inzestschranke manchmal durchbrochen wird. Aber es handelt sich hier immer um Ausnahmen. Und obwohl die Atmosphäre in manchen Familien als erotisch beschrieben werden kann, sollten wir der Einfachheit halber für die Gedanken, die in diesem Buch entwickelt werden, die Beziehungen zwischen Eltern und Kindern und unter Geschwistern als nichtsexuell definieren.

Machtkämpfe

Die Generationenspannung wird also gerade nicht von erotischen Rivalitäten hergestellt, jedenfalls nicht innerhalb einer Familie; was sie in der Pubertät ausmacht, sind eher die Nebenkriegsschauplätze, sind all die seltsamen Verhaltensweisen, die Kinder an den Tag legen, weil und während sie geschlechtsreif werden. Die Reife selbst wird woanders auf die Probe gestellt: in der Peergroup, in der Schule, auf der Straße, im Freundeskreis, beim ersten Rendezvous, in Discos – überall da, wo die Eltern gerade nicht zugegen sind. Zu Hause werden die Erschöpfungszustände ausagiert, aber auch die Erholungsphasen, die Einkehr und die Einsamkeit, aber auch die Geselligkeit der jungen Leute, das Zusammenhocken, die Partys.

Die Kämpfe, die jetzt zwischen Eltern und Kindern auszutragen sind, betreffen zeitliche und räumliche Freiheiten beziehungsweise Einschränkungen – alle Ressourcen stehen neu zur Verteilung an, weil sich die Bedürfnisse der Jugendlichen ändern, vor allem in Richtung auf Autonomie der Verfügung: Es geht um (mehr) Geld, um die Benutzung des Partykellers, des Autos, der Terrasse, des Gästezimmers und so weiter.

All diese Kampfplätze verraten, worauf die Spannungen und Ärgernisse, Verhandlungen und Verträge hinauslaufen: auf die Trennung. Sie wirft ihre Schatten voraus. Die Kinder erproben, wie es ist, ein Haus oder eine Wohnung zu bewirtschaften und ein Budget einzuteilen, sie lernen Kosten und Nutzen abzuschätzen, während sie sich zugleich immer bemühen, einen guten Schnitt zu machen. Die Eltern haben völlig Recht, wenn sie befürchten, dass die Kinder überfordert sind und lauter Fehler machen. Dennoch wäre es nicht besser für sie, auf die Erprobung der Selbständigkeit zu verzichten. Hier gilt: Schwimmen lernt man nur, indem man ins Wasser springt.

Es geht bei der Generationenspannung um die Verteilung von Macht. Das gilt für die Gesellschaft, in der die ältere Generation ihre Bastionen verteidigt und zugleich die jüngere dazu anleitet, in ihre Rolle als Nachfolger hineinzuwachsen. Und es gilt für die Familien, in denen die Eltern ihren Erfahrungsvorsprung gegen die Ansprüche der heranwachsenden Kinder auf Mitsprache und Selbständigkeit ausspielen. Ohne Reibungen gehen diese Prozesse niemals ab.

Hat sich in früheren Jahren ein stabiles Vertrauensverhältnis zwischen Eltern und Kindern herausgebildet, das am besten durch einen kräftigen Zuschuss von Humor abgesichert wird, lassen sich die Spannungen im Sinn von wechselseitigen Quälereien gering halten. Ganz ohne geht es kaum je ab. Wichtig ist, dass Eltern nicht vergessen: Am längeren Hebel sitzen letztlich sie. Dieses Bewusstsein sollte sie kompromissbereit und verständnisvoll stimmen.

Im Großen und Ganzen wird in der Ratgeberliteratur das elterliche Verhalten so klassifiziert: Da wären einmal die Überängstlichen, die dazu neigen, allzu streng zu sein, alles zu kontrollieren und zu viel zu untersagen. Rebellion der Kinder ist die Folge. Da wären zweitens die nachlässigen Eltern, denen es im Grunde wurscht ist, was aus den Kindern wird, und die ihnen deshalb alles durchgehen lassen. Ein oft neurotisch getönter

Kampf um die elterliche Aufmerksamkeit ist die Reaktion der Kinder. Folgt man den einschlägigen Erziehungsratgebern, liegen die aktuellen Probleme eher bei der zweiten Gruppe: Grenzenlos liberale Eltern, heißt es, erlauben zu viel, kümmern sich kaum um die Kids und stehen irgendwann erschüttert vor der Tatsache, dass der Zehntklässler die Schule schmeißt, weil er ständig bekifft ist. Natürlich gibt es solche Fälle. Aber es ist Quatsch, so zu tun, als seien sie in der Überzahl.

Die real existierende Familie mit Kindern in der Pubertät muss Phasen durchstehen, in denen die Teenager Haschisch oder Alkohol versuchen und einen Musikgeschmack ausprägen, der aus dem Rahmen fällt. Aber dass die Mehrzahl der Eltern ihre pubertierenden Kinder sich selbst überlässt, weil sie so einem falsch verstandenen Imperativ der autoritären Erziehung zu folgen meinen oder weil sie zu sehr mit ihrer Karriere beschäftigt sind, ist ein Märchen, eine Ente, erfunden von Medien, die mit solcher Art sozialer Skandale ihre Auflagen erhöhen wollen.

Die Wirklichkeit sieht im breiten Mittelfeld viel weniger dramatisch aus. Eltern kümmern sich sehr wohl, praktisch und gedanklich, um ihre Sprösslinge. Und diese selbst? Sie wollen ja oft gar nicht so viel »Kümmern«. Dafür lieber mehr Ermutigung und Bewunderung. Manchmal auch »benign neglect«, wie der Engländer sagt: gütige Vernachlässigung. Die Bedürfnisse können auch abrupt wechseln: Heute will die Tochter der Mutter stundenlang aus ihrem Gefühlsleben erzählen, dann wieder tagelang unbeobachtet ihrer Wege gehen. Für Eltern sind diese Wechselbäder nicht immer leicht auszuhalten. Schließlich sind sie auch nur Menschen. Und deshalb können und sollen sie ruhig mal auf den Tisch hauen.

Rücksicht zu nehmen fällt gerade pubertierenden Kindern schwer, weil sie sich selbst so sehr zum Rätsel werden, dass sie die Welt um sich herum manchmal kaum wahrnehmen. Aber abgesehen von den allerersten Lebensjahren sollte jeder Mensch in jedem Alter zur Rücksicht fähig sein und auch dazu verpflichtet werden. Pubertät ist keine Entschuldigung für bösartige Vernachlässigung der Eltern. Wenn es nicht anders geht, müssen Eltern den Machtkampf um die häuslichen Ressourcen und die Spielräume der Kinder auch mit Härte führen. Aber wie gesagt: Da sie die alten Hasen sind und die Kinder junge Spunde, haben sie, wie der Igel in der berühmten Fabel, schon vorab gewonnen. Deshalb sollten sie sich auch vor allzu weitreichenden Konsequenzen im Machtgezerre hüten. Sie könnten sonst zu Verlierern werden beim wichtigsten Match, für das ein Mehr an Erfahrung, Vorausschau und materiellen Mitteln ihnen nichts nützt: beim Kampf um die Herzen der Kinder.

Nicht, dass es immer zu einem solchen Kampf kommt. Und selbst wenn, wird er oft mit großen Getöse eröffnet und bricht schnell zusammen, weil beide Parteien bald merken, wie sehr sie aufeinander angewiesen sind. Selbst wenn große Kinder ihre Eltern durch Ablehnung und Verachtung so tief verletzen, dass es zum Bruch kommt, gibt es in den meisten Fällen später eine Versöhnung für immer. Die Bindung aus der Zeit der Kindheit ist zu stark, sie meldet irgendwann das Bedürfnis nach neuen Kontakten an, und sie ist wahrscheinlich so geartet, dass sie nie ganz gelöst werden kann. Kinder glauben nicht daran, wenn sie sich mit ihren Eltern überwerfen, und werden dann eines Besseren belehrt. Eltern könnten es wissen – weil sie selbst einmal (zu) jung waren und irrtümlich glaubten, ganz und für immer mit ihrem Zuhause brechen zu müssen. Sie können Trost in dem Wissen finden, dass Kinder wie Geister immer wiederkehren.

Die Generationenspannung hat in älteren Zeiten schon deshalb so schicksalhaft und unhintergehbar ausgesehen, weil die ältere Generation ihre Macht mit auftrumpfender Geste ausstellte und behauptete – bevor der Sohn auch nur daran denken durfte, sich zum Nachfolger aufzuschwingen, wurde er erst einmal gedemütigt. Es ist bestimmt kein Schaden, dass dieser Autoritarismus seltener wird. Dass sich die Generationen dadurch in ihren Lebensstilen einander angleichen und sich deshalb weniger in Distanz aneinander abarbeiten können, das ist ein Preis, der gezahlt werden muss und der höher scheint, als er wirklich ist.

Zu den Wundern der Generationenfolge gehört, dass die Jüngeren immer wieder auf Ideen kommen, mittels deren sie ihr eigenes Reich erfinden und sich selbst als etwas Besonderes auf der gesellschaftlichen Bühne präsentieren. Wer hätte je daran gedacht, dass es mal als cool gelten könne, Wände zu bemalen, sich Ringe durch die Nasenflügel und die Brauen zu ziehen und ausgerechnet den Bauchnabel als schönste Partie des Körpers freizulegen? Jugendmoden mögen flüchtig sein – solange sie währen, erfüllen sie ihren Zweck der Selbstfeier und der Abgrenzung, und sie lassen jede noch so jung gebliebene Elterngeneration ratlos zurück.

Kapitel 10
Gewalt

Ruf des Urmythos

Man kann, vereinfachend, den Prozess der Zivilisation beschreiben als die Ersetzung der Gewalt durch das Recht. Gewalt spricht für sich, sie erringt den Sieg dank überlegener Kraft. Das Recht spricht eine komplizierte Sprache, es setzt jahrhundertelange Dispute voraus, die sich in alle Zukunft fortpflanzen werden. Unsere Kultur ruht auf diesen Diskursen, aber sie greift interessanterweise in ihren Künsten und Symbolen immer wieder auf die elementare Körpersprache der Gewalt zurück.

Vor allem das junge Publikum lässt sich von Darstellungen der Gewalt beeindrucken. Jeder zweite Welterfolg auf dem Filmmarkt, der Jugendliche in die Kinos zieht, lebt von Gewaltspiralen, die, je technisch perfekter und ästhetisch überzeugender sie dargebracht werden, die Spannung, den »thrill«, verbürgen. Die Computerspiele, Rituale, Träume und Phantasmagorien der Jugend (vor allem der männlichen) sind gewaltgesättigt. Aber auch die Hervorbringungen der Hochkultur, ihre Mythen und ihre Gemälde, ihre Erzählungen und ihre Dramen, kommen ohne Gewaltdarstellungen nicht aus. Es scheint, als müsse sich unsere hochentwickelte vergeistigte Kultur immer wieder zurückbesinnen auf ihre Ursprünge, auf den Naturzustand des jeder gegen jeden und auf die Körperlichkeit der Macht in der Frühphase menschlicher Gesellung.

Je älter ein Mensch wird, desto stärker lässt die Faszination der Gewalt gewöhnlich nach (außer bei Profis auf dem Felde des Militärs und mancher Sportarten). Andere, subtilere Formen der Machtausübung werden attraktiver – der Geist, das

Geld, die Politik. Die ungetrübte Freude an der Gewalt, ihren direkten und ihren symbolischen Manifestationen, ist ein Privileg der Jugend. Wie kann man das erklären?

Heranwachsende Jungen sind immer zugleich unsicher und stolz. Unsicher, weil sie noch nicht wissen, wie es ist, erwachsen zu sein, stolz, weil sie spüren, wie ihre Körperkräfte zunehmen. Diese Kräfte erproben sie mit Lust, und der Sport ist da nicht immer genug. Manchmal macht es mehr Spaß, sich zu hauen. Oder mit der Peergroup des Abends loszuziehen und Angehörige einer gegnerischen Straßengang, aber auch unliebsame Minderheiten oder politisch Andersdenkende fertigzumachen.

Die Lust der Jungen an Schlägereien kommt mit fadenscheinigen Legitimationen aus. Irgendeinen Vorwand braucht sie – die meisten Gründe für blutige Nasen sind vorgeschoben. Natürlich gibt es auch die ganz anderen Jungen, die vor Rangeleien fast reflexhaft zurückscheuen, obwohl sie von ihrer körperlichen Verfassung her keinen Gegner fürchten müssten. Manchmal werden sie gerade dieser Haltung wegen selbst das Opfer von Schlägern. Sozialschicht und Erziehung spielen mit; je näher ein Jugendlicher herkunftsmäßig der Unterschicht steht, desto eher wird er zuschlagen. Und ein Mittelschichtjunge, der Klavier und Tennis spielt, wird es schon während der Pubertät für unter seiner Würde halten, zu raufen. Alles aber erklärt die Schichtenperspektive nicht. Sie erhellt keine Hintergründe. Sie zeigt nur die zahlenmäßige Verteilung gewaltbereiter Jugendlicher über die soziale Pyramide: Es gibt mehr Hooligans und Rechtsradikale aus sozial schwachen Milieus als aus der Mittelschicht. Aber auch der Jugendliche aus der Mittel- und Oberschicht erliegt, und sei es phasenweise, der Faszination der Gewalt. Er schlägt sich vielleicht nicht, aber er sammelt Waffen.

Da die Gründe, wie zum Beispiel Enttäuschung über ein verlorenes Fußballspiel oder Abneigung gegen Ausländer, allermeistens wohlfeile Vorwände sind, die von Jugendlichen fast beliebig aufgegriffen werden, muss man schließen, dass die

»Geilheit« der Gewalt in ihr selber liegt, dass sie als solche, als Schlag, als Tritt, als Schmerz und Blut eine besondere Anziehungskraft ausübt. Auch zartbesaitete Jungs mit musischen Neigungen, die es ablehnen, sich auf Prügeleien einzulassen, haben Spaß an Computerspielen, wo es mit harten Bandagen zur Sache geht. Warum?

Ob es so etwas gibt wie einen Ruf des Urmythos, in dem Herkules den Nemeischen Löwen besiegt? Woraufhin er überhaupt erst zu dem unüberwindlichen Helden mit dem Fell und der Keule wurde? Man nennt solche archaischen Überwältigungstaten beziehungsweise den Respekt vor ihnen »Handlungsmuster von Angstüberwindung«, und es könnte wohl sein, dass die männliche Jugend sich durch Identifikation mit überlebensgroßen Heroen aus ihrer Unsicherheit und Schwäche herauszuarbeiten sucht. Dieses Deutungsmuster ist alt, und es ist sicher auch richtig. Aber es gibt noch ein anderes, das hier eingeführt werden soll: Die Pubertät und die Jugendzeit sind nicht nur Phasen großer Unsicherheit, sondern auch einer intensiven *Wahrheitssuche.*

Was die Mütter- und Vätergeneration so oft an der Jugend irritiert und empört, ist, dass sie alles in Frage stellt. Aber die Jugendlichen müssen das tun, weil sich ihre eigenen Körper, ihre Verfassung als Menschen, ihre Vorstellungen vom richtigen Leben und ihre Position in der Welt so dramatisch verändern. Solange sie Kinder waren, lebte es sich relativ einfach und selbstverständlich: Man war, der man war, folgte den Eltern mehr oder weniger bereitwillig und existierte sicher im Schutz ihrer Vormundschaft. Jetzt wird man erwachsen und soll für sich selbst einstehen. Und als müsse jeder Jugendliche die Evolution im Zeitraffer nachvollziehen, sind auch jene archaischen Gesten der Bemächtigung von Welt im körperlichen Kampf zumindest symbolisch nachzuvollziehen.

Aber die Wahrheitsliebe der Jugendlichen gibt ihnen noch eine andere Verpflichtung auf: nachzusehen, wie weit sich unsere

Zivilisation tatsächlich von der Gewalt entfernt hat. Dabei beschreiten sie zwei Wege: Sie beobachten, sie schauen sich um und prüfen nach, ob und wo sich Spuren der Gewaltausübung immer noch finden. Und sie üben selbst Gewalt aus und warten ab, was geschieht, das heißt, sie provozieren die Gesellschaft mittels Gewalt, locken deren Gewaltpotenzial oder stillschweigende Duldung gewaltträchtiger Aktionen mittelbar hervor. Hinterher sind sie dann klüger. Das Resümee heißt fast immer: Der friedliche Firnis über den Klüften der Gesellschaft ist an vielen Stellen sehr dünn. Kratzt man an diesem Lack, zeigen offene Gewaltverhältnisse ihre gebleckten Zähne – in Familien, in Cliquen und Freundeskreisen, in den Unterweltmilieus, den Polizeiapparaten, den kryptokriminellen Sicherheitsdiensten großer Firmen und in vielen anderen Bereichen.

Dass Gewaltausübung – auch bloßes Zuschauen – mit starken körperlichen Lustgefühlen einhergehen kann, ist ein gut gehütetes Tabu. Von Jugendlichen wird es gebrochen. Ihre Ehrlichkeit, eine noch fehlende Nötigung, das Gesicht zu wahren, aber auch ihre energische Lustsuche qualifizieren gerade Pubertierende und Heranwachsende zu diesem Tabubruch. Nach dem Motto »Gewalt ist geil« praktizieren sie ihre Rituale der Crash-Touren, des Extremsports, der Verletzungen durch Piercing und Branding, der Herausforderung von Schulhierarchien. Irgendwie sagen ihnen diese Gewaltakte und Grenzerfahrungen die Wahrheit – über ihre Willenskraft, ihre Stärken, ihre Ängste, über ihre Gefühle der Selbstüberwindung, des Schreckens, der Größe.

Das »Geile« an der Gewalt ist ihre Durchschlagskraft, ihre Fähigkeit, eine Sache zu entscheiden, sie klarzumachen. Sie zerstört etwas, und sie kürt einen Sieger, und sei der auch nur die Gewalt selbst. Sie schafft klare Verhältnisse, vorzugsweise hierarchische.

Jugendliche, die so oft im Ungefähren nach dem richtigen Weg tasten, kämpfen sich so durch die Unübersichtlichkeit der pluralen Gesellschaft zur einfachen Alternative hoch. Ich zitierte in dem Kapitel »Inszenierung der Männlichkeit« (vgl. S. 129 f.) die Religionswissenschaftlerin Ulrike Brunotte und ihre Frage, ob nicht die Faszination der Gewalt unter Jugendlichen einen (unbewussten) Gewaltzusammenhang in der Gesellschaft spiegele. Die Jugendlichen fahnden nach diesem Zusammenhang, indem sie ihn selbst herstellen. Sie wollen und müssen wissen, was im Leben der Erwachsenen *zählt* und was nicht.

Symbolische und »echte« Gewalt

Sind Mädchen ähnlich verführbar zur Lust an der Gewalt wie Jungen? Es gibt immer wieder Untersuchungen über weibliche Aggression, die darauf abzielen, die Unterschiede zwischen den Geschlechtern in Fragen der Gewalt zu verkleinern, aber der Augenschein zeigt überdeutlich, dass die rohe Gewalt der Faust fast reine Männersache ist.

Will man Formen des Psychoterrors und der üblen Nachrede ebenfalls zur Gewalt erklären, kommen Mädchen nicht besser weg als Jungen. Das wollen wir hier aber nicht tun. Wir reden von körperlicher Gewalt als herkulischer Tat – so wie die zeitgenössischen Kinostars Silvester Stallone, Arnold Schwarzenegger oder Jean-Claude van Damme sie repräsentieren. Es ist völlig klar, dass Mädchen dieser Art von Gewalt als Akteurinnen fernstehen – trotz Lara Croft, die man nicht als Ausnahme, sondern als allegorische Figur verstehen muss.

Dass Mädchen in den Riegen der Gewalt nicht aufgestellt werden, bedeutet nicht, dass sie keine Sympathien für deren Vorkämpfer haben. Sie bevorzugen mehrheitlich Jungen, die gute Raufer sind. Eine starke Minderheit neigt dem intellektuellen Typus ohne bedeutenden Bizeps zu, das muss auch betont werden. Sie alle aber schätzen den erfolgreichen Sportler. So lässt sich auch weiblicherseits ein Hang zur Grenzerfahrung durch offene Gewalt feststellen – wenn auch nur ein mittelbarer.

Ist das besorgniserregend? Soll man den Jugendlichen ihr Liebäugeln mit der Gewalt austreiben? Ja – insofern die unbedachte experimentelle Gewalt von Heranwachsenden Opfer fordert, die meistens keine Unbeteiligten sind, sondern die gewaltbereiten Jugendlichen selbst. Viel zu viele bezahlen ihre Liebe zu starken Motoren, harten Fäusten, riskanten Sportarten oder scharfen Waffen mit Leben oder Gesundheit.

Aber es gibt auch einen Grund zur Beruhigung. Mehrheitlich zieht Jungen und Mädchen in den westlichen Gesellschaften an der Gewalt ihre mythische und ästhetische Seite an. Sie bewundern ihre sportliche Zähmung im Wettkampf, ihre dramatische Umsetzung im Actionfilm, ihre animierte Phantastik bei den Computerspielen, ihren symbolischen Vollzug bei ihren eigenen, den Stammeskulturen entlehnten Initiationsriten. Man sollte diese sublimierten Formen der Gewaltverherrlichung niemals bekämpfen – denn sie sind der einzige Ausweg aus der Falle der Gewaltlust mittels realer, blutiger Verletzung.

Dass Gewalt überhaupt aufhört, als Verführung zur grenzüberschreitenden Realerfahrung ihre bedrohliche Rolle zu spielen, ist nicht zu erwarten. Ihrer Kraft, Tatsachen zu schaffen, wird heute, wo Kriege erneut führbar erscheinen, viel zugetraut. Da hilft langfristig nur die Hoffnung auf die erstaunlichste und verbreitetste Fähigkeit der menschlichen Kultur: die symbolische Kommunikation. Also, lasst die Kids ihre brutalen Computerspiele spielen. (Achtet aber darauf, dass das nicht alles ist, was sie überhaupt tun.)

Unsere pazifizierte Kultur, wie sie sich nach dem Zweiten Weltkrieg im Westen entwickelt hat, bestraft anscheinend gewaltförmiges Verhalten unmittelbarer und nachhaltiger als jemals zuvor in der menschlichen Geschichte. Man könnte auch sagen: Der gesellschaftliche Respekt vor der Gewalt, vor der legitimen und der illegitimen, der jahrhundertelang geherrscht hat, ist schwer angeschlagen – besonders in Europa, das im Zweiten Weltkrieg einen hohen Blutzoll entrichtete, und noch einmal ganz besonders in Deutschland, das den Waffengang erzwang und ihn verlor. Es muss ohne Krieg gehen – das denkt nach jenen desaströsen Erfahrungen jeder, der überhaupt denkt. Also erzeugt (unkontrollierte) Gewalt – sei es unter Jugendlichen, in Familien, im Fußballstadion oder auf Schulhöfen – die nervösesten und schrillsten Diskurse in der Gesellschaft, und oft hat man, wenn man zuhört, den Eindruck, dass hier nach dem Prinzip »dass nicht sein kann, was nicht sein darf« argumentiert und geurteilt wird.

Gewalt hat eine schlechte Presse, ein schlechtes Image, und sie ist vor allem im Kontext pädagogischer Bemühungen das Hinterletzte. Ihre Fähigkeit indessen, Menschen in Spannung oder Begeisterung zu versetzen, hat überhaupt nicht gelitten. Jedenfalls nicht unter Jugendlichen. Glücklicherweise gibt es die schon erwähnte Vielfalt sportlicher Betätigungen, die ein Gutteil der körperlichen Einsatzfreude Jugendlicher bindet. Dahinter lauert die Verführung zu »echter« Gewalt – auf der Straße, bei Revierkämpfen à la »West Side Story«, bei nur mühsam als Sport getarnten Zweikämpfen in der Kickboxer-Szene bis hin zu Prügeleien oder Schießereien bei kriminellen Aktionen. So grässlich all das dem abgeklärten, zivilisierten Erwachsenen erscheint, der sich vor dem Fernseher an einem Fußballspiel oder im Museum an barocken Schlachtengemälden ergötzt – für die (männlichen) Jugendlichen sind solche mehr oder weniger herkulischen Taten eine starke Verlockung, und die Vorstellung, eine Feuerwaffe (möglichst in Verteidigung einer Unschuld) wirklich einmal auszuprobieren, besitzt die Kraft eines Wunschtraumes, nicht nur in den USA.

Wir müssen uns also mit der ungemütlichen Gegebenheit abfinden, dass die symbolische oder mythisch gebändigte Gewalt der Computerspiele und der Actionfilme, dass der durchregulierte Gewaltersatz des Sports nicht jedem Jugendlichen bei der Sehnsucht nach »Fronterfahrung« genügt. Eine starke Minderheit wird immer nach Realerfahrung hungern – und zwar nicht bloß unter den notorischen Rabauken, sondern auch unter den Stillen und körperlich eher Schwachen. Das Bedürfnis nach »Nahkampf« befällt sogar Schöngeister, und es ist keineswegs immer mit Brutalität und Dominanzstreben legiert. Es kann sich auch in der passiven Variante äußern, als Wunsch, geschlagen und verletzt zu werden, Opfer zu sein.

Was macht man als Mutter, Vater oder Lehrer mit Jungs, die immer wieder mit gebrochenen Gliedmaßen und blutigen Schläfen nach Hause kommen? Wenn die Ablenkung der destruktiven und selbstdestruktiven Impulse durch Sport und symbolische oder gespielte Aktion nicht verschlägt, ist guter Rat teuer. Wege solcher Ablenkungen bietet die Gesellschaft von sich aus an – und gerade unsere ist dabei ziemlich erfinderisch. Natürlich kann ein gewaltverliebter Jugendlicher sich auch beruflich auf eine Laufbahn als Polizist, Feuerwehrmann, Soldat oder Profiboxer orientieren, und die Aussicht auf eine entsprechende Ausbildung vermag manchmal sein Mütchen zu kühlen.

Weil Gewaltlust ein Tabu ist, hilft auch Aufklärung. Man muss zwar skeptisch sein, wenn man in Ratgebern die allfällige Empfehlung »darüber reden« liest, denn Reden hilft längst nicht immer und macht manchmal die Verwirrung nur größer. Im Falle eines drückenden Schweigens aber, so wie es über der Gewaltlust liegt, führt vielleicht das Wort aus der Klemme der Furcht, der Scham und der Selbstverachtung. Es kann nützen, wenn eine Mutter ihren Sohn fragt: »Sehnst du dich danach, dich zu schlagen?« Vielleicht setzt so eine schlichte Bemerkung einen Selbstaufklärungsprozess in Gang, an dessen Ende die »Zivilisation«, verstanden als Ersetzung der Gewalt durch das Recht, für diesen Jungen ein Stück nähergerückt ist. Man kann ihm sagen, dass Zivilisation auch Verzicht bedeutet. Zum Beispiel auf die Befriedigung, die ein Gewaltakt schenkt, wenn man den Gegner zu Boden geschleudert hat. Oder auf die Rache, wenn man sich gedemütigt fühlt. Oder einfach nur durch Zurückhaltung, wenn das Bedürfnis entstanden ist, durch Zuschlagen eine komplizierte Situation zu klären.

Romeos Verführung

Als um die Mitte des vergangenen Jahrhunderts die Psychoanalyse als Lehre oder Doktrin in die Phase ihrer Dogmatisierung und zugleich ihrer Popularisierung eintrat, gewann die Auffassung an Boden, dass neurotische Störungen, aber auch abweichendes Verhalten im kriminellen Extrem womöglich durch freien Sex geheilt werden könnten, so, als kämen das Unpassende, das Schräge und das Böse aus unterdrückten, verbotenen, tabuierten sexuellen Regungen. Inzwischen hat man diese These fallen lassen.

Die Sexualität ist sehr weitgehend enttabuiert und »zugelassen«, ohne dass sich die Anzahl der Verrückten, Perversen und Gewalttäter in signifikantem Umfang verringert hätte. Schade eigentlich. Es schien so plausibel: Ein Mensch, der daran gehindert wird, seinem vitalsten Urtrieb zu folgen, muss aus der Spur springen – wahnsinnig werden, schrullig oder brutal. Aber es scheint nicht so zu sein. Die Befreiung der Sexualität hat nicht gebracht, was man sich von ihr versprach.

Man könnte wohl, in einer erneuten Anstrengung, die widerlegte These wenigstens anteilweise zu retten, die Frage stellen, ob denn die Sexualität wirklich befreit worden sei, ob es sich nicht nur um Erschließung von Feldern für ihre konsumeristische Ausbeutung handele. Aber das führt uns jetzt zu weit ab. Wir lassen die Frage offen. Wir beantworten sie nur insofern, als wir es für wahrscheinlich halten, dass Jugendliche durch die

Liebe (und auch durch Sex) von diesem Weg der Gewalt gleichsam weggelockt werden können.

Ein klassisches Drama, das von dieser Erfahrung spricht, ist
Shakespeares »Romeo und Julia«. Die Feindschaft zwischen den
beiden »Häusern« der Montague und der Capulet dient den
jungen Männern aus beiden Familien zum Anlass, die Straßen
und Plätze Veronas in Kampfarenen zu verwandeln; wo immer
sie aufeinandertreffen, gibt es »Putz«. Shakespeare lässt keinen
Zweifel daran, dass die Schlägereien den Jungs Spaß machen,
dass die jeweiligen Vettern aus den Straßenschlachten als noch
engere Freunde und verschworene Kameraden hervorgehen. Besonders Mercutio, der Gewandteste und Witzigste von allen,
wird als ein Jüngling geschildert, dessen Lebenselement der
Kampf ist. Sein Freund Romeo aber ist im Begriff, dem Milieu
der juvenilen Rauflust und homoerotisch getönten Waffenspiele
zu entwachsen. Er ist verliebt, als das Stück beginnt, und will
sich nicht mehr schlagen. Die Angebetete übrigens ist (noch)
nicht Julia. Es ist ein anderes Mädchen, irgendein Mädchen,
vielmehr: die Liebe selbst. Romeo schwärmt. Und als er wenig
später Julia trifft, wechselt er die Adresse. Und dann erwischt es
ihn wirklich.

Shakespeare stellt sie nebeneinander oder gegeneinander: die
Welt der knabenhaften Händel, bei denen es weniger darauf ankommt, einen bestimmten Gegner fertig zu machen, als überhaupt einen zu haben, mit dem man sich messen kann – und
die Welt des Flirts und des Liebeswerbens, in der es zunächst
auch nicht darum geht, ob die Angebetete was fürs Leben ist,
sondern, dass sie überhaupt da ist, und sei es als Traumgestalt.
Die beiden Welten vertragen sich nicht. Nach Art des Wetter-
häuschens bestimmt entweder die eine oder die andere das Leben des jungen Mannes, integrieren lassen sie sich schlecht.

Wir treffen in Romeo einen jungen Mann, der das Rangeln
und Necken und Kämpfen im Rahmen der Brüderhorde schon
nicht mehr braucht, dabei nicht mehr mitmachen will und

stattdessen mit Herz und Sinnen in das Reich der Erotik eintritt. Als er Julia begegnet, ist es um ihn geschehen. Jetzt erscheinen ihm die Zwistigkeiten auf der Straße mit ihren Beleidigungen und gezückten Degen sinnlos und gefährlich. Er will
nicht mehr. Sein Leben hat plötzlich eine ganz andere Orientierung bekommen: die Frau, die Liebe, eine Zukunft irgendwo
mit Julia. Dass er den Mut aufbringt, sich dazu zu stellen, während seine Kumpanen ihn als unmännlichen Träumer verspot-
ten, spricht an sich für ihn. Aber dann wird aus dem in so heiterer und fast ausgelassener Stimmung beginnenden Stück die
Tragödie. Romeo, der eigentlich nicht mehr streiten und fechten
mag, lässt sich noch einmal dazu überreden. Als sein bester
Freund Mercutio fällt, sieht Romeo rot und ersticht, ohne es eigentlich zu wollen, den jungen Tybalt, der mit Julia verwandt
ist. Die offene (und illegale) Gewalt der Jugendbanden hat ihre
Opfer gefordert. Ab jetzt ist Romeo nur noch auf der Flucht. Er
kann nicht hoffen, seine Liebste, deren Vetter er auf dem Gewissen hat, offiziell heimzuführen. Zwar gelingt dem Paar die
heimliche Trauung, auch – Gott sei Dank! – noch die Hoch-
zeitsnacht, aber in den folgenden Wirren von Flucht und Ver-
stellung finden beide den Tod.

Die Welt der Brüderhorde mit ihrer Gewaltbereitschaft und
ihrer Risikofreude hat über die hoffnungsvolle Welt der Liebe
und der Hochzeit gesiegt. So geht es in der wirklichen Welt ja
nicht immer zu, im Gegenteil, die Welt der Liebe und der Familie ist die dauerhaftere, das Spiel mit der Gewalt dagegen an eine Entwicklungsphase gebunden, aus der die Jungen, wie Romeo, schließlich herauswachsen. Dennoch entbindet, wie die
Tragödie zeigt, gerade der Zusammenhalt und der Macht-
anspruch von Familienclans Zwietracht und Krieg, so dass Ro-
meos zwei Welten, die, die er verlässt, und die andere, in die er
gerade eintritt, nur phasenweise unvereinbar sind. Später verschlingen sie sich und bilden einen Teufelskreis, aus dem letztlich nichts anderes herausführt als die vollendete Zivilisation.

Über den Gräbern ihrer Kinder reichen die Häupter der Clans sich ihre Hände und schwören der Gewalt ab. Global gesehen sind wir von einer solchen Lösung weit entfernt.

Für die jungen Menschen aber hält »Romeo und Julia« eine tröstliche Botschaft bereit: Wer sich traue, sagt das Stück, verlasse doch die Brüderhorde mit ihren Gewaltspielen und nähere sich beherzt dem Reich der Erotik. Bleibt er dabei und sich selbst und seinen Wünschen treu und lässt er sich nicht wieder zurücklocken in die Arena, wo die Kampfspiele (von Mann zu Mann) stattfinden, dann kann er sein Glück machen.

Bei Shakespeare ist es also wirklich die Sexualität und die mit ihr verbundene Perspektive: Liebe, Familie, Haus, Beruf, Lebenssinn, die vor Gewalt und Tod retten könnte – immer vorausgesetzt, sie ist stark genug, den Jüngling in ihrem Bann zu halten und ihn nicht wieder an die Brüderhorde zu verlieren, was ja bei Romeo leider passiert. Zwischen zwei gleich starken Verführungen: Liebe und Hass, Zärtlichkeit und Fehde, Geschlechtsakt und Gewalt, entscheidet er sich (ein letztes Mal nur …) für die Gewalt und büßt mit dem Tod.

Es gibt viele andere Stücke, auch Romane und Filme, in denen die tragische Verwicklung dem Ruf der männlichen Gewaltkultur zu verdanken ist. Der Held hat eine Frau gefunden, die sein Herz besitzt und mit der er sich niederlassen möchte. Da erscheint ein Abgesandter aus der (eigentlich längst schon verlassenen) Welt der alten Kameraden: Einen letzten Coup soll er noch landen, bei einem letzten Bruch Schmiere stehen, ein letztes Mal im Casino alles auf die Dreizehn setzten, in einer letzten Attacke der gegnerischen Bande zeigen, was eine Harke ist … Natürlich geht er drauf, wird erwischt, verliert alles. Die männliche Kultur des Risikos fordert ihren Tribut, und die Witwe bleibt weinend zurück.

Julias Bewunderung

Die Witwen unserer der Gewaltlust frönenden Helden haben sich ihr Leben anders vorgestellt – aber es ist kein Zufall, dass sie allein zurückbleiben, denn sie haben einen Mann gewählt, der sich von der Gewalt (beziehungsweise vom Risiko) zumindest früher einmal hat faszinieren lassen. Romeo ist gestern noch mit den Getreuen um die Häuser gezogen, und dass er es heute nicht mehr will, können seine Kameraden nicht glauben und nicht hinnehmen. Seine eigene Loyalität zu den Freunden verschwindet ja auch nicht über Nacht, und so ist es fast natürlich, dass er sich ihnen noch einmal anschließt – ein letztes Mal. Einmal ist keinmal, mag er gedacht haben, aber sein Schicksal hat es anders beschlossen: Dieses Mal ist es dein letztes Mal, weil es dir den Tod bringt.

Die vielen Witwen jener Helden, die ein letztes Mal alles auf eine Karte gesetzt haben, sind vielleicht nur zu früh in das Leben ihrer Männer getreten, sie hätten warten sollen, bis der pubertäre Flirt mit dem Gesetzesbruch und der Gewalt gänzlich ausgestanden war – aber wenn man die Sache so dreht, verfehlt man sie. Romeo, der sich auf den Gassen Veronas prügelt, wirkt auf Frauen. Das gilt nicht unbedingt für den Bankräuber, aber für den Abenteurer, der sich nicht festhalten lässt, dann doch wieder. Gerade wenn die Zivilisationsleistung, die eine Frau an einem Mann zu vollbringen hat (im Sinn von: raus aus Gewalt und Anarchie, hin zu Recht und Ordnung), groß ist, fühlt sie sich verführt, ihr Herz zu verschenken.

Frauen und Mädchen sind also mit dem Mann oder dem Jungen, der zuschlagen kann, im Bunde – sie bewundern ihn. Ob Julia ihren Romeo einmal auf der Piazza fechten sah und da schon für ihn entbrannte? Nicht alle Mädchen schwärmen für die Haudegen, das sagte ich schon, aber im Großen und Ganzen ist es erstaunlich, wie viel Sympathie der kämpferische Junge –

wobei nicht gewalttätige Formen des Kampfes im Sport und in
der schulischen Konkurrenz hier mitgemeint sind – auf sich
zieht. Das nachgiebige Weichei macht weniger Punkte, obwohl
bei ihm die Aussicht, dass eines Tages die Kumpels von früher
auf der Matte stehen, um ihn in eine gefahrvolle Exkursion zu
locken, weit geringer ist. Es sieht fast so aus, als hätten Frauen
und Mädchen einen Hang zum Witwenstand, da sie eine Vorliebe für Männer und Jungen zeigen, die viel aufs Spiel setzen.

Ist das eine romantische Übertreibung? Eine überholte Diagnose aus Zeiten, in denen die Welt noch nicht ganz urbar war
und Frauen tatsächlich den unerschrockenen Pionier an ihrer
Seite als Gefährten brauchten? Vielleicht. Oder besser: Hoffentlich! Denn es wäre so viel einfacher, wenn Frauen ihre Ambivalenz in Sachen Gewalt aufgeben könnten und ihre Freunde und
Männer in voller Überzeugung vor gefahrvollen Grenzgängen
warnen würden – anstatt sie mit einem Funken von verhehlter
Bewunderung machen zu lassen. Erst als Mütter beziehen Frau-
en einen klaren Standpunkt: Den Sohn will keine bei einem
Abenteuer verlieren. Bei Geliebten und Gatten aber sieht es oft
ein bisschen anders aus.

Die weibliche Bewunderung männlicher Kraft ist ein uraltes
Erbe, und sie kümmert sich nicht immer darum, ob diese Kraft
gewalttätig-provokativ oder friedensfördernd-ausgleichend eingesetzt wird. Aber es gibt ja auch noch den Erziehungsprozess
durch kulturelle Normen und die Anpassung an herrschende
Werte – und da hat es heute eine offene Befürwortung roher
Gewalt so schwer wie nie. Die Bestrafung der Gewalt im
menschlichen Zivilleben ist in ihrer Konsequenz zwiespältig: Sie
ist einerseits notwendig, um den Zivilisationsprozess weiter-
zutreiben (ohne Gewaltverzicht läuft gar nichts), sie drückt andererseits die Gewaltlust in eine Tabusphäre, in der sie unkon-
trolliert wuchert und ihre Opfer fordert. Eine Lösung ist
vorderhand nicht in Sicht; aber die symbolischen Überformun-
gen (Sport, Waffensammeln, Wettbewerbe) genauer wahrzuneh-

men und an ihnen differenzierend weiterzuarbeiten, führt bestimmt auf den richtigen Weg.

Die Angebote auf dem Markt der Gewaltlust

Es gibt drei wichtige Gründe, aus denen Schriften oder Filme verboten werden: Gotteslästerung, Unzucht, Gewalt. Den ersten lassen wir hier außen vor, genauso wie die politischen Gründe der Volksverhetzung oder Verwendung von Nazi-Symbolen. Bleiben Sex und Gewalt, vor allem in ihrer Legierung. Sexuelle Gewalt, Extremformen wie Sexualmorde oder harte sadistische Szenen dürfen in filmischer Aufbereitung nicht von Jugendlichen angesehen werden. Natürlich interessieren sich Heranwachsende gerade für solche Sachen. Wo immer sie können, werden sie sich derartige Filme im Internet »reinziehen« – schwer ist das heute ja nicht. Sind sie tatsächlich auf einer Seite mit Hardcore-Filmen gelandet, werden sie geschockt sein. Die Jungen werden den Schock überspielen (»keep cool«) und so tun, als sei so was ihr täglich Brot, die Mädchen werden sich auflehnen oder fortlaufen. Ohne Wunden wird es nicht abgehen.

Gewaltpornographie – und natürlich erst recht ihr Pendant in der Realität – ist ein triftiger Grund, an der Verfassung des Lebewesens Mensch zu zweifeln und zu verzweifeln. Sie ist trotzdem wahrscheinlich immer da gewesen und als Grenzensprenger eine starke Verführung für Jugendliche: Zumindest als Voyeur will man einmal beteiligt gewesen sein, wenn Menschen es zum Äußersten kommen lassen.

Die Verquickung von Gewalt mit Sex ist besonders geeignet, das Weltbild eines sehr jungen Menschen ins Wanken zu bringen, weil alles, was er über das Geschlechtsleben aus erlaubten Quellen erfahren hat, die gegenteilige Konnotation nahelegt: Sexualität soll mit Zärtlichkeit, ja Liebe einhergehen, erst dann entfaltet sie ihren vollen Zauber. So fühlen die Jugendlichen ja auch: Ihre erotischen Wünsche werden von Regungen der Liebe begleitet, ihre ersten Annäherungsversuche von Geschenken und Komplimenten. Aber das ist nur die eine Seite der Medaille. Auf der anderen regieren angsterregend böse Impulse: Da wird das Objekt der Begierde mit Verachtung angeschaut, da kann man nur begehren, was man zugleich gering schätzt.

Diese verhängnisvolle Verknüpfung ist nicht bloßes Resultat von (falscher) Erziehung und sozialer Arroganz, sondern sie ist in das Muster des menschlichen Begehrens als Variante eingeschrieben: In manchen Konstellationen regt sich Verlangen nur, wenn Abwertung mit der Erfüllung zusammenfällt, und zwar sowohl aktiv wie passiv, das heißt, auch der Begehrende selbst wünscht manchmal den Hohn seines Objektes (Professor Unrat und sein »Blauer Engel«). Ferner ist Gewalt als Schritt auf dem Wege zum sexuellen Vollzug oder zum Höhepunkt nicht immer unerwünscht, ohne dass man gleich von Sadismus (oder Masochismus) sprechen muss.

Das sexuelle Verlangen überhaupt hat etwas Vergewaltigendes oder Bemächtigendes für die Individuen, es wirkt als eine Art (Ur-)Gewalt, und wie um diese Tatsache zu bestätigen oder zu veranschaulichen, ist der (ganz normalen) Sexualität eine Art Drall in Richtung auf Gewalt beigegeben – als Bedürfnis, Gewalt zu üben (in einer kontrollierten, abgemilderten oder gespielten Form) öfter bei Jungen, als Bedürfnis, sie zu erfahren, öfter bei Mädchen. Die erwachsene Sexualität macht dann daraus Rituale und symbolische Akte, oder sie lässt die reale Gewaltlust als Sado-Maso-Praktik zu (was aber nur einer kleinen Minderheit gefällt). Erwachsene lernen es, die »Gewalt«-Implikationen ihrer sexuellen Wünsche zu interpretieren und in Spiele zu übersetzten (wozu letztlich auch Sado-Maso-Praktiken zählen), und brauchen dann über die Nähe ihres Triebs zum Schlag und Biss nicht mehr zu erschrecken. Für Pubertierende aber sieht das völlig anders aus.

Jugendliche können die verschiedenen Dimensionen des sexuellen Lustlebens noch nicht sortieren und fühlen sich beschmutzt, wenn sie (wie Musils Zögling Törleß) beim Anblick einer Vergewaltigung (etwa im Film) Erregung verspüren. Oder wenn sie mit ansehen müssen, wie ein Sexualobjekt (egal, ob Frau oder Mann) während des Aktes gequält, gedemütigt, verletzt oder getötet wird. Solange sie sich mit Ekel von einer solchen Szene abwenden können (das heißt, solange sie noch Kinder sind), ist es nicht so schlimm. Sie werden einen Schock verspüren, aber sie werden damit fertig. Doch was passiert, wenn ihre Genitalien auf diese Bilder reagieren und ihre Herzen schneller schlagen? Wie sollen sie das verkraften?

Natürlich ist es gut, wenn Eltern verhindern können, dass ihre Teenager Gewaltvideos, vor allem Gewaltpornos schauen. Und wenn die Kinder auch als Fünfzehnjährige noch ein solches Zutrauen in die elterlichen Werte behalten haben, dass sie von sich aus der Verführung widerstehen – beziehungsweise ihr aus dem Weg gehen, ist es noch besser. Aber verlassen können sich hier auch die besorgtesten Eltern auf nichts. Wahrscheinlich bleiben alle jungen Menschen in dieser schlimmsten Krise der Adoleszenz, der Einsicht nämlich, dass die kleinen Kinder nicht nur vom Liebhaben kommen und dass viel mehr und anderes drinsteckt im sexuellen Trieb, allein und fassungslos zurück.

Plötzlich tut sich eine Geschichte von *Schuld* vor den Jugendlichen auf, die mit der Sexualität zusammenhängt und in die sie sich irgendwie verstrickt fühlen, ohne doch zu wissen, wie. Die Religion hätte hier geholfen und getröstet, das Problem aber andererseits eher verschärft. Denn die Sexualität ist bei all ihrer Mehrdeutigkeit und ihrer intimen Nähe nicht nur zum Leben, sondern auch zum Tod, ihrer kulturellen Überformung und Ausgestaltung doch eine durch und durch natürliche Mitgift, die jeder Mensch auf seine Art in seine Persönlichkeit einarbeiten muss. Im Grunde hört dieser Prozess nie auf. Und er ist in seinen pubertären Anfängen (übrigens auch bei seinen allerersten Regungen während der frühen Jahre) sehr schwer durchzustehen. Und nur sehr mühsam zu kommunizieren.

Es wird heute frei und offen über Sexualität gesprochen, die »schönste Sache der Welt« wird detailliert in Büchern und Jugendzeitschriften ausgebreitet – jeder, der will, kann alles nachschlagen. Im Fernsehen gibt es »Night-Talker«, die live auf die verwickeltsten sexuellen Probleme eingehen. In Schulen wird (eher dröge) Sexualkunde unterrichtet, und ganze Heerscharen von Therapeuten stehen bereit, um Leidenden zu raten und sie zu heilen.

Aber diese Offenheit täuscht. Nicht, dass mehr davon erreicht werden könnte oder sollte. Nein, es liegt in der Sache selbst, dass sie anteilweise immer ein Geheimnis bleiben wird.

Wir können noch so viel (mit Aufklärung, Forschung, Analyse) in die seelischen Dunkelkammern hineinleuchten, in denen die Sexualität wohnt – wir werden (wahrscheinlich) nie alles wissen. Denn das sexuelle Erleben führt uns immer wieder an die Ränder des Bewusstseins, wo die Worte fehlen. Es ist besser, sich damit abzufinden und sich mit der Einsicht zu begnügen, dass Sex ein Thema ist, an das man sich höchstens annähern kann. Außer für die Liebenden selbst, die im Akt und manchmal im Sprechen dabei und darüber alles und mehr in ihr Bewusstsein holen. Aber seltsamerweise fließen diese tiefen Erkenntnisse schon bald wieder aus dem Gedächtnis heraus, fast wie Träume, von denen nur eine spezifische körperliche Empfindung übrig bleibt, ganz so, als müsste man sie, die Weisheiten des Sexus, immer wieder neu schöpfen.

Wie die Sexualität sich gegen das (restlose) Erkanntwerden sträubt, wehrt sie sich auch gegen ihre (völlige) Veralltäglichung. All den Bemühungen unserer sinnenfreudigen Konsumkultur zum Trotz ist es nicht gelungen, Sexualität zu einer Selbstverständlichkeit zu machen, die offen praktiziert würde und über die ohne Verlegenheit überall und jederzeit gesprochen werden könnte.

Es sieht so aus, als entzöge sich der Sexus nicht nur als Objekt der Betrachtung, sondern auch als Medium der Alltäglichkeit dem Zugriff der Menschen, die ihn als Freudenquell verfügbar halten wollen. So läuft es nicht. Wir sind gezwungen, das Geheimnis zu akzeptieren, das der Sexus aus sich selber macht, wenn wir ihm nahekommen und mit ihm leben wollen. Für Pubertierende ist das alles schwer oder vielleicht sogar unmöglich zu verstehen. Und es ist nachvollziehbar, dass sie ihre Umwelt, vor allem ihre Eltern, als »verklemmt« ablehnen, da die Lösung all der bedrückenden Rätsel, vor die ihre Geschlechtsreife sie stellt, von den Erwachsenen nicht zu erwarten ist. Ja, bald merken die Kinder, dass auch die Großen offenbar vor ähnlichen Rätseln stehen.

Es gibt dennoch etwas, das Eltern tun können, um ihren Kindern den Umgang mit den Ambivalenzen des sexuellen Triebs zu erleichtern. Hier sind insbesondere die Mütter gefordert. Wenn sie spüren, dass ihre Söhne auf den Andrang der Doppeldeutigkeiten im Kontext der »schönsten Sache« mit Abwertung erotisch aktiver Mädchen – und damit letztlich der Sexualität selbst – reagieren, sollten sie sich zu Wort melden. Sie sollten eine kleine Verteidigungsrede halten: nicht unbedingt auf die Mädchen, die allzu willfährig erscheinen, nicht unbedingt auf ihre Söhne, die allzu schüchtern sind, nicht unbedingt auf die guten Sitten, sondern – auf die *Würde der Sexualität*. Kinder verstehen es spontan, wenn ihre Eltern die Sexualität als ein *wertvolles* Erfahrungsfeld einstufen und übernehmen vielleicht diese Sicht. Sie sind dann eher dagegen gefeit, sich vor den Verlockungen (und Zumutungen) des Triebs dadurch in Sicherheit zu bringen, dass sie ihn (und seine möglichen Objekte) runtermachen. Mütter sind besser dazu geeignet, eine solche Bewertung innerhalb der Familie durchzusetzen, weil Väter ganz gerne mitspielen, wenn Söhne sich von »Nutten« abgrenzen und Sex im Kontext von Schmutz und Gemeinheit erörtern. Das gemeinschaftliche Herabsetzen von Frauen und Mädchen, besonders wenn sie als sexuell freizügig galten (aber auch wenn sie völlig unzugänglich, also prüde schienen) hat vielleicht in der Schülerzeit manches Vaters dessen Peergroup zusammengeschweißt, und jetzt wärmt er die Erinnerung womöglich gern mit seinem Sohn auf.

Mädchengruppen werden sehr viel seltener durch gemeinsame Aggression gegen attraktive Jungen-Idole zusammengehalten, ganz im Gegenteil, man teilt eher die schwärmerischen Sehnsüchte. Der Hintergrund für diese Rollenverteilung ist wieder die Verquickung von Aggressivität und Sexualität, die den pubertierenden Jungen quasi auferlegt wird. Mädchen bleiben weitgehend frei davon.

In ihrem lesenswerten Buch »Einsame Cowboys« (über die männliche Adoleszenz) haben die Wiener Autorinnen Cheryl Benard und Edit Schlaffer ein Plädoyer für die Autorität der *Mütter* gerade in Familien mit pubertierenden *Söhnen* vorgelegt. Wenn Jungen erst mal vierzehn geworden sind, ziehen viele Mütter sich sozusagen präventiv zurück, denn jetzt geht es ja darum, dass ein »ganzer Mann« aus dem Knaben wird, und bei diesem Prozess haben Frauen nun mal nichts zu melden. Ganz falsch, sagen Benard und Schlaffer. Und sie führen Statistiken an, die erhellen, dass Jungen, deren Mütter im Erziehungsprozess durchgängig präsent waren, sich weit erfreulicher (und keineswegs unmännlicher) entwickeln, als jene, deren Mütter sie still resignierend dem Männlichkeitsdrill von Peergoups, Sportlehrern und Kumpel-Vater überlassen.

Erziehung funktioniert nicht über simple »Übernahme« von Haltung und Werten. Sie ist ein dialektischer Prozess, bei dem der Einfluss des gegengeschlechtlichen Elternteils oft der entscheidende ist. Bei dem Versuch, die menschliche Spezies aus ihrem atavistischen Erbe der Gewaltbereitschaft und der Gewaltlust herauszuführen, sollten gegenwärtige Generationen in der Tat auf die Frauen setzen. Sie haben der rohen Gewalt aufgrund ihrer biologischen Rolle immer ferner gestanden – und der Versuch gerade von feministischen Forscherinnen, auf diesem Felde Gleichheit zu konstruieren, widerspricht den Tatsachen.

Die Natur selbst musste eine Aggressionsbremse in das Verhalten der weiblichen Version ihres Homo sapiens einbauen – um des über viele Jahre abhängigen Nachwuchses willen, dessen Überleben sonst in Frage gestanden hätte. Eine andere Theorie besagt, dass die menschlichen Weibchen ihrer kostbaren Eier wegen geschützt werden mussten und deshalb kein so ausgeprägtes Risikoverhalten an den Tag legen durften wie die vergleichsweise überzähligen Männchen, deren gewaltiges Samenangebot eine Situation schafft, in der es auf das Einzelexemplar nicht ankommt. Also brauchten Zerstörungswut und Aggression unter Männern nicht unterdrückt zu werden.

Wie auch immer es begonnen hat: Auf jener Zwischenstufe zwischen nacktem Affen und Kulturmenschen, die wir heute erreicht haben, sitzen die Frauen eindeutig ein Stück weiter oben. Das heißt nicht, dass sie die besseren Menschen sind, es heißt nur, dass sie auf dem Weg von der Gewalt zum Recht schon ein paar Schritte weiter gekommen sind (Kunststück, denn es liegt ja in ihrem, der körperlich Schwächeren, Interesse, dass anstelle der Gewalt das Recht entscheidet). Deshalb sind sie für ihre pubertierenden Söhne so wichtig: als Ansprechpartnerinnen, Wertevermittlerinnen, Beschützerinnen und Verkörperung einer lebbaren und attraktiveren Alternative zur Karriere mittels Dominanzgebaren unter Androhung von Gewalt. Ein Junge braucht heute immer noch Mut, zuzugeben, dass er sich nicht prügeln will und dass es ihm egal ist, wenn die anderen ihn deshalb irgendwie nicht cool finden. Eine Mutter, die diesen Mut einflößt, durch ein deutliches Lob der Diplomatie und des Kampfes mit Worten statt mit Schlägen, kann eine große Hilfe für ihren Sohn sein.

Dahinter steht die Vision eines sozialen Lebens Jugendlicher, das die Geschlechter weniger streng trennt, als es heute immer noch der Fall ist, das mehr Angebote für die Mischung macht und den wechselseitigen Respekt fördert. Sicher, wir sind, verglichen mit alten Zeiten, schon ein gutes Stück weitergekommen, haben die Koedukation und für Teens viele Anlässe zur gemeinsamen Freizeitgestaltung. Ich meine auch eher eine psychologische oder gefühlsmäßige Trennung, der insbesondere von Männerseite noch gern zugearbeitet wird.

Was ein Ende haben muss, ist, dass das eine Geschlecht sein Selbstbewusstsein durch Abwertung des anderen stärkt – eine Psychotechnik, die Männer und Jungen seit Jahrhunderten anwenden. Sie kann nur funktionieren, solange überlegene Körperkraft als hoher Wert gilt. Das ist in unseren westlichen Gesellschaften mit ihrer hochentwickelten Technik und ihren weit ausgefächerten Kulturangeboten ja kaum noch der Fall. Aber es gibt noch einen anderen Zusammenhang: Solange die Gewalt das letzte Wort spricht, solange ihre Autorität, und sei es insgeheim, stark ist, bleiben Frauen und Mädchen unten, definieren Jungen und Männer sich als Geschlechtswesen auch über Geringschätzung der Weiblichkeit. Wir sind im Westen mit unseren demokratischen Gemeinwesen und unserer Rechtsstaatlichkeit schon ziemlich weit gekommen bei der historischen Arbeit an der Zerstörung des Prestiges von Gewalt. Es wäre gut, wenn auch aus der Gesellschaft, aus ihrer Jugend eine ergänzende Anstrengung sichtbar würde: durch entschiedene Abwendung von einem hierarchischen Geschlechtermodell, von der Idee, dass es irgendwie toller sei, ein Junge (oder ein Mädchen!) zu sein.

Kapitel 11
Rausch

»Licht und Bruderliebe«

Kinder brauchen und suchen keinen Rausch. Sie meiden Rauschmittel, sie finden, dass Bier scheußlich schmeckt, Zigarettenrauch eklig riecht und der betrunkene Onkel richtig peinlich ist. Nur Kinder, die auf der Straße oder in anderer verwahrloster Umgebung leben müssen und denen das Wesentliche fehlt – Geborgenheit – suchen ein Surrogat in Form von Nebel im Kopf und schnüffeln Klebstoff oder lutschen Halluzinogene.

»Normal« aufwachsende, behütete Kinder machen mit sicherem Instinkt einen Bogen um alles, was mit Rausch und Sucht zu tun hat, und eine etwaige Nikotin- oder Alkoholabhängigkeit ihrer Eltern bereitet ihnen ernsthafte Sorgen. Wenn sie alt genug sind, um zu verstehen, was passiert, und aus der Zeitung oder dem Fernsehen etwas über die gesundheitlichen Gefahren hören, die mit zu viel Nikotin für die Lunge oder mit zu viel Alkohol für die Leber verbunden sind, werden sie von Angst gepackt, stellen ihre Eltern zur Rede und machen sich sogar daran, heimlich Cognacflaschen zu leeren oder Zigarettenpäckchen zu verstecken.

Einige Jahre später sind es dann die Eltern, die die Zigarettenpäckchen vor ihren Kindern verstecken, weil die immer mal ein paar Glimmstängel beiseite schaffen, um sie auf dem Schulklo zu schmauchen. Vielleicht werden einige oberschlaue Neurologen oder Physiologen in ein paar Jahren herausfinden, dass auch Kinder zur Droge neigen und nur bislang von einer selbstsüchtigen Erwachsenenwelt daran gehindert worden sind, sich ihr »Recht auf Rausch« zu holen – ganz so, wie man bezüglich der im Blut vorfindlichen Sexualhormone festgestellt hat, dass Kinder hier genauso betroffen seien wie ihre Eltern und man deshalb ihre sexuelle Neugier respektieren müsse (vgl. Vorwort, S. 10) …

Was auch immer im Blut der Kinder kreist und wie eindeutig die biochemischen Befunde den Achtjährigen einem Zwanzigjährigen annähern wollen – die Schlussfolgerung, dass Kinder unter zwölf («eigentlich») schon sexuelle Wesen seien und Haschisch rauchen wollten, ist grober Unfug. Man könnte im Gegenteil die Grenzlinie zwischen Kindheit und Pubertät ziemlich treffsicher entlang der aufkeimenden Bereitschaft eines Teenagers ziehen, sich in einen Rauschzustand zu versetzen. Wenn diese Bereitschaft mit einer gewissen minikriminellen Energie gepaart ist, wenn also die erste Zigarette, der erste Brandy oder der erste Joint in aller Heimlichkeit und ziemlicher Aufregung konsumiert und die Veränderung des Körpergefühls und des Bewusstseins mit Neugier und einer Mischung aus Genuss und Ekel erfahren werden, dann ist das Kind kein Kind mehr. Diese Markierung in der Biographie ist deutlicher und aussagekräftiger als die Geschlechtsreife, die sich ja als mehrjähriger Prozess hinzieht und abgeschlossen sein kann, ohne dass sexuelle Erfahrungen stattfinden. Im Übrigen ist sie ein passives Geschehen, das den Körper verwandelt, ohne dass das Kind viel dagegen oder dafür tun kann.

Wer seine Neugier auf den Rausch – oder, wie es der griechische Philosoph Jostis Papajorgis ausgedrückt hat, auf die »Entlassung aus dem Schutz des Verstandes« – befriedigen will, muss aktiv für dieses Ziel eintreten. Das Kind muss schon rauchen oder trinken (oder spritzen oder schlucken) *wollen*, muss zumindest bereit sein, sich verführen zu lassen. Solange dieser Wille nicht da ist, geschieht auch nichts (es sei denn, mit Gewalt oder durch Unterschieben von so genannten Freunden). Aber da längst nicht alle Jugendlichen ihren Abschied von der Kindheit mit einem Bier oder einer Tüte feiern, ist das Rauschbedürfnis als Signal oder als biographische Zäsur doch nicht allzu brauchbar.

Trotzdem gibt zu denken, dass jede junge Generation »es« probieren will, und man fragt sich, was es ist, das diese verbreitete Lust auf Rauschmittel weckt. Schließlich hat der junge Mensch seine ersten zehn, zwölf oder vierzehn Jahre in der Regel völlig frei von einem solchen Wunsch verbracht, er hat allenfalls seine Eltern und deren Freunde beim Rauchen und Trinken beobachtet. Wo kommt das Verlangen nach dem Absturz plötzlich her?

In der einschlägigen Literatur liest man, dass pubertierende Kinder sich danach sehnen, erwachsen zu sein oder zu scheinen und deshalb die Großen im Guten wie im Bösen nachahmen – also auch, wenn sie gleich zu Beginn gegen Widerstände Rauchen und Trinken probieren wollen. Das ist natürlich richtig, aber als Erklärung insofern unbefriedigend, als sich aus ihr nicht erhellt, wie der erste junge Mensch, der noch niemanden zum Nachahmen vor sich hatte, mit vierzehn plötzlich auf die Idee kam, sich einen Rausch verschaffen zu wollen. Im Übrigen ahmen auch Achtjährige ihre Eltern oft und gern nach: indem sie sich verkleiden und die Stimmen und Gesten der Großen imitieren, aber normalerweise nicht, indem sie Alkohol trinken – falls sie es doch heimlich auf einer Festivität ausprobiert haben, vergällt ihnen die anschließende Übelkeit die Lust an der Wiederholung.

Die Vermutung liegt nahe, dass das Körper- und Lebensgefühl nach Einsetzen der Pubertät eine (kindliche) Gleichgewichtslage verliert und vermisst, die durch den Rausch entweder zurückerinnert oder (kurzfristig) wiederhergestellt sein soll. Insofern hätte das Rauschverlangen eine nostalgische, rückwärtsgewandte Note.

Vielleicht ist es aber auch andersherum: Der Rausch vertritt die sexuelle Ekstase, die, im Gegensatz zu einer Flasche Wein oder einem Joint, noch nicht verfügbar ist, aber heftig ersehnt und zugleich gefürchtet und im Rausch teils simuliert, teils ersetzt wird …

Was in der Trunkenheit immer gesucht und oft auch gefunden wird, ist ein Trost, ein süßes Vergessen, ein Weg- und Weiterkommen in Sphären der Helligkeit, der Entspannung, der Versöhnungs-, und manchmal auch der erhöhten Konfliktbereitschaft. Sie soll ungeahnte Kräfte freilegen: für Glücksgefühle, für das Einssein mit sich und der Welt, für die Überwindung von Widerständen. Der Rausch also ist ein Antidot, ein Gegengift. Das bedeutet: Es muss mit der Pubertät eine Verletzung geschehen sein, eine Wunde, ein Schreck, eine Angst, ein Zwiespalt, die zuvor nicht da waren und jetzt eine Kur verlangen.

Das Bedürfnis nach dem Rausch ist in allen Erdteilen und den meisten Kulturkreisen virulent und war es in aller Vergangenheit, in der es Menschen gab. Es scheint so etwas wie eine anthropologische Konstante zu sein, mit der man rechnen muss – ob einem die Sehnsucht nach der »Entlassung aus dem Schutz des Verstandes« nun zusagt oder nicht.

Manche Kulturen verbieten Drogen, andere lassen sie zu, viele fördern einige und unterdrücken andere. In der heutigen Discokultur werden die Kids mit Fun-Getränken – so genannten Alcopops – angefixt, deren Alkoholanteil durch Saft und Süße übertüncht wird. Die dahintersteckenden Anbieter samt ihren Absatzstrategien gehören für alle Zeit boykottiert. Sehr real nämlich ist die Gefahr einer frühen Abhängigkeit der Jugendlichen; diejenigen, die zur Sucht neigen – gerade ist die Hirnforschung dabei, die entsprechend gestörten Regelkreise im Nervensystem aufzuspüren, mithin: Suchtneigung ist angeboren –, können auf diese Weise für immer aus der Bahn geworfen werden. Deshalb ist ja die Ausgabe von Drogen an Kinder untersagt. Sie ist es deshalb, weil ein Wesen, das von sich aus gar nicht nach Drogen verlangt, durch insistente Verführung oder gewaltsames Zuführen aber abhängig gemacht werden könnte, vor der psychophysischen Zerstörung bewahrt werden muss. Denn Kinder können ihren Eigenwillen gegenüber Erwachsenen zwar ausdrücken, aber in der Regel nicht durchsetzen.

Hiermit ist angesprochen, dass Drogen – egal ob legale Gewohnheitsdrogen oder illegale »harte« Drogen – etwas Zerstörerisches an sich haben. Um dieses Potenzials willen werden sie aber nicht nachgefragt. Sie sollen die Kontrolle außer Kraft setzen, sollen das selige Vergessen schenken, das goldene Licht auf die Dinge, das Wunder der Illusion: Alles wird gut.

Ein bezauberndes Gedicht von Baudelaire beginnt so: »Des Weines Geist begann im Fass zu singen: / Mensch, teurer Ausgestoßener, dir soll / Durch meinen engen Kerker durch erklingen / Ein Lied, von Licht und Bruderliebe voll.« Und am Ende heißt es: »Ich mache deines Weibes Augen heiter / Und deinem Sohne leih ich frische Kraft. / Ich bin für diesen zarten Lebensstreiter / Das Öl, das Fechtern die Gewandtheit schafft.«

Der Rausch als Lebenshilfe. So wird er gesucht, erstrebt und erlebt. Er ist Teil der Kultur, nicht unproblematisch, aber doch unverzichtbar. Ihn zu verbieten ist eine dumme Vorkehrung, weil das Verbot immer durchbrochen wird. Ihn zu erschweren ist ein hilfloser Akt und vergebliche Mühe. Der beste Weg, Kinder vor der Sucht zu schützen, ist ein Leben, frei von solchen Katastrophen, denen Jugendliche nur durch drogeninduziertes Vergessen zu entkommen glauben. Garantieren kann keiner einem Kind so ein Leben – aber jeder manches dafür tun.

Was Heranwachsende zu lernen haben, ist der *kontrollierte* Umgang mit Drogen, die Freude am gelegentlichen Rausch und an den Entzückungszuständen, die der Wein, ein Pfeifchen oder was auch immer schenken können. Und das ist einigermaßen schwierig. Erst Erwachsene (auch nicht jeder und auch nicht immer) sind zu einer solchen Balance fähig. Deshalb dürfen und sollen erst Volljährige frei selbst entscheiden, was und wie viel sie nehmen. Bei Jugendlichen muss man aufpassen und zuteilen; sosehr ich sonst die argwöhnische Kontrolle missbillige,

mit der Eltern oftmals die Wege ihrer Kinder belauern – bei
Drogenkonsum muss eine Ausnahme gemacht und genau hin-
gesehen werden. Es geht ja um sehr viel: nicht nur um die Fragen der physischen Unversehrtheit, auch um die des Maßes, des
Gleichgewichts, der Selbstachtung und der Selbstkontrolle.

»Der kluge Trinker sucht den kontrollierten Rausch«, schreibt
Papajorgis in seinem Buch »Der Rausch«, »nicht den krankhaften Zusammenbruch, der den Verstand zersetzt, sondern die Intensität einer kleinen Zeremonie, die schwindelnde Euphorie,
die dem Leben und der Arbeit zuträglich sind. Er benützt den
Alkohol, er liefert sich ihm nicht aus. Er verwendet ihn listig als
Stimulans seiner Phantasie; in kritischen Situationen aber entzieht er ihm jeden Anspruch. Seine Selbstbeherrschung verhin-
dert, dass er den Freuden des Alkohols und des Nikotins erliegt.
Wer in Maßen trinkt, kann in Kontakt mit dem Leben kommen
und den Rausch vergessene Momente wieder anfachen lassen –
geistige Schlittenfahrten, Gleiten und Verweilen in der Erinnerung, wohlige Gefühle und ungestörte Ruhe –, hält sich aber
dem inneren Aufruhr fern.« Bis Jugendliche ein solch lebens-
zugewandtes, ausgewogenes Verhältnis zum Rausch gewinnen,
müssen sie schon einige Erfahrungen gesammelt haben, innerhalb und außerhalb von Rauschzuständen, und unter diesen Erfahrungen werden auch »ernüchternde« gewesen sein – im Sinne eines peinvollen Leidens unter den psychophysischen Folgen
der Vergiftung.

Junge Menschen gezielt zur Enthaltsamkeit erziehen zu wollen ist ein Programm, das scheitern *muss* – zu tief ist unsere
Kultur in allen Varianten, die vom Glücksversprechen handeln,
dem Rausch verhaftet.

In der Pubertät erwacht das unabweisbare Bedürfnis, an den
geheimnisvollen Ausflügen der Großen jenseits der Schutzmauern des Verstandes teilzuhaben, die Schranken fallen zu fühlen
und auf ungeahnte Weise frei zu sein. Vielleicht schmecken
Wein und Bier den Teens immer noch nicht, vielleicht fühlen

sie sich von Whiskey und Grappa abgestoßen – aber die Neugier auf die Wirkung ist stärker als der Einspruch der Geschmackspapillen. Schließlich haben die Kinder dreizehn oder fünfzehn Jahre Anpassung hinter sich; jetzt wollen sie das Ganze mal vergessen, wollen auch so werden, wie sie es auf Bildern, im Kino, in Kneipen und auf Festen gesehen haben: hemmungslos und betont offen für alle Untiefen des Glücks, des Schmerzes und der Wahrheit. Die Idee, dass Kontrollverlust ein Gewinn sein und sie bekannt machen könnte mit Zonen ihres Ichs, von deren Existenz sie etwas ahnen, aber nichts Sicheres wissen, setzt sich in ihnen fest. Es ist ja die Zeit, in der sie ohnehin nach sich selber suchen müssen. Die Seelenlandschaften, die hinter den Schutzmauern des Verstandes liegen, sind ein begehrtes Ziel.

Wie sind sie beschaffen? So wenig man über die Gefühlswelten weiß, an die die Ratio nicht herankommt, um sie zu vermessen, so allbekannt ist doch, *dass* sie vorhanden sind und womöglich sogar unser nüchternes Handeln stärker prägen als der Verstand, der vor ihnen schützen soll. Auch weiß man, dass der Kopf keineswegs völlig ausgeschaltet wird, wenn Alkohol oder Pot ihre Wirkung tun. Ganz im Gegenteil: Gerade das Denkvermögen scheint neue Dimensionen zu gewinnen und völlig neue Bezüge herzustellen; auch die Sinne erweitern ihre Zuständigkeitsbereiche und leuchten in lauter verborgene Winkel hinein. Staunend und beglückt benutzt der Trunkene seine neuen Kräfte: Er sieht, hört und denkt mehr und intensiver, sein Verständnis für die menschlichen Verhältnisse wächst. Schüchterne gehen aus sich heraus, Einsiedlerkrebse verbrüdern sich. Allerdings lässt die Konzentrationsfähigkeit nach, und es kostet mehr Anstrengung als sonst, sich auf einen Namen zu besinnen oder den roten Faden einer Geschichte nicht zu verlieren. Aber dieses Versagen verzeiht sich der Berauschte: Er ist entspannt, erlöst, er kann sich selber gut leiden. In manchen angetrunkenen Zeitgenossen bricht Melancholie oder Kampfeslust durch – doch auch solche Zustände werden nicht unbedingt als belastend empfunden. Eher als Zugewinn an wahrer Empfindung oder Vitalität.

Alles am Rausch ist flüchtig: er selbst, die Freuden, die er gewährt, die reichere Empfindung, das erweiterte Verständnis, die Streitsucht, die Konzentrationsschwäche. Alles geht bald vorbei. Es kommt der Kater, der einem Negativabdruck des Rausches gleicht. Die Empfindung verarmt, und statt der Euphorie macht sich eine leichte Depression breit, an Stelle von Geselligkeit sucht der Genesende das Alleinsein. Trotz dieses Preises möchte er auf den Rausch aber nicht verzichten. Schöner wäre ein Trip ohne Turkey – aber sei's drum.

Schon die Möglichkeit des Rausches ist eine erfreuliche Perspektive, ob sein Zweck nun darin liegt, einer unerträglichen Wirklichkeit zu entfliehen oder im Gegenteil die Wirklichkeit genauer, vielschichtiger, gewissermaßen »von unten« zu erblicken. Oder ob er Selbstzweck ist. Der Rausch ist ein Desiderat. Nur wenige Kulturen und Individuen kommen ganz ohne ihn aus. Für Pubertierende erfüllt er eindeutig die Funktion eines Initiationsritus: Wer ihn gehabt hat, ist schon eine Spur erwachsen, er teilt mit den Großen die wichtige Grenzerfahrung des bewusst angestrebten Kontrollverlusts.

Mutprobe

Da Rauschmittelkonsum immer mit der Frage des Maßes gekoppelt ist und maßloser Konsum in die Abhängigkeit treiben oder zum Schritt in einen Abgrund führen kann, nimmt (und nahm) zum Beispiel die Trinkerei unter Jugendlichen gern den Charakter einer Mutprobe an. Es ist eben wirklich gefährlich, betrunken Auto zu fahren oder einen Stoff zu spritzen, der womöglich verunreinigt wurde, es ist gefährlich, die Entlassung aus dem Schutz des Verstandes zu vollziehen und dann Schritte zu gehen, die ohne diesen Schutz ins Verderben führen. »Und setzt ihr nicht das Leben ein – nie wird euch das Leben gewonnen sein«, heißt es bei Schiller (im »Reiterlied«). Es sollte eigentlich nur für Soldaten gelten, aber es gilt auch für zivile Jugendliche (vor allem männliche).

Bei manchen Pubertätsritualen hat es den Anschein, als fühlten sich die Jugendlichen wie Kämpfer, die ihr erwachsenes Leben erst dann empfangen dürfen, wenn sie es zuvor aufs Spiel gesetzt haben. Womöglich stirbt diese heroische Version des Erwachsenwerdens beziehungsweise ihrer symbolischen Inszenierung allmählich aus. Zeitgemäß ist sie nicht mehr. Aber es gibt gerade in der Jugend immer wieder einen entschiedenen Einspruch, eine Art Gegenlauf zum Zeitgeist. So könnte in unserer Kultur der »Wellness« die Mutprobe erst recht gedeihen.

Man könnte den Berauschten in seiner Unvernunft und in seinen Illusionen mit einem Kind vergleichen, das noch unmündig ist und seine Entscheidungen nicht selbst trifft. In der Tat ist der Rausch, der den Erwachsenen eine Art Kurzurlaub aus dem Käfig ihrer Verantwortlichkeit beschert, für Pubertierende ein *Vorgriff* auf die Zeit, in der sie Verantwortung tragen und für die Folgen ihres Handelns geradestehen müssen, was ja Kindern nur in Grenzen auferlegt wird. Insofern ersehnt das pubertierende Kind, das sich erstmals an Rotwein oder Rum betrinkt, den Freigang aus einem Gefängnis, in dem es noch gar nicht drinsteckt.

Verkaterte Jugendliche sind ähnlich bemitleidenswert wie Fünfjährige, die schon koitieren wollen und nicht wissen, wie sie es anfangen sollen; die Jugendlichen haben noch nichts von dem Trunk, weil ihnen die scharfen Getränke nicht wirklich schmecken und sie die Entlastungsgefühle, die der Schwips beschert, vor lauter Angst und Ekel nicht genießen können. Aber was soll sein, sie tun es trotzdem, und sie lernen nach und nach, wie es geht. Auch das Rauchen fängt so an: Zuerst schmeckt es

widerlich, es tut weh in der Brust und reizt zum Husten. Aber
die Gesten sind so schön: das Flämmchen auf dem Feuerzeug,
der ausgeblasene Rauch nach dem ersten Zug, das Dasitzen mit
dem Stäbchen in der Hand. Jetzt ist man groß. Im Kopf platzt –
erzeugt und befördert durch das Nikotin – eine Art winziger
Blase, aus der ein Gas zu entweichen scheint, das sekundenlang
für Glück und Selbstbewusstsein sorgt. Der Raucher empfindet
die eigene Person als wichtig, ohne dass er etwas davon herzu-
machen brauchte. Er steht im Leben, hat zu tun, weiß sich zu
behaupten. Darf ich Ihnen Feuer geben? Ja, bitte. Raucher werden nicht geduzt. Dafür sind sie viel zu cool und zu bedeutend.
Ob sich das entscheidend ändern wird, wenn das europaweite
Verbot für Zigarettenwerbung greift und auch in Deutschland
das Rauchen in der Öffentlichkeit weitgehend verboten ist, sei
dahingestellt.

Der kurze Weg zum Kuss

Alles also eine künstliche Hochspielerei des Egos, ein Wichtig-
machen und Aufblasen, eine Affektation und eine große Täu-
schung – das Trinken, Rauchen, Drücken, Schnupfen? Ja, so ist
es. Bloß: Das Leben besteht zu einem Gutteil aus nichts anderem. Auch in nüchternem Zustand sind die meisten von uns Figuren auf dem Jahrmarkt der Eitelkeiten, die ihre Mitspieler
von ihrer Bedeutung zu überzeugen haben. Der Rausch leistet
diese Überzeugungsarbeit für das Ich-Gefühl des Berauschten,
er gibt ihm die Sicherheit, dass er stark ist und sein Leben bestehen wird – wenn auch nur für einige Stunden. Aber um Täu-
schung geht es hier wie dort, innerhalb und außerhalb der
Schutzmauern des Verstandes. Und es sieht so aus, als würden
beide Notwendigkeiten immer rigider: die, der Mitwelt zu be-

weisen, wie unschlagbar man dasteht – und die, sich im Rausch über diesen Dauerdruck hinwegzuhelfen.

Jugendliche, die sich über die Härten des späteren Berufslebens im Klaren sind, aber auch solche, die schon früh wissen, dass es ihnen schwerfallen wird, einen Sinn in dem zu sehen, was sie ein halbes Leben lang (wahrscheinlich) tun müssen, trainieren also ganz realistisch ihre kleinen Fluchten aus dem Alltag, wenn sie sich ans Bechern oder Rauchen gewöhnen. Das klingt zynisch, aber es wäre letztlich noch zynischer, so zu tun, als gäbe es (für alle) einen Ausweg.

Junge Menschen in den westlichen Kulturen, die mit ihrem Leben unzufrieden sind, leiden auf hohem Niveau, so viel ist richtig. Anderwärts auf diesem Globus wird gehungert und um das nackte Überleben gekämpft. Im Vergleich dazu wohnen Natascha, Martina, Valentin und Benjamin auf einer Insel der Seligen. Aber sie alle interessieren sich längst nicht so sehr für Konsum und Sicherheit, wie man es ihnen ständig unterstellt. Sie sind nicht unglücklich, weil oder wenn sie noch kein eigenes Auto oder die allerneueste Spielkonsole haben und nicht immer die neuesten Markenklamotten kaufen können. Das alles sind (meist) nur Sinnsurrogate. Wenn sie also leiden, dann unter einem Mangel an wirklichem Sinn. Und als Leidende unter einem solchen spirituellen Defizit sind sie für das Verlangen nach Rausch prädestiniert. Denn der Rausch bringt nicht nur »Licht und Bruderliebe« (Baudelaire), sondern auch Sinn mit. Das ist seine große Stärke. Vielleicht unterdrückt er auch nur ein Bewusstsein des Sinnmangels. Das erfüllt genauso seinen Zweck. Wenn Jugendliche sich an die Flasche oder die Nadel klammern, wenn sie magersüchtig werden und so die sublimen Rauschzustände des Fastens genießen, ist der Grund oft eine Flucht vor schmerzvoll offen gebliebenen Sinnfragen.

Darüber, dass Eltern fallweise für ihre Kinder regelrecht in den Krieg ziehen und mit Drohungen und Handgreiflichkeiten dafür streiten müssen, Sohn oder Tochter aus den Klauen von

Dealern, der Verführung eines Säufermilieus oder der Selbstzerstörung durch Hungern zu retten, werde ich im letzten Kapitel mehr sagen (vgl. S. 246 ff.). Hier nur so viel: Die *Sucht* ist ein *Attentat* auf Gesundheit, Gefühlswelt und Leben eines Kindes; sie muss auch mit letzten Mitteln (und ohne Rücksicht auf Verluste) bekämpft werden. Aber Jugendliche, die nur gelegentlich mal blau sein wollen, sind anders einzuschätzen. Man soll sie ihre Erfahrungen machen lassen.

Alkohol wird planvoll als Enthemmungsmittel eingesetzt, um den Weg zum ersten Kuss abzukürzen. Und dafür ist er auch sehr gut geeignet. Allerdings entscheidet auch hier das Maß. Ein Zuviel »erhöht zwar das Verlangen, erschwert aber das Vollbringen«, wie Shakespeare wusste. Manchmal sind Jugendliche über diese Tücke sogar froh. Denn sie wollen noch gar nicht so viel vollbringen. Das Verlangen als solches ist schön genug.

Trunkenheit hat die eigentümlich widersprüchliche Folge, dass sie Verklemmungen löst, aber wenig daraus macht. Sie erleichtert dem Verliebten das Bekenntnis und stimmt die Angebetete milde: Jetzt wird eine Berührung erwidert, die sich das Mädchen im nüchternen Zustand verbeten hätte. Gleichzeitig verliert die Sehnsucht nach dem Kuss oder der Umarmung ihre aktivierende Spitze: Man begnügt sich mit dem Austausch von Komplimenten und Versprechungen, fast so, als sei die sanfte Euphorie des Schwipses ein vollwertiger Ersatz für die Lust, die doch so nah liegt, die zu entbinden aber mehr Kräfte forderte, als der Rausch übrig lässt.

Man kann festhalten, dass die Verfolgung erotischer Ziele im nüchternen Zustand besser gelingt – der ganz besondere Rausch der Verliebtheit reicht aus, er braucht keinen Alkohol. Wie illusorisch der Kräftezuwachs ist, den wir durch Rauschmittel und -gifte zu gewinnen hoffen, zeigt diese notorische Durchkreuzung erotischer Ziele durch Alkohol oder Haschisch, recht gut. Für »kreative Ziele« übrigens, für Inspiration der Dichter, Maler, Musiker gilt Ähnliches. Auch sie haben während des Rausches großartige Ideen, die umzusetzen ihnen aber meist die Energie fehlt und deren Gestalt sich mit dem Rausch auflöst.

Verallgemeinern lassen sich all diese Beobachtungen allerdings nicht; es gibt junge Paare, die unter dem Einfluss von LSD ihre größten sexuellen Lusterfahrungen gesammelt haben oder die sich mit Kokain in steilste sinnliche Höhen katapultieren, auch Dichter, die im Vollrausch ihre besten Verse schrieben – das ist dann aber schon eine Kunst für sich. Man muss wissen, wie es geht, wie zu dosieren ist und was die eigene Phantasie, was der Partner oder die Partnerin braucht. Dergleichen ist nichts für Anfänger und verlangt eine quasiprofessionelle Hingabe an das Reich der Drogen. Viel Zeit und viel Geld werden so verpulvert – und wofür? Für Erfahrungen, die im Reich der Erotik auch ohne Pulver, Pillen und Pappen rauschhafte Dimensionen bereithalten. Das ist ja das Schöne: Sex berauscht, ohne dass am nächsten Tag der Kopf zu platzen droht. Aber weil die sinnliche Liebe des Paares ein Spannungsverhältnis ist, das heißt einen anderen Menschen und dessen Bereitschaft voraussetzt, ist sie nicht immer verfügbar und manchmal, so in Phasen unerwiderter Leidenschaft, sogar unmöglich. Dann sind die unproblematische Flasche, das stille Pülverchen ein freundlicher Helfer – und der Kater wird sogar mit einer masochistischen Lust in Kauf genommen. Auch die Magersucht gehört in diesen Kontext. Fasten führt in eine rauschhafte Euphorie, es vermittelt ein triumphales Körpergefühl, das dem der sexuellen Lust entfernt verwandt ist, den Aufwand aber, der nötig ist, um sich diese Lust zu verschaffen, gerade meidet.

Das Verhältnis von Sex und Rausch ist also keineswegs so einfach, wie es scheinen möchte: Die Trunkenheit räumt mit Barrieren von Angst und Förmlichkeit auf, nutzt aber dann die Freiheit des Augenblicks gar nicht oder nur unvollkommen. Sie schätzt es nicht, wenn man neben ihr noch andere Freuden sucht. Und zur Sexualität verhält sie sich eher als Konkurrent denn als Verbündeter, meist versetzt sie in einen kontemplativen

Zustand. Die schweifende Phantasie spielt allerlei Wunder durch – das genügt schon. Also kann man sagen, dass der Rausch die sexuelle Erfüllung eher vertritt als einleitet.

Für Pubertierende ist der Rausch ein Ausweichmanöver. Sie wissen, wie es ist, wenn man die Arme öffnet – ohne sie schon um einen anderen Körper geschlossen zu haben. Sie können mitreden, weil sie den Zustand kennen, in dem man sich nicht mehr schämt. Endlich empfangen sie für die Peinlichkeiten und Quälereien der Frühpubertät eine Art Lohn: Sie dürfen sich vergessen. Und dabei eine Erfahrung teilen, die bisher den Erwachsenen vorbehalten war.

»Im alkoholisierten Zustand«, so liest man in der Zeitung, stellen junge Leute allerhand Dummheiten an, um die es ihnen anschließend leidtut: sie brüskieren ihre Freunde, tanzen auf dem Tisch – wenn sie nicht sogar wild werden und das Lokal zertrümmern, ein Auto stehlen oder in eine Villa einbrechen. Sprit als Begleiter für kleine Sünden und größere Vergehen ist fast schon normal – weshalb manche Eltern den Umkehrschluss ziehen, dass der Alkohol kriminell mache, und es ihrem vierzehnjährigen Sohn verbieten, auf Feten Bier zu trinken.

Es stimmt, dass ein Rausch verborgene Winkel eines Charakters plötzlich beleuchten kann und der Trunkene sich von einer Seite zeigt, die man vorher an ihm nicht wahrgenommen hat und von der er vielleicht selber nichts wusste. Aber der Rausch fördert nichts an einem Menschen zu Tage, was nicht in ihm steckt, und hat insofern auch keinen charakterverderbenden Einfluss. Nur wenn das Verlangen nach ihm sich zur Sucht verstetigt, ändert sich das Bild. Der Zerstörungsprozess, der jetzt einsetzt, lässt kaum eine Persönlichkeit intakt.

Pubertierende sind gefährdeter als Erwachsene, in die Sucht abzuleiten, weil sie sich mit Mengen und Stoffen nicht auskennen, deshalb brauchen sie einen besonderen Schutz. Aber die wenigsten haben es auf den Missbrauch abgesehen, wenn sie ihre Neugier erstmals befriedigen.

Drogenmissbrauch nimmt zu; die Illegalität, das Geschäft, der Reiz des Verbotenen, die Sehnsucht der großen Kinder, sich über den Rausch ein Eintrittsbillet in die Erwachsenenwelt zu besorgen, bilden einen verhängnisvollen Teufelskreis. Kommt dann noch soziale Randständigkeit hinzu oder ist für einen Jugendlichen die pubertätstypische Phase einer depressiven Verstimmung besonders lang und schwer, kann der Weg in die Abhängigkeit kurz sein. Das wichtigste Stimulans aber ist das Ansehen, das legale Drogen wie Alkohol und Tabak in der Erwachsenenwelt genießen, ist ihre Unverzichtbarkeit, ihre Leuchtkraft als Freudenspender in den meisten Familien. Während Kinder noch verständnislos und beklommen auf die Flaschen schauen, die den Eltern so viel bedeuten, greifen Pubertierende in Nachahmung selber zu und versuchen den Stoff. Dabei sind Sorte und Qualität eines geistigen Getränks (oder einer Zigarette) gar nicht so wichtig. Auch die belebende oder euphorisierende Wirkung ist nicht ausschlaggebend – denn vor seinem ersten Dusel weiß der Jugendliche ja nichts davon. Entscheidend ist das Vorbild der Erwachsenen, die schon glänzende Augen bekommen, wenn sie ihr Bierchen aus dem Kühlschrank holen oder nach dem Korkenzieher greifen. Das ist den Kindern nicht entgangen, und nun wollen sie mit von der Partie sein.

Sinnsuche und Spannungslösung

Warum bloß trinken (rauchen, schnupfen …) wir alle so viel? Ist das Leben so unerträglich ohne die kleinen Helfer? Wir lassen die Frage hier offen, bestehen aber darauf, dass die Antwort auf ein Warum und Woher jugendlicher Trinkerei und Raucherei nicht in den Verführungsstrategien finsterer Mafiosi zu suchen ist, sondern im alltäglichen Verhalten der meisten Erwachsenen. Unsere Kultur des Feierabends, der Feste und der feinen Küche ist ausgesprochen rauschfreundlich. Kinder wachsen in diese Kultur hinein und beanspruchen als Jugendliche ihren Platz darin. So einfach ist es. Und da das Papajorgis'sche gute Maß (vgl. S. 230) für sie anfänglich nicht leicht herzustellen und einzuhalten ist, haben wir ein Drogenproblem.

Mir persönlich erscheint der menschliche Hang zum Rausch sympathisch, verständlich und sogar unabdingbar. Nur weil die Jugend aufgrund ihrer Unerfahrenheit Fehler macht, können wir keine Prohibition ausrufen. Aber man kommt eben auch nicht daran vorbei, dass sich das organisierte Verbrechen mit Vorliebe an gewisse menschliche Grundbedürfnisse heftet, die mit Kontrollverlust einhergehen und deshalb unter Umständen moralische Probleme aufwerfen: die Lust am Sex, an der Gewalt und am Rausch. Zielsicher besetzen die skrupellosesten Verbrecher Zonen, in denen solche Bedürfnisse mehr oder minder legal befriedigt werden. Es ist deshalb naiv, den Rausch einfach nur zu feiern. Man muss wissen, dass die Kosten für seine Erlangung erheblich sein können und im Extremfall Menschenleben fordern. Kein Schutzprogramm für Kinder ist zu viel.

Rein logisch scheint ja eine umfassende Legalisierung der einzig richtige Weg zu sein, denn so würde der kriminelle Sumpf leicht trockenzulegen sein. Bei der Prostitution läuft schon manches in diese Richtung. Aber bei den Drogen, wo es einige Vorkämpfer, zum Beispiel in Holland, mit der Freigabe versucht haben, rudert man neuerdings wieder zurück. Die gesundheitsschädigenden Auswirkungen des Dauerkonsums einer scheinbar harmlosen Droge wie Hanf (THC), ihre katastrophalen Auswirkungen auf Gedächtnis und Konzentration, sind kürzlich erst zweifelsfrei nachgewiesen worden, und so erscheinen jetzt alle Verharmlosungen, zu denen auch die Freigabe von Cannabis zu rechnen ist, als leichtfertig. Eine klare, einfache Antwort auf die Drogengefahr, in der Jugendliche schweben, gibt es nicht.

Die Strategien der Freigabe waren ohnehin für erwachsene

Konsumenten gedacht; Kinder müssen anders und intensiver geschützt werden. Die positive Wirkung einer engen Bindung an verantwortungsbewusste Eltern und die von ihnen vertretenen Werte entfaltet sich beim Thema Drogen nur begrenzt, sofern die Eltern selbst gern ins Glas schauen und es bei Drogen ja gerade um den *Bruch* der Konvention geht. So sind es denn Antworten auf Sinnfragen, die Jugendliche am ehesten vor dem Absturz bewahren – solche Antworten lassen sich weder nachschlagen noch aus dem Hut zaubern. Man kann aber als Vater oder Mutter dazu beitragen, dass die Kinder auf der Suche nach ihnen nicht verzweifeln. Vor allem durch dies eine: Aufrichtigkeit.

Kinder wittern Lügen, doppelte Moral und windige Vorwände wie ein Hund den Knochen. Dieser besondere Instinkt ist für sie lebenswichtig, denn schließlich müssen sie herausfinden, was in dieser Welt zählt. Für Eltern ist es nicht ganz leicht, sich auf dem heiklen Feld der ganzen, der halben und der verhehlten Wahrheiten sicher zu bewegen, denn sie lernen ihrerseits, dass kleine Kinder mit mancherlei Tatsachen in Ruhe gelassen werden müssen. Auch Schulkinder sollen mit Liebes- und Finanzkrisen ihrer Erzeuger verschont werden – ihr Anspruch auf Geborgenheit wiegt schwerer als die Notwendigkeit, ihnen immer und unter allen Umständen die Wahrheit zu sagen. Das gilt natürlich nur, solange Seitensprünge als befristet und Existenzkrisen als vorübergehend einzustufen sind. Ist das Leben eines Kindes von Veränderungen im Leben der Erwachsenen dauerhaft betroffen, muss man es einweihen, auch wenn es noch nicht alles versteht. Es gibt aber vergängliche Spannungen und Ängste im Dasein von Eltern, seien es familiäre oder berufliche, die vor den Kindern verborgen werden sollten, denn in einer stabilen Welt meistern sie das Lernziel Orientierung weit besser.

Wenn die Kids größer werden, unterscheiden sie im Rückblick, ob die Eltern sie geschont oder belogen haben, und ihr Vertrauen bleibt entsprechend intakt, oder es kriegt einen

Knacks. Eltern können auch im Einzelnen mal drumrumreden und trotzdem im Großen und Ganzen bei der Wahrheit bleiben. Im Zweifelsfalle aber ist die Wahrheit besser als jede »kindgerecht« geschönte Version. Vorausgesetzt, dass Eltern ihre Kinder nicht zu Objekten eines für sie selbst entlastenden Geständniszwanges degradieren, ist es für die Kids förderlicher, wenn die Dinge beim Namen genannt werden. Aber Offenheit darf sich nicht mit Grausamkeit paaren.

Jede unbequeme Wahrheit, die einem Kind zugemutet wird, sollte in Beistandsangebote und Hilfsprogramme eingepackt sein. Ein solcherart im Klima der Aufrichtigkeit herangewachsenes Kind hat gute Chancen, bei der Sinnsuche fündig zu werden und der Gefahr eines Absinkens in die Existenz eines Fixers oder Alkis zu entgehen.

Wäre es nur die vergebliche Suche nach Sinn, die auf den Rausch zuführt, wäre der Kampf mit den Drogen leichter zu gewinnen. Es gibt da aber noch einen anderen Auslöser. Wie zu Beginn des Kapitels angesprochen, ist es kein Zufall, dass das Bedürfnis nach Rauschgift erst mit der Pubertät entsteht. Das veränderte Körpergefühl, die verfeinerten Sinne und der auf größere Reichweiten sich einstellende Geist schaffen einen Ich-Zustand, der ausgesprochen *spannungsgeladen* ist. Das kindliche Einverständnis mit dem eigenen Ego und der Welt zerfällt, an seine Stelle tritt eine *Unruhe*, die, ausgehend von sexuellen Wünschen und Ängsten, die ganze Existenz erfasst. Diese juvenile Umtriebigkeit wird, wenn sie erstmals auftritt, fast wie eine Bedrohung des Daseins empfunden. Das Kind wehrt sich gegen sie, sucht nach alten Sicherheiten, flüchtet zurück – und merkt: Der Weg ist versperrt. Es muss vorwärts. Es fürchtet sich. Die Unruhe wird stärker. Den anderen Kindern geht es genauso. Was soll man bloß tun? Man dreht den Spieß um. Man stürmt voran. Man drängt in die Geheimnisse der Erwachsenenwelt hinein, greift nach den Privilegien der Großen. Irgendetwas muss es geben, das diese unbegreifliche innere Spannung löst.

Physiologisch gesprochen sind es die Sexualhormone, die sich in immer höherer Konzentration im Blut der Kinder anreichern und die Stimmung verändern – sie machen aus dem zufriedenen Zehnjährigen einen bedürftigen Dreizehnjährigen. Dabei bezieht sich die Bedürftigkeit nicht nur auf einen Sexualpartner, der noch nicht da ist, aber erträumt und vielleicht schon umworben, meist aber eher gefürchtet wird – sie bezieht sich auf alles: auf die geistig-moralische Welt, die mit ganz neuen und viel zu großen Fragen aufwartet, auf die Alltagspraxis, die den Jugendlichen meistens lähmend und leer vorkommt, auf das soziale Zusammensein mit Familie und Freunden, das plötzlich ärmlich und langweilig erscheint.

Die ungewohnte Spannungsgeladenheit des Daseins, die den Jugendlichen etwas abverlangt: Geschlechtsidentität, Leistung, Einordnung, Überzeugungskräfte auf allen Ebenen, der erotischen ebenso wie der (zukünftig) beruflichen – sie ist wirklich schwer durchzustehen und macht die Sehnsucht nach einer drogeninduzierten Entspannung fast folgerichtig. Auch Medien wie Internet und Computerspiele können eine solche süchtige Ablenkung bieten. Vor allem aber die Musik! Sie und das Abtanzen in der Disco sind die verbreitetsten und vergleichsweise gesündesten Reaktionen auf die Überspannung im Lebensgefühl Pubertierender. Es kommt ja aber nicht nur die Cola dazu, sondern Alcopops, die Cola-Rum und eventuell Ecstasy, und schon schlägt die quälende Spannung in lustbetonte Lässigkeit um. Der Alkohol macht, wie es der Geist des Weines bei Baudelaire verspricht, die Augen der Mädchen und Jungen heiter …! Vieles geht leichter mit ein paar Promille, auch das Tanzen. Wer sich zuvor nicht getraut hat, wippt jetzt im Takt mit.

Der Geist des Weines spricht den Menschen mit »teurer Ausgestoßener« an. Im Kontext Rausch ist das nicht zufällig. Der »Geist« setzt voraus, das der Mensch Trost, Wärme, Aufmunterung, Entspannung sucht und sich deshalb das Glas vollschenkt.

Das Tragische oder vielleicht auch einfach nur Traurige ist, dass jener Spannungsüberschuss, der während der Geschlechtsreife in die Adern der jungen Leute gepumpt wird und sie erstmals zum Glas oder Gras greifen lässt, nie wieder verschwindet. Er ist keine bloß pubertäre Erscheinung. Er bleibt.

Sicher, das Leben des Erwachsenen hält seine Herausforderungen bereit. Der junge Mann besteht seine Abschlussprüfung, er nimmt eine Stellung an, verdient Geld, steigt auf oder auch nicht. Er verliebt sich, wird verlassen, ist kurz davor, sich aufzuhängen, wird getröstet, gerettet, liebt aufs Neue, heiratet … Und das Mädchen macht gleichfalls seine Abschlussprüfung, qualifiziert sich weiter, jobbt nebenher, verdient Geld, wird gefeuert, reist durch die Welt, trifft Mr Right, bekommt ein Kind … All diese biographischen Großereignisse saugen sie auf, die überschießende Spannung, die seit dem Ende der Kindheit so viel Unruhe ins Leben gebracht hat. Jeder Kuss, jeder Geschlechtsakt, jeder Sieg über einen Konkurrenten, jede Gehaltserhöhung, jede Beförderung, allemal die Eroberung einer Frau oder eines Mannes, die Geburt eines Kindes, aber auch das Unglück: der Abstieg, der Verlust, sei's in der Liebe, sei's auf dem Konto, sie absorbieren die Spannung in kräftigen Quantitäten, so dass sich der Bogen ein wenig abflacht und die Phasen, in denen Ruhe und Beschaulichkeit möglich sind, nach und nach länger dauern.

Gleichwohl: Großereignisse sorgen nicht unausgesetzt für Aufregung in einer Lebensgeschichte, sie sind eher selten, und so kommt es, dass das spannungsgeladene Menschenwesen immer wieder unter Hochdruck dasitzt und nicht weiß, wohin mit sich – auch wenn es längst erwachsen ist. In solchen Zeiten sind Drogen aller Art, in unseren Breiten Alkohol und Nikotin, die Rettung. Wie mit einem beseligenden Unterdruck entsorgen sie die lästige Überspannung, die den Menschen unserer Zeit schief neben sein eigentliches Ich postiert hat. Er trinkt einen Schluck und ist wieder eins mit sich.

Es versteht sich, dass nicht alle Individuen während der Pubertät und danach sozusagen aus sich herausgeschleudert werden und da, neben sich selbst, im Wesentlichen ungemütlich ausharren, von ihrer existenziellen Schieflage höchstens zu Zeiten der erwähnten Großereignisse abgelenkt. Manche Menschen haben die Ruhe weg und verlieren nie ihr Gleichgewicht, sie werden nicht einmal durch Pubertät und Sexualität erschüttert und begreifen deshalb auch nicht, dass es andere gibt, »teure Ausgestoßene«, die Drogen brauchen. Die anderen bilden aber die Mehrzahl, so viel ist gewiss.

Leider haben Eltern keinen Einfluss auf die Höhe der inneren Anspannung, unter die ihr Kind während der Pubertät gerät. Diese Höhe ist Natur. Sie können aber dazu beitragen, dass Spannung und Unruhe gewissermaßen abfließen können – in Kanäle jenseits von Drogen und Rausch. Ein Jugendlicher, der bei einer Initiative mitmacht, die in einem afrikanischen Staat das Gesundheitswesen verbessert, ein Mädchen, das für ein russisches Kinderheim sammelt und selbst mitfährt und die Sachen verteilt, sieht, was dort los ist und Kontakte knüpft, sie werden weniger leicht zu weit gehen bei ersten Kontakten mit des »Weines Geist« oder Ecstasy-Pillen auf der Love-Parade, weil sich für sie offene Sinnfragen beantworten und dabei brachliegenden Unternehmungsgeist binden. Auch eine Schule, die ihre Jugendlichen nicht nur mit dem per Curricula beschlossenen Wissensstoff abfüllt und sie ansonsten vor allem Bluff, Quatschmachen und Kiffen auf dem Klo lehrt, sondern mit ihnen etwas auf die Beine stellt, was die Welt in Erstaunen versetzt, rettet die Jugend vor der Droge. Denn Jugendliche wollen sich vor allem beweisen. Wenn sie nichts anderes finden, beweisen sie eben ihre Trinkfestigkeit oder ihre Eignung für den Trip.

Kapitel 12
Die Eltern

Die lange Latenz als Falle

Der herbste Verlust, den Kinder erleiden, wenn sie aufhören, Kinder zu sein, ist der Schwund des bedingungslosen Vertrauens in die Eltern. Kein Kind, das nicht mit Schuldgefühlen auf diesen Bruch reagierte. Kein Elternpaar, das nicht überrascht würde vom kritischen Blick der Sprösslinge auf ihre Erzeuger. Die ausgedehnte Latenz, die lange Kinderzeit – einmalig unter den Lebewesen auf diesem Stern – bieten der Spezies Mensch die enorme Chance, im Wege des Lernen und Einübens ihre geistigen, technischen und sozialen Fähigkeiten zur Homo-sapiens-Höhe zu entwickeln.

Diese mehrjährige Lehr- und Lernperiode ist aber auch eine Falle für Eltern und Kinder. Sie dauert zu lange, um als Übergang erlebt zu werden; sie ist eine Epoche für sich, mit eigenen Gesetzen, und die Beteiligten gewöhnen sich an die in ihr herrschende Rollenverteilung. Deshalb fällt es ihnen so schwer, das Ende kommen zu sehen und die veränderte Konstellation zu akzeptieren. Es scheint nur über Krisen, Kräche und Katastrophen zu funktionieren – immer abgesehen von den Ausnahmen relativ harmonischen Hineinwachsens in ein neues Verhältnis.

Da eine lange Kindheit mit ungestörter Hingabe an die großen Möglichkeiten dieser Zeit bei jedem Menschen die beste Gewähr für den Aufbau einer stabilen Persönlichkeit bietet, sollten weder Eltern noch Kinder aus Angst vor den Turbulenzen der Loslösungsphase die Latenz abzukürzen versuchen oder sich verfrüht in die Pubertät beziehungsweise das Ende der Elternrolle hineinschwindeln wollen. Der Schlüssel zu einer friedlichen, förderlichen und vielleicht sogar erfreulichen Beziehung von Eltern zum pubertierenden Kind liegt anderswo.

Es beginnt damit, dass Eltern wissen müssen: Wenn die Pubertät ihres Kindes sich ankündigt, haben sie ihre Elternrolle ausgespielt. Natürlich sind sie weiterhin »da«, sie sind sogar als Freunde, Hilfskräfte, Gegenspieler und Widersacher ganz besonders gefragt. Aber sie sind nicht mehr die Eltern von Kindern. Sie sind nicht mehr die Instanz, die entscheidet, erklärt, Wege ebnet, Perspektiven öffnet und tendenziell auf jede Frage eine Antwort hat. All diese Kompetenzen laufen aus und verfallen – was oftmals für Eltern nicht leicht mit anzusehen ist. Aber es gibt keinen Ausweg. Die Kinder holen sich jetzt die Inputs für ihr Geistes- und Seelenleben woanders, und die Eltern, wenn sie wirklich zu ihren Kindern stehen, bejahen das instinktiv, wenn auch unter Schmerzen. Zum Kinderhaben gehört das Kinderhergeben.

Jeder weiß das, weil er selbst mal ein Kind war und das Bedürfnis verspürte, fortzugehen. Versuche, den Kindstatus und die Elternschaft über die Pubertät hinaus zu verlängern, vielleicht aus Sympathie füreinander oder aus Angst vor der Fremde draußen, sind genauso unfruchtbar und letztlich schädlich für alle Beteiligten wie das Bestreben, schon vor der Pubertät auf Abstand zu gehen.

Der Schlüssel für eine förderliche Beziehung zwischen Eltern und heranwachsenden Kindern, von dem ich oben sprach, wird während der Kindheit geschmiedet; was hier versäumt wurde, lässt sich später nicht mehr nachholen. Nichts ist so vergeblich wie die verzweifelten Versuche von Müttern und Vätern, sich zu Supereltern aufzuschwingen, während die Kinder innerlich auf dem Absprung raus aus der häuslichen Welt sind. Beginnt die Pubertät, müssen die Eltern sich zurückziehen und ihr Kind der Welt überlassen. Dass sie in Krisenfällen immer noch gebraucht werden, dass ihre moralische, praktische und vor allem finanzielle Unterstützung fast selbstverständlich eingefordert wird, steht dazu nicht im Widerspruch. In unserer Kultur mit ihren jahrelangen Moratorien und endlosen Ausbildungszeiten wird auch die Unterhaltspflicht der Eltern für ihre Kinder immer weiter ausgedehnt.

Die frühe und späte Kindheit, das sind die Jahre, in denen Eltern, Söhne und Töchter zueinander finden oder auch nicht. Oft wird beklagt, insbesondere in Kreisen der gebildeten Mittelschicht, dass Eltern zu wenig *Zeit* für ihre Kinder hätten, dass die Kleinen durch zu viel Fremdbetreuung dem häuslichen Schoß entfremdet würden und letztlich das Internet eine stärkere erzieherische Funktion ausübe als Mutter oder Vater. Was den Zeitmangel betrifft, mit dem Eltern ihre Kinder sozusagen anstecken und der überall die menschlichen Beziehungen vergiftet, so frage ich mich, ob man sich hier nicht allzu oberflächlich bei einem Symptom aufhält und darüber die Sache selbst verfehlt. Es ist kaum je die *Quantität* an Zeit, die eine menschliche Beziehung wertvoll macht – es geht immer um *Qualitäten*.

Kinder spüren genau, ob ihre Eltern ihnen innerlich nahe sind und ihre Entwicklung mit Anteilnahme begleiten – egal, wie viel Zeit sie mit ihnen verbringen.

Natürlich gibt es absolute Grenzen. Ein Vater, der *nie* da ist, eine Mutter, die nur abends ein Stündchen da ist – die können noch so viel an ihr Kind denken, ein Band stellt sich mangels realer Gemeinsamkeit nicht her. Aber wenn Kinder für ihre Eltern wichtig sind, dann finden Letztere auch Mittel und Wege, Zeit mit ihnen zu verbringen und ihnen nahezukommen. Ein gemeinsamer Urlaub oder Ausflüge am Wochenende bringen überhaupt nichts beziehungsweise nur Streit oder erzwungenen Frohsinn, wenn es keinen Alltag gibt, in dem Kinder und Eltern füreinander da sind, einander ärgern, überraschen und helfen. Umgekehrt: Einer Mutter, die aus Pflichtgefühl zu Hause bleibt, obwohl sie lieber berufstätig wäre, gehen ihre Kinder vermutlich auf die Nerven, und sie wird trotz großer zeitlicher Spielräume, die sich für sie und die Kinder auftun, schwerlich in der Lage sein, ein liebevolles Band zu knüpfen, das sie und die Kinder beieinanderhält.

Zeitquantitäten also sind es nicht, die über die gute Eltern-Kind-Beziehung entscheiden. Was dann? Das liebevolle Band? Richtig. Aber woran erkennt man es? Und wie kommt es zustande? Die Antwort ist nicht ganz einfach; ich will gleichwohl versuchen, sie einzukreisen.

Lernziel für Eltern: Kontrollverzicht

Kinder sind vollständig abhängig von ihren Eltern – je kleiner sie sind, desto ausgelieferter sind sie. Die Eltern übernehmen mit der Fürsorge für die Kleinen auch die Verantwortung für ihr Wohlergehen – sie sind für alles zuständig: für die Gesundheit, die geistige Entwicklung, die Lebensfreude … Nach und nach lernen sie zwar, dass die Kinder sich auch *holen*, was sie brauchen, aber zu Beginn und manchmal noch Jahre später glauben Eltern, *alles* herbeischaffen und *geben* zu müssen, was für die Kinder wichtig ist. Und so ist eine Tendenz zur Überforderung in das Eltern-Kinder-Verhältnis eingebaut, für die Eltern instinktiv versuchen, sich schadlos zu halten: indem sie ihr Kind nicht nur versorgen, sondern auch beherrschen. *Herrschaft* – zumindest in kleinen Dosen – nicht mit einfließen zu lassen in das soziale Dreieck Vater-Mutter-Kind (oder Mehreck, wenn Geschwister da sind), das ist sehr, sehr schwer. Aber es ist möglich. Und es liefert den berühmten Schlüssel zu einer guten Beziehung. So einfach ist das – und so überaus kompliziert.

Denn welche Mutter, welcher Vater *weiß* schon, ob sie oder er das Kind beherrscht oder zu beherrschen versucht? Wer ist so sensibel, so empathisch, so selbstkritisch und so klug? Interessanterweise findet man in einschlägigen Ratgebern zu diesem

Punkt recht wenig. Wie lässt sich mütterliche Sorge, wie lässt sich väterliche Kontrolle von Herrschaft trennen? Ist nicht der abhängige Part einer Beziehung immer in Gefahr, von seinem Ver- und Fürsorger beherrscht zu werden? Und muss man ein bisschen Herrschaft als Kind nicht sogar hinnehmen – einfach, weil man die Welt noch nicht kennt und darauf angewiesen ist, dass ein Erfahrener den Weg weist? Wobei allerdings die Grenze zwischen Hilfe und Beherrschung nicht immer leicht zu ziehen ist ...

Ja, so ist es. Könnte man Aufklärung, Unterweisung, Versorgung usw. chemisch rein von Besserwisserei, Bevormundung und Gängelei scheiden, so fände man wohl noch in der liebevollsten Zuwendung ein paar Körnchen Bemächtigung. Jeder erwachsene Mensch kennt das Problem aus Liebesbeziehungen. Wie schwer ist es doch, den Partner so zu lieben, dass er dabei er selbst bleiben darf und nicht gedrängt wird, dem Idealbild zu gleichen, das man sich unweigerlich von ihm macht. Eltern sind nicht besser. Auch sie wünschen, dass ihr Kind sich so und so verhält, und wenn es dann ganz anders ist, fangen sie mit dem Hinbiegen an und nennen es Erziehung.

Das wichtigste Stichwort ist schon gefallen: Kontrolle. So schwer es fällt: Eltern sollten darauf verzichten. Sicher, ein zweijähriger Mini muss beaufsichtigt werden, wenn er erstmals allein über den Spielplatz oder den Bürgersteig zottelt; und ein pubertierendes Kind, von dem zu befürchten steht, dass es Drogen nimmt, darf auch nicht einfach sich selbst überlassen werden. Besonders kritische Situationen, in denen ein Kind Schaden nehmen könnte, sind also nicht gemeint, wenn ich sage: keine Kontrolle – solche riskanten Lagen verlangen vielmehr den vollen Einsatz der Eltern, und ob man nun intensives Sichkümmern oder Kontrolle dazu sagt, ist egal.

Es gibt aber noch den normalen Alltag, in dem keine besonderen Gefahren drohen und die Entwicklung der Kinder, das Leben der Eltern, einigermaßen harmonisch ablaufen. In solchen Zeiten sollten Mütter und Väter es üben: auf Kontrolle zu verzichten. Die Kinder gehen und machen lassen. Und wenn sie wiederkommen, nicht fragen: »Wo warst du?«, sondern: »Hattest du einen schönen Tag?« Wenn sie ihre Sachen packen, nicht fragen: »Wo gehst du hin?« und »Wann kommst du wieder?«, sondern: »Hast du alles, was du brauchst?« und »Viel Spaß!«.

Natürlich haben diese Beispielfragen eine symbolische Bedeutung, die hier das Wichtigste ist, man darf das alles nicht zu wörtlich nehmen. In der Praxis wird es häufig unumgänglich sein zu fragen: »Wann kommst du wieder?«, aber wo immer möglich, sollte der Kontrollanteil solcher Vergewisserungen vom Sorge- und Verabredungsanteil unterschieden und der kontrollierende Zugriff vermieden werden. Das gilt für alle Bereiche, natürlich auch für die Gedankenwelt des Kindes. Wie viele Eltern halten es fälschlicherweise für ihre Pflicht, immer ganz genau zu wissen, was in ihrem Kind vorgeht. In Wahrheit können sie es nicht wissen, und sie sollen es auch nicht wissen wollen.

Aber wäre das denn nicht Vernachlässigung, müssen besorgte und engagierte Eltern ihre Kinder nicht bei allen Schritten, die sie tun, seien es lebenspraktische, seien es geistige, seien es moralische, begleiten und unterstützen? Wäre es nicht eine bequeme Ausrede zu sagen: Da ich mein Kind nicht kontrollieren will, kümmere ich mich nicht drum? Vorab: Die wenigsten Eltern sind imstande, zu vergessen, dass sie Kinder haben, und den Nachwuchs völlig sich selbst zu überlassen; es gibt in ihnen einen autonomen Impuls, der sie veranlasst, innerlich mit ihren Kindern mitzugehen. Sodann: Gerade Eltern, die *wenig* für ihre Kinder da sind, neigen zur Kontrolle, weil sie in einer Art herrschaftsträchtiger Überreaktion ausgleichen wollen, was sie an kontinuierlicher Zuwendung versäumen. Und sie wissen das auch, obschon sie dieses Wissen gerne vor sich selbst verbergen.

Tief drinnen sitzt in den meisten Eltern eine Instanz, die unterscheidet: Mit diesem Schritt begleite, verstehe und ermutige ich mein Kind, mit jenem Schritt kontrolliere, unterwerfe und gängele ich es. Diese Instanz stark zu machen, das wäre die allerwichtigste Aufgabe für Eltern.

Im Zusammenleben der Generationen also muss man den alten Satz von Vertrauen und Kontrolle umdrehen: Kontrolle ist nur selten gut, Vertrauen das Einzige, was stützt und zusammenhält. Eltern müssen den Kindern ihre eigene innere Welt lassen und dürfen nicht danach streben, sich mit gestalterischer Absicht darin auszukennen; es sei denn, das Kind wünscht eine solche Kenntnis. Wenn es sein Herz ausschütten will, weil es die Welt nicht mehr versteht, tun die Eltern gut daran, zuzuhören und sich einzufühlen in die Krisenlage ihres Kindes, aber auch dann sollten sie nicht durch vorwurfsvolles Nachfragen den Konflikt ihrer Tochter oder ihres Sohnes vertiefen, sondern durch Trost und Anregung eine Lösung vorbereiten. Wie überhaupt die Eltern als Anreger und Ideengeber für die Kinderwelt oft hochwillkommen sind. Mit Kontrolle aber braucht diese Art Einflussnahme nichts zu tun zu haben.

Je weniger Herrschaft die Eltern über ihre kleinen Kinder ausüben, desto krisenfreier gestaltet sich in der Regel die Pubertät. Woraus Kinder sich während der Adoleszenz freikämpfen müssen, ist weniger die Bindung an die Eltern als die Herrschaft der Eltern über sie. Kontrolle wird jetzt endgültig zum Hindernis einer Entwicklung, die darauf abzielt, die Jugendlichen in die Selbstverantwortung zu entlassen.

Eltern, die nicht gelernt haben, zwischen Fürsorge und Kontrolle zu unterscheiden, geraten während der Pubertät ihres Nachwuchses in eine üble Zwickmühle. Denn gerade jetzt, so sagen sich die Eltern, gerade als Zwölf-, Dreizehn-, Vierzehnjährige schliddern die Heranwachsenden mit gesteigerter Wahrscheinlichkeit in allerlei Gefahren: Sie experimentieren mit Alkohol, mit womöglich noch schärferen Drogen, sie fahren Auto ohne Führerschein, klauen, hantieren mit Waffen, jagen sich Ringe durch die Zunge und probieren es mit Sex. Sie wollen mit der Clique verreisen. Sie wollen alles Mögliche, was sie noch nicht können oder was sie nicht dürfen. Wir Eltern müssen aufpassen. Wir müssen die Kids vor sich selbst schützen.

Gerade darum geht es: dass die Kinder sich diesem Schutz mit Nachdruck entziehen. Sie finden ihre Wege, da helfen weder Schwüre noch Drohungen. Und so hilft es vielleicht den Eltern, wenn sie sich klarmachen: Unser Schutz ist schlussendlich eine Kontrolle, die, wie die meisten beherrschenden Kontrollbemühungen, vor allem den Kontrolleuren dient. Wir Eltern möchten gern ruhig schlafen und uns nicht mit kranken, süchtigen, kriminellen oder sonstwie gefährdeten Kindern abplagen. Auch die Kontrolle der Kleineren entspringt nicht einer übertreibenden Liebe, sondern dem Bedürfnis, die Kinder auf dem richtigen Weg zu wissen und nicht über sie nachdenken zu müssen.

Sind Kinder in dem Bewusstsein herangewachsen, dass die Entscheidungsspielräume, die ihnen gewährt werden, nach und nach größer werden, müssen sie auch während der Pubertät nicht wie die Verrückten wider den Stachel löcken. Oft suchen sie in Frieden mit den Eltern, aber ganz nach eigenem Gusto und manchmal auch ohne deren Segen, ihren Weg. Den schönen englischen Ausdruck für eine Erziehung, die Anteilnahme mit Kontrollverzicht paart: »benign neglect« = »gütige Vernachlässigung«, haben wir schon im Kapitel über die Generationenspannung (s. S. 198 f.) behandelt. Er trifft genau den Punkt: dass die Kinder ihre eigenen Tentakel unbelauscht in die Welt ausstrecken können und doch wissen, es ist jemand für sie da, wenn was weh tut und sie Fragen haben. In älteren Zeiten, als die Familien größer waren und die Eltern *noch* weniger Zeit hatten als heute, um ständig hinter ihren Kindern herzuschnüffeln, mag es diese ideale Form von Zuwendung öfter gegeben haben. Sie klingt ein bisschen nach der Quadratur des Kreises, ist aber praktisch umsetzbar.

Sex ist kein Thema zwischen Eltern und Kids

Unsere Zeit mit ihrem ruhelosen, aktivistischen Arbeitsklima, ihrer Jagd nach dem Erfolg und ihrer platt materiellen Orientierung hat die Luftlöcher im Tageslauf, in denen einst die zärtliche und tief lotende Kontaktaufnahme zwischen Eltern und Kindern ihre tägliche Fortsetzung fand, mit Hetze und Hektik verstopft. Um die Fadenscheinigkeit des inneren Bandes zum Kind, die viele Eltern spüren, zu überspielen, trumpfen sie mit rigider Kontrolle auf: die Freunde, die Spiele, die Schulnoten, die Träume – alles wollen Eltern wissen, um den Schein der Anteilnahme aufrechtzuerhalten und um schimpfen, eingreifen und Forderungen stellen zu können. Viele wissen gar nicht mehr, dass es umgekehrt laufen muss: dass das Bedürfnis der Kinder, von sich und ihren Erlebnissen in der Welt zu erzählen, den Ausschlag geben muss. Und dass sie, die Eltern, zunächst mal dazu da sind, zuzuhören. Und zu verstehen. Und dann natürlich etwas dazu zu sagen, auch Kritisches. Aber ob Gespräche zwischen Eltern und Kindern etwas hergeben, darüber entscheidet die Mitteilungslust derer, die, ihrer Unerfahrenheit wegen, die meisten Fragen an das Leben haben. Und nicht das Kontrollbedürfnis der Großen, denen es bloß um ihre Ungestörtheit geht.

Es kommt die Zeit, in der die Sexualität aus Kindern Jugendliche macht, und jetzt zieht das *Geheimnis* ins Leben der Heranwachsenden ein. Sexualität und Erotik sind erst einmal unbegreiflich – die Rätsel, die sie aufgeben, lassen sich nicht in einem Fragenkatalog auflösen, der Punkt für Punkt seitens der Kinder den Eltern vorgelegt werden könnte. Im Gegenteil: Die schambesetzte Zone des Sexus, die sich jetzt vor den Kindern auftut und in die sie angstvoll und entzückt ihre Fußspitzen setzen, steht ganz unter dem Zeichen des Geheimnisvollen – das ist auch das Erste, was die Kinder spüren. Sie *wollen* über ihre

Ängste und Vorfreuden nicht reden, jedenfalls nicht mit ihren Eltern, von denen sie – das wissen sie instinktiv – sich immer weiter entfernen werden, je tiefer sie in jene schambesetzte Zone eindringen.

Es gehört zu den unglücklichsten Missverständnissen im Verhältnis der Generationen, Eltern unter den Verdacht mangelnder Aufklärung und Anleitung zu stellen, sobald die heranwachsenden Kinder mit ihrer Sexualität in Konflikt geraten. In Wahrheit sind die Eltern auf diesem Felde weitgehend einflusslos – diese Tatsache ist völlig unbestreitbar, sie war immer in der Welt und wird es bleiben, und sie bildet ein wesentliches Element des Ablösungsprozesses der Kinder von den Eltern und umgekehrt. Eltern können keinen größeren Fehler machen, als die (ersten) sexuellen Erfahrungen ihrer Kinder steuern zu wollen. Sind sie als stark kontrollierende Instanzen an die Herrschaft über ihre Kinder gewöhnt, verfallen sie dann doch in diesen Fehler. Allerdings sind die meisten Jugendlichen clever genug, sich den bespitzelnden Augen ihrer Eltern im richtigen Moment zu entziehen.

Was Eltern tun können und sollten, ist, die frühen Kinderfragen ihrer Sprösslinge (»Wie kommt das Baby in den Bauch der Mama?«) einfühlsam, ausführlich und im Wesentlichen korrekt zu beantworten. Den größeren Kindern ist dann eine detaillierte Sexualaufklärung anzubieten; aber seit es in den Schulen Sexualkunde als Lehrstoff gibt und seit Jugendzeitschriften das Thema mit allen Seitenzweigen und Nebenaspekten bis hin zu Perversionen und käuflichen Stimulanzien ventilieren, sind Eltern auch in diesem Punkt nicht mehr unbedingt in der Pflicht. Und oftmals ist es für die Kids eher unangenehm, wenn sich Mama oder Papa genötigt sehen, ein ernstes Gespräch über Zusammenhänge anzufangen, in denen sich die Pubertierenden längst (theoretisch) auskennen.

Dass das Thema Sex zwischen Eltern und Heranwachsenden häufig etwas Peinliches hat, ist ein Zeichen dafür, dass sich zu der Zeit, in der die Sache für die Kinder praktisch wird, die Wege der Generationen trennen. Aber auch hier gilt natürlich, dass das Mitteilungs- und Fragebedürfnis der *Kinder* entscheidet. Es gibt Jugendliche, die das manchmal drückende Geheimnis, von dem die Sexualität umgeben ist, gern mit Mutter oder Vater besprechen. Die sollten sich dann natürlich nicht entziehen.

Unsere aufgeklärte Zeit mag nichts davon hören, dass eine Thema wie Sex, gern als »natürlichste Sache von der Welt« apostrophiert, von Geheimnis und Peinlichkeit umwabert sei. Man kann doch über alles offen reden, gerade in der Familie, also nichts wie ran an den heiklen Stoff. Es wird aber immer so sein, dass das Reden über Sexualität schwierig ist – weil die Scham, mit der sie legiert ist, seit Adam und Eva den Apfel aßen, einem unbefangenen Umgang mit ihr entgegensteht. Ein weiterer Grund ist die Unmöglichkeit, das richtige Wort für ein Gefühl, eine Sehnsucht oder eine Furcht zu finden, die man selbst noch nicht recht verstanden hat.

Im therapeutischen Kontext ist es natürlich sinnvoll und auch möglich, alles auszubreiten – aber den Schritt dahin tut freiwillig nur, wer krank ist. Bei einer (relativ) normalen Entwicklung stehen die Schranken der Scham, der Angst und des Geheimnisses ziemlich hoch und streng zwischen Eltern und Kindern, wenn bei Letzteren die Pubertät beginnt, und stark kontrollierende Eltern können mit ihren üblichen Verhörmethoden nichts mehr ausrichten. Die Entfremdung zwischen Eltern und Kindern kann plötzlich und kalt hereinbrechen. Aber auch jetzt noch können Eltern »es« richtig machen. Indem sie – besser spät als nie – mit Kontrolle und Herrschsucht radikal Schluss machen. Sie sind sowieso dazu verurteilt. Je eher sie damit anfangen, desto geringer fallen die Kosten aus in Form von Gebrüll, Zerstörung, Zerwürfnis und abhauenden Kindern.

Mein rein negativer Ratschlag: Keine Kontrolle!, wirkt defensiv und schwach, ich weiß. Er ist trotzdem der wichtigste, der zu machen ist – allerdings bewirkt er nur genug, wenn er von

der Geburt des Kindes an getreulich befolgt wird. Feuerwehr-
tipps im Falle akuter Krisen – Tochter magersüchtig, Sohn gewalttätig – geben die auf solche Notsituationen eingestellten
Ratgeber, zu denen dieses Buch nicht gehört. Aber es gibt noch
ein zweites großes Thema, das ein Buch über die Pubertät im
Eltern-Kapitel streifen muss, und das ist der Trennungsschmerz
der Mütter und Väter.

Laut Freud tobt sich in den ersten fünf Lebensjahren eines
Kindes ein libidinöses Drama, das man ein sexuelles nennen
kann, im Familienschoß aus. Der Sohn begehrt aggressiv die
Mutter, die Tochter entblößt sich vor dem Vater, und auch wo
solche Szenen nicht beobachtet werden, sind doch die Gefühle
zwischen Eltern und Kindern meist sehr leidenschaftlicher Natur. Körperlichkeit ist das Medium der Kommunikation, alles,
was zu tun hat mit Berührung, mit Essen und Ausscheiden, mit
Baden, Kosen, Schlafen, Toben wird zum Zentrum der Gemeinsamkeit zwischen Eltern und Kleinkind.

Dann beginnt die Latenz und damit meist auch ein Beruhi-
gungsprozess in Körper und Gefühl. Das Kind kommt in die
Schule, und die Eltern atmen auf – auch und vor allem, weil die
Beziehung zum Kind die leidenschaftlichen Obertöne verliert:
Die Ängste der Mutter um die körperliche Unversehrtheit ihrer
Kinder ebben ab (sie weichen nie ganz, werden aber merklich
schwächer), die Nöte der Eifersucht, von denen viele Väter sich
gedrückt sehen, solange die Kinder klein und die Mütter ständig
mit ihnen beschäftigt sind, verschwinden, und auch die Furcht
beider Eltern vor plötzlichen Gefühlsausbrüchen des Kindes,
vor zornigen Störungen ihres erotischen Lebens durch den kleinen Teufel, zerstreut sich. Das Kind wird »vernünftig«. Man
kann mit ihm reden. Die wunderbare Zeit der »reifen« Kindheit
beginnt, die auf Seiten der Eltern eine häufig sehr entspannte
und genussreiche Zeit der »eigentlichen« Elternschaft ist (falls
nicht ein weiteres Gör im Kleinkindalter schon wieder für Ran-
dale sorgt). Das Jahrsiebt von der Einschulung bis zur Pubertät

ist die Phase, in der Eltern ihre Autorität als liebende Freunde, Lehrer, Berater und (mit Einschränkung) Spielgefährten ihrer Kinder entwickeln und in der sie, obgleich die Masern, der Keuchhusten, Dauerkrach unter Geschwistern oder kindliche Schwächen wie etwa unerträgliche Altklugheit manchmal ihre Schatten werfen, meist sehr zufrieden sind. Das Kind wächst und entwickelt sich, es macht Fortschritte und Unsinn und hängt an den Eltern. Für etliche Familien ist diese Zeit so schön, dass sie – manchmal auch die Kinder – wünschen, sie ginge nie vorüber.

Was die Latenz zu einer so produktiven und häufig harmonischen Zeit macht, ist das *Fehlen* einer aktiven, verlangenden Sexualität auf Seiten der Kinder. Auch wenn die Eltern darüber nicht nachdenken (die Kinder tun es nie, sie könnten es gar nicht), fühlen sie doch, dass in dieser friedlichen Phase die Kinder ganz ihnen gehören. Sie selbst, die Eltern, bleiben sexuelle Wesen, sie finden im Bett wieder zueinander, nachdem sie während der Kleinkindpflege mit dem vielen nächtlichen Aufstehen und der Verschiebung der Prioritäten vom Paar zum Kind, manchmal Entbehrungen hinnehmen mussten. Der angeblich stets zum Sex aufgelegte nackte Affe ist in Wahrheit mit seinem Trieb sehr wohl Zyklen und Wandlungen unterworfen; insbesondere der Nachwuchs wirkt sich auf die Libido aus, vor allem bei der Mutter. Ist das Kind aber erst mal fünf Jahre alt, geht es allein auf den Hof oder zum Bäcker, lockert sich die Bindung, und Vater und Mutter entdecken einander neu. Es passiert auch, dass sie den Seitensprung probieren. Oder sie machen ein neues Kind. Jedenfalls kommen sie sozusagen auf ihre eigene Erotik zurück.

Diese Entlastung verdankt sich der »Reife« des Kindes, das als Störfaktor jetzt ausfällt. Die Zärtlichkeit der Eltern für ihre Schulkinder, ihr Beschützerinstinkt, ihre Anteilnahme an der Entwicklung der Kleinen, die jetzt lesen und schreiben lernen, vom Leben schon manches verstehen und ihren Eltern (oft) gern im Alltag helfen – all das hängt damit zusammen, dass die Kinder während der Latenz ein relativ übersichtliches Leben ohne sexuelle Aggressivität führen.

Für die Eltern verbindet sich die Asexualität ihrer Kinder (die nie absolut, nur relativ ist) mit der Freiheit, selbst wieder verstärkt erotische Witterung aufzunehmen, ferner mit einer in vielen Fällen sehr freundschaftlichen und förderlichen, ungebrochen behütenden und liebevollen Beziehung zu ihren Kindern. Wie sollen sie sich nicht über diesen Zustand freuen, ihn genießen und am Rande ihres Bewusstseins das Fernsein von (kindlicher) Sexualität mit eigener Wiederentdeckung der Reize des Eros *und* mit besonders innigem wechselseitigem Verständnis in der Familie verknüpfen? Es stellt sich eine Gleichgewichtslage her, in der kleine, sanfte, vernünftige Kinder sich der liebevollen Überlegenheit ihrer Eltern gerne beugen, die ihrerseits alte (vorelterliche) Freiheiten der Verfügung über Zeit und erotische Interessen zurückgewinnen.

Wenn Elternsein irgendwann ungemischt erfreulich ist, einmal in dem Sinn, dass die Strenge des »Angebundenseins« erheblich nachlässt, zum anderen in dem, dass Mütter und Väter sich »gebraucht« fühlen und einen klaren, guten Sinn in ihrer Elternschaft erkennen, dann während der Latenz der Kinder.

Elterliche Eifersucht?

Die Pubertät macht dieser Gleichgewichtslage ein Ende. Eltern ahnen das – und sie fürchten den Zerstörungsprozess: des kindlichen Vertrauens und ihrer elterlichen Autorität. Wie schon dargelegt im Abschnitt »Frühes Leid« (Kapitel 9, S. 193 ff.), ist das ganz unausweichlich. Auch die Unterstellung elterlicher Eifersucht, wenn die Tochter einen Busen und der Sohn einen

Bart bekommt, wenn also eine frische Generation der mittleren tendenziell die Chancen auf dem erotischen Markt raubt, haben wir in »Frühes Leid« besprochen. So eine Eifersucht mag manchmal aufblitzen. Aber im Großen und Ganzen ist richtig, was immer wieder konstatiert wird: dass Jugendliche sich ihre Eltern als sexuelle Wesen überhaupt nicht vorstellen wollen oder können und dass umgekehrt Eltern ratlos und verlegen vor der Geschlechtsreife ihrer Kinder stehen. Dieses doppelte Unverständnis ist kein Zeichen für Eifersucht und Missgunst, sondern es illustriert die Tatsache, dass die Eltern-Kind-Beziehung im Wesentlichen nichtsexueller Natur ist und dass sie ihre größte Intensität in einer Zeit erreicht, in der die Kinder um die Welt des Eros noch einen Bogen machen und machen wollen und sollen. Die große Empörung, die der Kindesmissbrauch allenthalben hervorruft und die schrecklichen Folgen, die er zeitigt, rühren ja daher: Man muss als erwachsener Mensch ein Kind während der Latenz mit Sex in Ruhe lassen. Und während der Pubertät auch. Das heißt, man hat als Mutter und Vater zu seinen Kindern im glücklichen Fall eine lebenslange Beziehung, die, von den allerersten Jahren abgesehen, nicht erotisch ist und trotzdem von Liebe getragen.

Der Trieb ist nicht immer leicht zu kontrollieren, und die Turbulenzen, die er hervorruft, wecken in vielen Menschen das Bedürfnis nach einer sexfreien Zone im Gefühlsleben. Für diese Zone stehen Eltern – was natürlich nicht heißt, dass die Eltern kein Sexleben haben. Es heißt nur, dass sie *ihre Kinder nicht* mit den Augen des Begehrens und der Absicht der Verführung ansehen. Wie umgekehrt auch die Kinder ihre Eltern nicht. Die Flucht der unverstandenen oder misshandelten Ehefrauen zu ihren Eltern, die es in der Literatur und im praktischen Leben öfter mal gibt, ist ein schönes Zeichen für diesen Zusammenhang. Eltern sind für ihre Kinder und Kinder für ihre Eltern bei gelungenen menschlichen Beziehungen eine Garantie dafür, dass das Leben auch diesseits oder jenseits des Sexus einen Sinn hat und Liebe bereithält. Sexuell motivierte Eifersucht also passt nicht in diesen Kontext. Während der Pubertät rückt die Sexualität zwar in den Mittelpunkt des Lebens und Strebens der Kinder, aber Alltag, Schule, Peergroup, Hobbys und Familienleben halten ihre ganz normalen nichterotischen Türen offen: Kinder lernen auch mit vierzehn gerne kochen oder programmieren, sie interessieren sich für Politik oder Philosophie, und obwohl auch die geistigen Prätentionen etwas mit der Sexualisierung des Lebens zu tun haben und immer auf Unabhängigkeit ausgerichtet sind, können die zu ihnen gehörigen Vollzüge sozusagen neutral erlebt und gut mit der Eltern geteilt werden. Da viele pubertierende Kinder sich vor den bedrängenden Imperativen der Geschlechtsreife auch fürchten, sind Mutter und Vater, Geschwister und Kumpels von früher als sozusagen unverdächtige Lebenspartner und freundliche Ablenkung ausgesprochen beliebt.

Für Eltern ist es wichtig, dass sie den Bereich des Geheimnisvollen, der sich jetzt für ihre Kinder auftut – egal ob in Gestalt langer aushäusiger Abende, intensiver Tagebuchschreiberei oder seltsamer Freunde –, unbedingt respektieren und praktische Fürsorge mit tendenzieller Freigabe verbinden. Wenn das gelingt, muss die Pubertät nicht in ein Dauerdrama ausarten. Gerade als sexferne sind die Eltern-Kind-Beziehungen gut dazu geeignet, den Heranwachsenden Zuflucht vor den Verwirrungen der Pubertät zu bieten, und so bleiben Eltern in der Regel wichtige Ratgeber für ihre Teenager-Söhne und -Töchter.

Durch eine vorübergehende Rückkehr in den häuslichen Schoß können sich Jugendliche wunderbar von den Schrecken des Großwerdens erholen. Immer vorausgesetzt, dass sie sich vor hochnotpeinlichen Kontrollen in Sicherheit fühlen. In vielen Familien funktioniert dieser periodische soziale Rückbezug ein Leben lang – insbesondere, wenn die Kinder selber wieder Kinder haben und die Unterstützung der Großeltern brauchen. Hier setzt es sich fort, das liebevolle, zärtliche Band zwischen

Mutter, Vater und Kind. Während der Pubertät wird es dünner, und bisweilen reißt es. Trotz mancher Erschütterung und schmerzhafter Loslösungsprozesse kommen aber die allermeisten Kinder nach der Adoleszenz in alter Freundschaft auf ihre Eltern und zu ihnen zurück.

Wenn Krieg ausbricht ...

Vielleicht ist es nötig, an dieser Stelle noch einmal zu betonen, dass all die weisen Ratschläge vom Freigeben der Kinder und vom Kontrollverzicht nicht für gefährdete Jugendliche gelten. Ein Teenager, der in die Drogenszene oder in die Kriminalität abdriftet oder sich durch planmäßiges Hungern an den Rand des körperlichen Verfalls begibt, hat eine gute Chance auf Rettung, wenn die Eltern entschlossen für ihn oder sie kämpfen. Ja, es ist wirklich ein *Kampf*, in den sie jetzt ziehen, und sie dürfen sich auch nicht davor scheuen, ihren Einsatz für das Kind so zu verstehen, so vorzubereiten und so durchzuziehen. Er muss höchste Priorität haben im Leben der Eltern (oder eines Elternteils), dieser Kampf. Und er lohnt sich in den meisten Fällen.

Es versteht sich, dass Gewalt und Strafen hinter guten Worten und Belohnungen als Mittel oder »Waffen« zurückzustehen haben – aber wenn ein Kind wirklich in der Drogenszene versackt ist, sind härtere Maßnahmen meist unumgänglich: Entführung des Kindes mittels eisenharten Zugriffs, Isolierung, Zwangseinweisung in den Entzug, Bedrohung der üblen Kumpane, Freiheitsberaubung, Prügel – das ist alles besser als ein Schicksal an der Nadel oder im Knast. Die Mittel der Eltern dürfen ruhig genauso roh sein wie die der Drogenverführer. Im Krieg muss man auf die Waffen der Gegner reagieren und die eigene Rüstung entsprechend zurechthämmern. Verständnis und Einfühlung treten an den Rand, Ringkampf, Ohrfeigen und Geschrei nach vorne. Auch Eltern, die sich bis dahin wenig um ihren Nachwuchs gekümmert haben, können jetzt in einem entschlossenen Feldzug um Körper und Herz des Kindes noch manches wettmachen. Wo es um Leben und Tod geht, kriegen sie noch einmal eine Chance.

Es gibt einen Film mit diesem Stoff: Bernardo Bertoluccis »La Luna«. Hier ringt eine Mutter um ihren fünfzehnjährigen Sohn, der an der Nadel hängt. Sie ist eine berühmte Sängerin und hat ihr Kind karrierebedingt vernachlässigt. An seinem fünfzehnten Geburtstag richtet sie eine Party für ihn aus. Es ist Sommer in Rom, alles strahlt und lacht. Beschwingt spaziert die Diva zwischen den Jugendlichen hin und her, gerührt folgt sie ihrem Sohn mit den Blicken, als der sich mit einem Mädchen in einen Türrahmen drückt. Sie glaubt eine intime Szene zu beobachten, und das tut sie auch. Aber es ist kein Kuss, den sie da sieht, keine verliebte Berührung – das Mädchen setzt dem Jungen einen Schuss.

Als die Mutter begreift, was passiert, erstarrt sie. Die Einstellung auf ihr Gesicht, in dem sich nacheinander zärtliche Belustigung, ungläubiges Erschrecken und tiefste Qual spiegeln, gehört zu den stärksten des Films. Die Diva beschließt, den Kampf um ihren Jungen aufzunehmen. Sie zieht regelrecht in die Schlacht. Die Opernbühne ist ihr von jetzt auf gleich egal. Der Film erzählt die Geschichte dieses langen Kampfes, in der beide einander nichts ersparen.

Glücklicherweise ist es nur eine kleine Minderheit von Jugendlichen, die ihre Eltern derart herausfordern. Aber Liebäugelei mit der Droge oder dem Verbrechen, mit der Körperbeherrschung durch Nahrungsentzug gibt es bei vielen pubertierenden Kindern, und wo Eltern davon erfahren, sollten sie mit unnachgiebiger Härte reagieren. Jetzt werden sie – aber auch die Jugendlichen – mit der Tatsache konfrontiert, dass in jede Liebesbeziehung einschließlich der zwischen Eltern und Kindern, auch eine Machtbeziehung eingelassen ist und dass es Situationen gibt, in denen der Stärkere seine Macht ausspielen muss.

Ich habe einmal erlebt, wie ein Vater seinen zweijährigen Sohn mit verzerrtem Gesicht heftig schlug, schüttelte und anschrie, als der urplötzlich auf die befahrene Straße gerannt war. Ich erschrak. Aber ich fand seine Reaktion im Grunde richtig. Es gibt lebensrettende Schocks, die Menschen einander zufügen müssen. Doch muss schon wirklich das Leben oder die Gesundheit auf dem Spiel stehen, bevor Eltern gegen ihre Kinder gewalttätig werden dürfen. Geht es nur um die elterliche Ruhe, sollten Worte reichen.

Benign neglect: gütige Vernachlässigung

Eltern, deren Kinder groß werden, stoßen in Ratgebern häufig auf die Aufforderung, sich jetzt wieder auf sich selbst zu besinnen und – in Vorbeugung gegen eine »Empty-Nest«-Neurose – Interessen, beruflichen Wiedereinstieg, Freundschaften usw. zu pflegen und vorzubereiten, da ja die Kinder gehen. Natürlich ist dieser Rat in erster Linie an Frauen gerichtet, da Väter sich nur in Ausnahmefällen so tief mit ihrer Familienrolle identifizieren wie Mütter.

In unserer Zeit, in der immer mehr Frauen berufstätig sind und es (allerdings in weit geringerer Zahl) auch bleiben, wenn sie Kinder haben, hat dieser Rat an Notwendigkeit und Triftigkeit verloren. Dennoch sollte man ihn sogar erweitern: Auch wenn die Kids noch klein sind, tut es weder den Frauen noch den Gören gut, wenn das ganze Leben der Mutter um die Familie kreist. Wie gesagt: Die Zuständigkeit der Eltern für ihre Kinder ist (in den ersten Jahren) allumfassend, und so ergibt sich leicht eine Überidentifikation insbesondere der Mütter mit ihrer

Funktion als Hüterin, Versorgerin und Erzieherin. Und wenn die Kinder dann ausziehen, fühlen sie sich beraubt. Das Gegenmittel heißt »benign neglect«.

Auch Nurhausfrauen können durch allerlei Interessenpflege und Weiterbildung verhindern, dass ihre Bindung an die Kinder allen Lebenssinn aufsaugt. Während der Pubertät der Kids kommt ihnen dann eine gewisse Lockerheit im Umgang mit den Mutterpflichten zugute: Sie können ihre Kontrollen, die ohnehin nie sehr rigide waren, herunterfahren, können ihren eigenen Lebensmittelpunkt behutsam auf allerlei Aushäusigkeiten verlagern, ohne dass ihre Aufmerksamkeit für das Schicksal der Kinder leidet.

Letztlich geht jeder Mensch seinen eigenen Weg, und weder Liebespartner noch Mütter können und dürfen immer dabei sein. Durch ein kluges Sichraushalten aus den inneren Angelegenheiten und Geheimniszonen ihrer pubertierenden Kinder tragen Eltern dazu bei, dass der Weg, den die Kinder jetzt einschlagen, wirklich ihr eigener ist.

Am Ende dieses Buches steht die Pubertät wie ein Naturereignis da, das hereinbricht, die Kinder verwandelt, sie dabei erschreckt und beglückt und sie den Eltern fortnimmt. Ohne dass ich das Fatale, Überwältigende des Großwerdens in einem eigenen Kapitel gewürdigt habe, wollte ich doch sehr gerne, dass dieses Schicksalhafte als *Macht* erscheint und so auch im Text immer spürbar bleibt. Der Sinn dieser Akzentsetzung ist: Die kulturtypische, aktivistische Haltung der Eltern von heute (und auch mancher heranwachsender Kinder), die meinen, dass sie ständig etwas »machen«, geradebiegen, umdrehen, »in den Griff kriegen«, aufhalten, »unter Krontrolle bringen«, abblocken oder optimieren müssen, sollte zugunsten eines geduldigen Respekts vor der Persönlichkeit der Kinder und deren Wandlung beeinflusst werden.

Da es die *Sexualität* (und sonst gar nichts) ist, die aus lieben

Kleinen problematische Teenager macht, sollte sich die Ehrfurcht der Erwachsenen vor der Natur und ihre Hilfsbereitschaft angesichts der enormen Aufgabe, Trieb und Zivilisation zu vereinbaren, noch einmal erhöhen. Gut wäre es, wenn Eltern Geschehen-lassen-Können als Stärke anerkennen und in sich ausbilden, und wenn sie sich für den Abschied von der Kindheit ihrer Kinder den gehörigen Trennungsschmerz zugestehen. Besondere Fälle sind die in der Pubertät einschlägigen Katastrophen wie Mager- oder Drogensucht, hier müssen Eltern unnachsichtig reagieren. Sonst aber sollten sie das Hinnehmen üben und sich klarmachen, dass die Pubertät eine notwendig kritische Zeit ist, deren Eigenwert unter anderem darin liegt, dass Eltern und Kinder es aushalten, sich ohne Ressentiment voneinander zu entfernen und sich manchmal sogar zu verlieren. Wenn dies gelingt, entstehen gute Voraussetzungen für ein späteres Wiederfinden und eine lebenslange wunderbare Freundschaft zwischen den erwachsenen Mitgliedern einer Familie.

Literatur

Beim Verlag vergriffene Bücher sind in der Regel antiquarisch, auch im Internet (Zentralverzeichnis antiquarischer Bücher = www.zvab.de), zu finden.

Charles Baudelaire: Die Blumen des Bösen. Berlin 1930

Cheryl Benard, Edit Schlaffer: Einsame Cowboys. Jungen in der Pubertät. München 2000

Susan Brownmiller: Gegen unseren Willen: Vergewaltigung und Männerherrschaft. Frankfurt a. M. 1984 (Fischer Taschenbuch)

Ulrike Brunotte: Ritual und Erlebnis, in: Deutsche Vierteljahresschrift für Religions- und Geistesgeschichte; 52. Jahrgang, Heft 4, 2000

Sigmund Freud: Gesammelte Werke. Frankfurt a. M. 1999 (Fischer Taschenbuch)

Jostein Gaarder: Sofies Welt. München 1999 (dtv Taschenbuch)

David Gilmore: Mythos Mann. München 1993 (dtv Taschenbuch)

Johann W. Goethe: Erlkönig, in: Gedichte mit Steinzeichnungen von Ernst Barlach. Leipzig 1978

Louise J. Kaplan: Abschied von der Kindheit, Stuttgart 1990

Thomas Mann: Der Erwählte. Frankfurt a. M. 2000 (Fischer Taschenbuch)

Susanna Moore: Die unzuverlässigste Sache der Welt. Reinbek 2001 (rororo Taschenbuch)

Robert Musil: Die Verwirrungen des Zöglings Törleß. Reinbek 1997 (rororo Taschenbuch)

Jostis Papajorgis: Der Rausch. München 1998 (dtv Taschenbuch)

Otto Penz: Metamorphosen der Schönheit. Eine Kultur-
geschichte moderner Körperlichkeit. Wien 2001
Friedrich Schiller: Reiterlied, in: (Hrsg. Hans-Günther Thal-
heim) Sämtliche Werke Band I. Berlin (Ost) 1980
William Shakespeare: Romeo und Julia. Frankfurt a. M. 1992
Frank Wedekind: Frühlings Erwachen. Eine Kindertragödie.
München 1997 (dtv Taschenbuch)
Christa Winsloe: Mädchen in Uniform. Göttingen 1999

Filme

Die Filme sind als DVD über verschiedene Versender zu beziehen.

Billy Elliot – I Will Dance, Regie: Stephen Daldry. Großbritan-
nien 2000
Uhrwerk Orange, Regie: Stanley Kubrick. Großbritannien
1970/71
Der junge Törleß, Regie: Volker Schlöndorff. BR Deutschland/
Frankreich 1966
La Luna, Regie: Bernardo Bertolucci. Italien 1979
Mädchen in Uniform, Regie: Leontine Sagan. Deutschland 1931
(bisher nicht auf DVD)
Natural Born Killers, Regie: Oliver Stone. USA 1994
Rhythm is it! – You Can Change Your Life in a Danceclass, Re-
gie: Thomas Grube und Enrique Sánchez Lansch. Deutsch-
land 2004
West Side Story, Regie: Robert Wise, Jerome Robbins. USA
1960

Hartmut von Hentig

Die Schule
neu denken

Eine Übung in pädagogischer Vernunft

BELTZ
Taschenbuch

»Ein modernes Hausbuch der Reformpädagogik«

Frankfurter Rundschau

Die Schule von heute ist weit davon entfernt, Lebens- und Erfahrungsraum für lernende und sich bewährende Kinder zu sein.

Sie entlässt junge Menschen manchmal kenntnisreich, aber in jedem Fall erfahrungsarm, erwartungsvoll, aber orientierungslos, ungebunden, aber auch unselbstständig und einen erschreckend hohen Anteil unter ihnen ohne jegliche Beziehung zum Gemeinwesen. Mit der Schärfung des Bewusstseins hiervon beginnt das Buch und leitet den Leser sodann in der jetzt notwendigen Anstrengung der Phantasie an. Der Autor führt Beispiele gelungener Wandlungen vor und zeigt schließlich Übergänge, wie man von hier nach da kommt.

In einem neuen, für die Taschenbuchausgabe verfassten Vorwort von 48 Seiten setzt sich Hartmut von Hentig zum ersten Mal ausführlich mit den Pisa-Studien, ihren Ergebnissen und vermeintlichen Folgen für die Schulen in Deutschland auseinander.

Hartmut von Hentig
Die Schule neu denken
Eine Übung in pädagogischer Vernunft.
Beltz Taschenbuch 119, XLVIII, 288 Seiten
ISBN 978-3-407-22119-3

BELTZ
Taschenbuch